CIIC 中智广州

U0959291

HR 经典案例及法律法规政策汇编

王 露 李芷君 / 主编

中国法制出版社
CHINA LEGAL PUBLISHING HOUSE

目　录

上编　全国编

第一部分　法律法规汇编

第二部分 经典案例及分析

下编 广州编

第一部分 法规汇编

第二部分　经典案例及分析

实用表格

上编　全国编

第一部分　法律法规汇编

一、法　　律

中华人民共和国劳动合同法

（2007年6月29日第十届全国人民代表大会常务委员会第二十八次会议通过　根据2012年12月28日第十一届全国人民代表大会常务委员会第三十次会议《关于修改〈中华人民共和国劳动合同法〉的决定》修正）

第一章　总　　则

第一条　为了完善劳动合同制度，明确劳动合同双方当事人的权利和义务，保护劳动者的合法权益，构建和发展和谐稳定的劳动关系，制定本法。

第二条　中华人民共和国境内的企业、个体经济组织、民办非企业单位等组织（以下称用人单位）与劳动者建立劳动关系，订立、履行、变更、解除或者终止劳动合同，适用本法。

国家机关、事业单位、社会团体和与其建立劳动关系的劳动者，订立、履行、变更、解除或者终止劳动合同，依照本法执行。

第三条　订立劳动合同，应当遵循合法、公平、平等自愿、协商一致、诚实信用的原则。

依法订立的劳动合同具有约束力，用人单位与劳动者应当履行劳动合同约定的义务。

第四条　用人单位应当依法建立和完善劳动规章制度，保障劳动者享有劳动权利、履行劳动义务。

用人单位在制定、修改或者决定有关劳动报酬、工作时间、休息休假、劳动安全卫生、保险福利、职工培训、劳动纪律以及劳动定额管理等直接涉及劳动者切身利益的规章制度或者重大事项时，应当经职工代表大会或者全体职工讨论，提出方案和意见，与工会或者职工代表平等协商确定。

在规章制度和重大事项决定实施过程中，工会或者职工认为不适当的，有权向用人单位提出，通过协商予以修改完善。

用人单位应当将直接涉及劳动者切身利益的规章制度和重大事项决定公示，或者告知劳动者。

第五条 县级以上人民政府劳动行政部门会同工会和企业方面代表，建立健全协调劳动关系三方机制，共同研究解决有关劳动关系的重大问题。

第六条 工会应当帮助、指导劳动者与用人单位依法订立和履行劳动合同，并与用人单位建立集体协商机制，维护劳动者的合法权益。

第二章 劳动合同的订立

第七条 用人单位自用工之日起即与劳动者建立劳动关系。用人单位应当建立职工名册备查。

第八条 用人单位招用劳动者时，应当如实告知劳动者工作内容、工作条件、工作地点、职业危害、安全生产状况、劳动报酬，以及劳动者要求了解的其他情况；用人单位有权了解劳动者与劳动合同直接相关的基本情况，劳动者应当如实说明。

第九条 用人单位招用劳动者，不得扣押劳动者的居民身份证和其他证件，不得要求劳动者提供担保或者以其他名义向劳动者收取财物。

第十条 建立劳动关系，应当订立书面劳动合同。

已建立劳动关系，未同时订立书面劳动合同的，应当自用工之日起一个月内订立书面劳动合同。

用人单位与劳动者在用工前订立劳动合同的，劳动关系自用工之日起建立。

第十一条 用人单位未在用工的同时订立书面劳动合同，与劳动者约定的劳动报酬不明确的，新招用的劳动者的劳动报酬按照集体合同规定的标准执行；没有集体合同或者集体合同未规定的，实行同工同酬。

第十二条 劳动合同分为固定期限劳动合同、无固定期限劳动合同和以完成一定工作任务为期限的劳动合同。

第十三条　固定期限劳动合同，是指用人单位与劳动者约定合同终止时间的劳动合同。

用人单位与劳动者协商一致，可以订立固定期限劳动合同。

第十四条　无固定期限劳动合同，是指用人单位与劳动者约定无确定终止时间的劳动合同。

用人单位与劳动者协商一致，可以订立无固定期限劳动合同。有下列情形之一，劳动者提出或者同意续订、订立劳动合同的，除劳动者提出订立固定期限劳动合同外，应当订立无固定期限劳动合同：

（一）劳动者在该用人单位连续工作满十年的；

（二）用人单位初次实行劳动合同制度或者国有企业改制重新订立劳动合同时，劳动者在该用人单位连续工作满十年且距法定退休年龄不足十年的；

（三）连续订立二次固定期限劳动合同，且劳动者没有本法第三十九条和第四十条第一项、第二项规定的情形，续订劳动合同的。

用人单位自用工之日起满一年不与劳动者订立书面劳动合同的，视为用人单位与劳动者已订立无固定期限劳动合同。

第十五条　以完成一定工作任务为期限的劳动合同，是指用人单位与劳动者约定以某项工作的完成为合同期限的劳动合同。

用人单位与劳动者协商一致，可以订立以完成一定工作任务为期限的劳动合同。

第十六条　劳动合同由用人单位与劳动者协商一致，并经用人单位与劳动者在劳动合同文本上签字或者盖章生效。

劳动合同文本由用人单位和劳动者各执一份。

第十七条　劳动合同应当具备以下条款：

（一）用人单位的名称、住所和法定代表人或者主要负责人；

（二）劳动者的姓名、住址和居民身份证或者其他有效身份证件号码；

（三）劳动合同期限；

（四）工作内容和工作地点；

（五）工作时间和休息休假；

（六）劳动报酬；

（七）社会保险；

（八）劳动保护、劳动条件和职业危害防护；

（九）法律、法规规定应当纳入劳动合同的其他事项。

劳动合同除前款规定的必备条款外，用人单位与劳动者可以约定试用期、培训、保守秘密、补充保险和福利待遇等其他事项。

第十八条 劳动合同对劳动报酬和劳动条件等标准约定不明确，引发争议的，用人单位与劳动者可以重新协商；协商不成的，适用集体合同规定；没有集体合同或者集体合同未规定劳动报酬的，实行同工同酬；没有集体合同或者集体合同未规定劳动条件等标准的，适用国家有关规定。

第十九条 劳动合同期限三个月以上不满一年的，试用期不得超过一个月；劳动合同期限一年以上不满三年的，试用期不得超过二个月；三年以上固定期限和无固定期限的劳动合同，试用期不得超过六个月。

同一用人单位与同一劳动者只能约定一次试用期。

以完成一定工作任务为期限的劳动合同或者劳动合同期限不满三个月的，不得约定试用期。

试用期包含在劳动合同期限内。劳动合同仅约定试用期的，试用期不成立，该期限为劳动合同期限。

第二十条 劳动者在试用期的工资不得低于本单位相同岗位最低档工资或者劳动合同约定工资的百分之八十，并不得低于用人单位所在地的最低工资标准。

第二十一条 在试用期中，除劳动者有本法第三十九条和第四十条第一项、第二项规定的情形外，用人单位不得解除劳动合同。用人单位在试用期解除劳动合同的，应当向劳动者说明理由。

第二十二条 用人单位为劳动者提供专项培训费用，对其进行专业技术培训的，可以与该劳动者订立协议，约定服务期。

劳动者违反服务期约定的，应当按照约定向用人单位支付违约金。违约金的数额不得超过用人单位提供的培训费用。用人单位要求劳动者支付的违约金不得超过服务期尚未履行部分所应分摊的培训费用。

用人单位与劳动者约定服务期的，不影响按照正常的工资调整机制提高劳动者在服务期期间的劳动报酬。

第二十三条 用人单位与劳动者可以在劳动合同中约定保守用人单位的商业秘密和与知识产权相关的保密事项。

对负有保密义务的劳动者，用人单位可以在劳动合同或者保密协议中与劳动者约定竞业限制条款，并约定在解除或者终止劳动合同后，在竞业限制期限内按月给予劳动者经济补偿。劳动者违反竞业限制约定的，应当按照约定向用人单位支付违约金。

第二十四条　竞业限制的人员限于用人单位的高级管理人员、高级技术人员和其他负有保密义务的人员。竞业限制的范围、地域、期限由用人单位与劳动者约定，竞业限制的约定不得违反法律、法规的规定。

在解除或者终止劳动合同后，前款规定的人员到与本单位生产或者经营同类产品、从事同类业务的有竞争关系的其他用人单位，或者自己开业生产或者经营同类产品、从事同类业务的竞业限制期限，不得超过二年。

第二十五条　除本法第二十二条和第二十三条规定的情形外，用人单位不得与劳动者约定由劳动者承担违约金。

第二十六条　下列劳动合同无效或者部分无效：

（一）以欺诈、胁迫的手段或者乘人之危，使对方在违背真实意思的情况下订立或者变更劳动合同的；

（二）用人单位免除自己的法定责任、排除劳动者权利的；

（三）违反法律、行政法规强制性规定的。

对劳动合同的无效或者部分无效有争议的，由劳动争议仲裁机构或者人民法院确认。

第二十七条　劳动合同部分无效，不影响其他部分效力的，其他部分仍然有效。

第二十八条　劳动合同被确认无效，劳动者已付出劳动的，用人单位应当向劳动者支付劳动报酬。劳动报酬的数额，参照本单位相同或者相近岗位劳动者的劳动报酬确定。

第三章　劳动合同的履行和变更

第二十九条　用人单位与劳动者应当按照劳动合同的约定，全面履行各自的义务。

第三十条　用人单位应当按照劳动合同约定和国家规定，向劳动者及时足额支付劳动报酬。

用人单位拖欠或者未足额支付劳动报酬的，劳动者可以依法向当地人民法院申请支付令，人民法院应当依法发出支付令。

第三十一条 用人单位应当严格执行劳动定额标准，不得强迫或者变相强迫劳动者加班。用人单位安排加班的，应当按照国家有关规定向劳动者支付加班费。

第三十二条 劳动者拒绝用人单位管理人员违章指挥、强令冒险作业的，不视为违反劳动合同。

劳动者对危害生命安全和身体健康的劳动条件，有权对用人单位提出批评、检举和控告。

第三十三条 用人单位变更名称、法定代表人、主要负责人或者投资人等事项，不影响劳动合同的履行。

第三十四条 用人单位发生合并或者分立等情况，原劳动合同继续有效，劳动合同由承继其权利和义务的用人单位继续履行。

第三十五条 用人单位与劳动者协商一致，可以变更劳动合同约定的内容。变更劳动合同，应当采用书面形式。

变更后的劳动合同文本由用人单位和劳动者各执一份。

第四章 劳动合同的解除和终止

第三十六条 用人单位与劳动者协商一致，可以解除劳动合同。

第三十七条 劳动者提前三十日以书面形式通知用人单位，可以解除劳动合同。劳动者在试用期内提前三日通知用人单位，可以解除劳动合同。

第三十八条 用人单位有下列情形之一的，劳动者可以解除劳动合同：

（一）未按照劳动合同约定提供劳动保护或者劳动条件的；

（二）未及时足额支付劳动报酬的；

（三）未依法为劳动者缴纳社会保险费的；

（四）用人单位的规章制度违反法律、法规的规定，损害劳动者权益的；

（五）因本法第二十六条第一款规定的情形致使劳动合同无效的；

（六）法律、行政法规规定劳动者可以解除劳动合同的其他情形。

用人单位以暴力、威胁或者非法限制人身自由的手段强迫劳动者劳动的，或者用人单位违章指挥、强令冒险作业危及劳动者人身安全的，劳动者可以立即解除劳动合同，不需事先告知用人单位。

第三十九条 劳动者有下列情形之一的，用人单位可以解除劳动合同：

（一）在试用期间被证明不符合录用条件的；

（二）严重违反用人单位的规章制度的；

（三）严重失职，营私舞弊，给用人单位造成重大损害的；

（四）劳动者同时与其他用人单位建立劳动关系，对完成本单位的工作任务造成严重影响，或者经用人单位提出，拒不改正的；

（五）因本法第二十六条第一款第一项规定的情形致使劳动合同无效的；

（六）被依法追究刑事责任的。

第四十条　有下列情形之一的，用人单位提前三十日以书面形式通知劳动者本人或者额外支付劳动者一个月工资后，可以解除劳动合同：

（一）劳动者患病或者非因工负伤，在规定的医疗期满后不能从事原工作，也不能从事由用人单位另行安排的工作的；

（二）劳动者不能胜任工作，经过培训或者调整工作岗位，仍不能胜任工作的；

（三）劳动合同订立时所依据的客观情况发生重大变化，致使劳动合同无法履行，经用人单位与劳动者协商，未能就变更劳动合同内容达成协议的。

第四十一条　有下列情形之一，需要裁减人员二十人以上或者裁减不足二十人但占企业职工总数百分之十以上的，用人单位提前三十日向工会或者全体职工说明情况，听取工会或者职工的意见后，裁减人员方案经向劳动行政部门报告，可以裁减人员：

（一）依照企业破产法规定进行重整的；

（二）生产经营发生严重困难的；

（三）企业转产、重大技术革新或者经营方式调整，经变更劳动合同后，仍需裁减人员的；

（四）其他因劳动合同订立时所依据的客观经济情况发生重大变化，致使劳动合同无法履行的。

裁减人员时，应当优先留用下列人员：

（一）与本单位订立较长期限的固定期限劳动合同的；

（二）与本单位订立无固定期限劳动合同的；

（三）家庭无其他就业人员，有需要扶养的老人或者未成年人的。

用人单位依照本条第一款规定裁减人员，在六个月内重新招用人员的，应当通知被裁减的人员，并在同等条件下优先招用被裁减的人员。

第四十二条 劳动者有下列情形之一的，用人单位不得依照本法第四十条、第四十一条的规定解除劳动合同：

（一）从事接触职业病危害作业的劳动者未进行离岗前职业健康检查，或者疑似职业病病人在诊断或者医学观察期间的；

（二）在本单位患职业病或者因工负伤并被确认丧失或者部分丧失劳动能力的；

（三）患病或者非因工负伤，在规定的医疗期内的；

（四）女职工在孕期、产期、哺乳期的；

（五）在本单位连续工作满十五年，且距法定退休年龄不足五年的；

（六）法律、行政法规规定的其他情形。

第四十三条 用人单位单方解除劳动合同，应当事先将理由通知工会。用人单位违反法律、行政法规规定或者劳动合同约定的，工会有权要求用人单位纠正。用人单位应当研究工会的意见，并将处理结果书面通知工会。

第四十四条 有下列情形之一的，劳动合同终止：

（一）劳动合同期满的；

（二）劳动者开始依法享受基本养老保险待遇的；

（三）劳动者死亡，或者被人民法院宣告死亡或者宣告失踪的；

（四）用人单位被依法宣告破产的；

（五）用人单位被吊销营业执照、责令关闭、撤销或者用人单位决定提前解散的；

（六）法律、行政法规规定的其他情形。

第四十五条 劳动合同期满，有本法第四十二条规定情形之一的，劳动合同应当续延至相应的情形消失时终止。但是，本法第四十二条第二项规定丧失或者部分丧失劳动能力劳动者的劳动合同的终止，按照国家有关工伤保险的规定执行。

第四十六条 有下列情形之一的，用人单位应当向劳动者支付经济补偿：

（一）劳动者依照本法第三十八条规定解除劳动合同的；

（二）用人单位依照本法第三十六条规定向劳动者提出解除劳动合同并与劳动者协商一致解除劳动合同的；

（三）用人单位依照本法第四十条规定解除劳动合同的；

（四）用人单位依照本法第四十一条第一款规定解除劳动合同的；

（五）除用人单位维持或者提高劳动合同约定条件续订劳动合同，劳动者不同意续订的情形外，依照本法第四十四条第一项规定终止固定期限劳动合同的；

（六）依照本法第四十四条第四项、第五项规定终止劳动合同的；

（七）法律、行政法规规定的其他情形。

第四十七条　经济补偿按劳动者在本单位工作的年限，每满一年支付一个月工资的标准向劳动者支付。六个月以上不满一年的，按一年计算；不满六个月的，向劳动者支付半个月工资的经济补偿。

劳动者月工资高于用人单位所在直辖市、设区的市级人民政府公布的本地区上年度职工月平均工资三倍的，向其支付经济补偿的标准按职工月平均工资三倍的数额支付，向其支付经济补偿的年限最高不超过十二年。

本条所称月工资是指劳动者在劳动合同解除或者终止前十二个月的平均工资。

第四十八条　用人单位违反本法规定解除或者终止劳动合同，劳动者要求继续履行劳动合同的，用人单位应当继续履行；劳动者不要求继续履行劳动合同或者劳动合同已经不能继续履行的，用人单位应当依照本法第八十七条规定支付赔偿金。

第四十九条　国家采取措施，建立健全劳动者社会保险关系跨地区转移接续制度。

第五十条　用人单位应当在解除或者终止劳动合同时出具解除或者终止劳动合同的证明，并在十五日内为劳动者办理档案和社会保险关系转移手续。

劳动者应当按照双方约定，办理工作交接。用人单位依照本法有关规定应当向劳动者支付经济补偿的，在办结工作交接时支付。

用人单位对已经解除或者终止的劳动合同的文本，至少保存二年备查。

第五章　特 别 规 定

第一节　集 体 合 同

第五十一条　企业职工一方与用人单位通过平等协商，可以就劳动报酬、工作时间、休息休假、劳动安全卫生、保险福利等事项订立集体合同。集体合同草案应当提交职工代表大会或者全体职工讨论通过。

集体合同由工会代表企业职工一方与用人单位订立；尚未建立工会的用人单位，由上级工会指导劳动者推举的代表与用人单位订立。

第五十二条 企业职工一方与用人单位可以订立劳动安全卫生、女职工权益保护、工资调整机制等专项集体合同。

第五十三条 在县级以下区域内，建筑业、采矿业、餐饮服务业等行业可以由工会与企业方面代表订立行业性集体合同，或者订立区域性集体合同。

第五十四条 集体合同订立后，应当报送劳动行政部门；劳动行政部门自收到集体合同文本之日起十五日内未提出异议的，集体合同即行生效。

依法订立的集体合同对用人单位和劳动者具有约束力。行业性、区域性集体合同对当地本行业、本区域的用人单位和劳动者具有约束力。

第五十五条 集体合同中劳动报酬和劳动条件等标准不得低于当地人民政府规定的最低标准；用人单位与劳动者订立的劳动合同中劳动报酬和劳动条件等标准不得低于集体合同规定的标准。

第五十六条 用人单位违反集体合同，侵犯职工劳动权益的，工会可以依法要求用人单位承担责任；因履行集体合同发生争议，经协商解决不成的，工会可以依法申请仲裁、提起诉讼。

第二节 劳务派遣

第五十七条 经营劳务派遣业务应当具备下列条件：

（一）注册资本不得少于人民币二百万元；

（二）有与开展业务相适应的固定的经营场所和设施；

（三）有符合法律、行政法规规定的劳务派遣管理制度；

（四）法律、行政法规规定的其他条件。

经营劳务派遣业务，应当向劳动行政部门依法申请行政许可；经许可的，依法办理相应的公司登记。未经许可，任何单位和个人不得经营劳务派遣业务。

第五十八条 劳务派遣单位是本法所称用人单位，应当履行用人单位对劳动者的义务。劳务派遣单位与被派遣劳动者订立的劳动合同，除应当载明本法第十七条规定的事项外，还应当载明被派遣劳动者的用工单位以及派遣期限、工作岗位等情况。

劳务派遣单位应当与被派遣劳动者订立二年以上的固定期限劳动合同，按月支付劳动报酬；被派遣劳动者在无工作期间，劳务派遣单位应当按照所在地人民政府规定的最低工资标准，向其按月支付报酬。

第五十九条 劳务派遣单位派遣劳动者应当与接受以劳务派遣形式用工的单位（以下称用工单位）订立劳务派遣协议。劳务派遣协议应当约定派遣岗位和人员数量、派遣期限、劳动报酬和社会保险费的数额与支付方式以及违反协议的责任。

用工单位应当根据工作岗位的实际需要与劳务派遣单位确定派遣期限，不得将连续用工期限分割订立数个短期劳务派遣协议。

第六十条 劳务派遣单位应当将劳务派遣协议的内容告知被派遣劳动者。

劳务派遣单位不得克扣用工单位按照劳务派遣协议支付给被派遣劳动者的劳动报酬。

劳务派遣单位和用工单位不得向被派遣劳动者收取费用。

第六十一条 劳务派遣单位跨地区派遣劳动者的，被派遣劳动者享有的劳动报酬和劳动条件，按照用工单位所在地的标准执行。

第六十二条 用工单位应当履行下列义务：

（一）执行国家劳动标准，提供相应的劳动条件和劳动保护；

（二）告知被派遣劳动者的工作要求和劳动报酬；

（三）支付加班费、绩效奖金，提供与工作岗位相关的福利待遇；

（四）对在岗被派遣劳动者进行工作岗位所必需的培训；

（五）连续用工的，实行正常的工资调整机制。

用工单位不得将被派遣劳动者再派遣到其他用人单位。

第六十三条 被派遣劳动者享有与用工单位的劳动者同工同酬的权利。用工单位应当按照同工同酬原则，对被派遣劳动者与本单位同类岗位的劳动者实行相同的劳动报酬分配办法。用工单位无同类岗位劳动者的，参照用工单位所在地相同或者相近岗位劳动者的劳动报酬确定。

劳务派遣单位与被派遣劳动者订立的劳动合同和与用工单位订立的劳务派遣协议，载明或者约定的向被派遣劳动者支付的劳动报酬应当符合前款规定。

第六十四条 被派遣劳动者有权在劳务派遣单位或者用工单位依法参加

或者组织工会，维护自身的合法权益。

第六十五条 被派遣劳动者可以依照本法第三十六条、第三十八条的规定与劳务派遣单位解除劳动合同。

被派遣劳动者有本法第三十九条和第四十条第一项、第二项规定情形的，用工单位可以将劳动者退回劳务派遣单位，劳务派遣单位依照本法有关规定，可以与劳动者解除劳动合同。

第六十六条 劳动合同用工是我国的企业基本用工形式。劳务派遣用工是补充形式，只能在临时性、辅助性或者替代性的工作岗位上实施。

前款规定的临时性工作岗位是指存续时间不超过六个月的岗位；辅助性工作岗位是指为主营业务岗位提供服务的非主营业务岗位；替代性工作岗位是指用工单位的劳动者因脱产学习、休假等原因无法工作的一定期间内，可以由其他劳动者替代工作的岗位。

用工单位应当严格控制劳务派遣用工数量，不得超过其用工总量的一定比例，具体比例由国务院劳动行政部门规定。

第六十七条 用人单位不得设立劳务派遣单位向本单位或者所属单位派遣劳动者。

第三节 非全日制用工

第六十八条 非全日制用工，是指以小时计酬为主，劳动者在同一用人单位一般平均每日工作时间不超过四小时，每周工作时间累计不超过二十四小时的用工形式。

第六十九条 非全日制用工双方当事人可以订立口头协议。

从事非全日制用工的劳动者可以与一个或者一个以上用人单位订立劳动合同；但是，后订立的劳动合同不得影响先订立的劳动合同的履行。

第七十条 非全日制用工双方当事人不得约定试用期。

第七十一条 非全日制用工双方当事人任何一方都可以随时通知对方终止用工。终止用工，用人单位不向劳动者支付经济补偿。

第七十二条 非全日制用工小时计酬标准不得低于用人单位所在地人民政府规定的最低小时工资标准。

非全日制用工劳动报酬结算支付周期最长不得超过十五日。

第六章　监督检查

第七十三条　国务院劳动行政部门负责全国劳动合同制度实施的监督管理。

县级以上地方人民政府劳动行政部门负责本行政区域内劳动合同制度实施的监督管理。

县级以上各级人民政府劳动行政部门在劳动合同制度实施的监督管理工作中，应当听取工会、企业方面代表以及有关行业主管部门的意见。

第七十四条　县级以上地方人民政府劳动行政部门依法对下列实施劳动合同制度的情况进行监督检查：

（一）用人单位制定直接涉及劳动者切身利益的规章制度及其执行的情况；

（二）用人单位与劳动者订立和解除劳动合同的情况；

（三）劳务派遣单位和用工单位遵守劳务派遣有关规定的情况；

（四）用人单位遵守国家关于劳动者工作时间和休息休假规定的情况；

（五）用人单位支付劳动合同约定的劳动报酬和执行最低工资标准的情况；

（六）用人单位参加各项社会保险和缴纳社会保险费的情况；

（七）法律、法规规定的其他劳动监察事项。

第七十五条　县级以上地方人民政府劳动行政部门实施监督检查时，有权查阅与劳动合同、集体合同有关的材料，有权对劳动场所进行实地检查，用人单位和劳动者都应当如实提供有关情况和材料。

劳动行政部门的工作人员进行监督检查，应当出示证件，依法行使职权，文明执法。

第七十六条　县级以上人民政府建设、卫生、安全生产监督管理等有关主管部门在各自职责范围内，对用人单位执行劳动合同制度的情况进行监督管理。

第七十七条　劳动者合法权益受到侵害的，有权要求有关部门依法处理，或者依法申请仲裁、提起诉讼。

第七十八条　工会依法维护劳动者的合法权益，对用人单位履行劳动合同、集体合同的情况进行监督。用人单位违反劳动法律、法规和劳动合同、集体合同的，工会有权提出意见或者要求纠正；劳动者申请仲裁、提起诉讼的，工会依法给予支持和帮助。

第七十九条 任何组织或者个人对违反本法的行为都有权举报，县级以上人民政府劳动行政部门应当及时核实、处理，并对举报有功人员给予奖励。

第七章 法律责任

第八十条 用人单位直接涉及劳动者切身利益的规章制度违反法律、法规规定的，由劳动行政部门责令改正，给予警告；给劳动者造成损害的，应当承担赔偿责任。

第八十一条 用人单位提供的劳动合同文本未载明本法规定的劳动合同必备条款或者用人单位未将劳动合同文本交付劳动者的，由劳动行政部门责令改正；给劳动者造成损害的，应当承担赔偿责任。

第八十二条 用人单位自用工之日起超过一个月不满一年未与劳动者订立书面劳动合同的，应当向劳动者每月支付二倍的工资。

用人单位违反本法规定不与劳动者订立无固定期限劳动合同的，自应当订立无固定期限劳动合同之日起向劳动者每月支付二倍的工资。

第八十三条 用人单位违反本法规定与劳动者约定试用期的，由劳动行政部门责令改正；违法约定的试用期已经履行的，由用人单位以劳动者试用期满月工资为标准，按已经履行的超过法定试用期的期间向劳动者支付赔偿金。

第八十四条 用人单位违反本法规定，扣押劳动者居民身份证等证件的，由劳动行政部门责令限期退还劳动者本人，并依照有关法律规定给予处罚。

用人单位违反本法规定，以担保或者其他名义向劳动者收取财物的，由劳动行政部门责令限期退还劳动者本人，并以每人五百元以上二千元以下的标准处以罚款；给劳动者造成损害的，应当承担赔偿责任。

劳动者依法解除或者终止劳动合同，用人单位扣押劳动者档案或者其他物品的，依照前款规定处罚。

第八十五条 用人单位有下列情形之一的，由劳动行政部门责令限期支付劳动报酬、加班费或者经济补偿；劳动报酬低于当地最低工资标准的，应当支付其差额部分；逾期不支付的，责令用人单位按应付金额百分之五十以上百分之一百以下的标准向劳动者加付赔偿金：

（一）未按照劳动合同的约定或者国家规定及时足额支付劳动者劳动报酬的；

（二）低于当地最低工资标准支付劳动者工资的；

（三）安排加班不支付加班费的；

（四）解除或者终止劳动合同，未依照本法规定向劳动者支付经济补偿的。

第八十六条 劳动合同依照本法第二十六条规定被确认无效，给对方造成损害的，有过错的一方应当承担赔偿责任。

第八十七条 用人单位违反本法规定解除或者终止劳动合同的，应当依照本法第四十七条规定的经济补偿标准的二倍向劳动者支付赔偿金。

第八十八条 用人单位有下列情形之一的，依法给予行政处罚；构成犯罪的，依法追究刑事责任；给劳动者造成损害的，应当承担赔偿责任：

（一）以暴力、威胁或者非法限制人身自由的手段强迫劳动的；

（二）违章指挥或者强令冒险作业危及劳动者人身安全的；

（三）侮辱、体罚、殴打、非法搜查或者拘禁劳动者的；

（四）劳动条件恶劣、环境污染严重，给劳动者身心健康造成严重损害的。

第八十九条 用人单位违反本法规定未向劳动者出具解除或者终止劳动合同的书面证明，由劳动行政部门责令改正；给劳动者造成损害的，应当承担赔偿责任。

第九十条 劳动者违反本法规定解除劳动合同，或者违反劳动合同中约定的保密义务或者竞业限制，给用人单位造成损失的，应当承担赔偿责任。

第九十一条 用人单位招用与其他用人单位尚未解除或者终止劳动合同的劳动者，给其他用人单位造成损失的，应当承担连带赔偿责任。

第九十二条 违反本法规定，未经许可，擅自经营劳务派遣业务的，由劳动行政部门责令停止违法行为，没收违法所得，并处违法所得一倍以上五倍以下的罚款；没有违法所得的，可以处五万元以下的罚款。

劳务派遣单位、用工单位违反本法有关劳务派遣规定的，由劳动行政部门责令限期改正；逾期不改正的，以每人五千元以上一万元以下的标准处以罚款，对劳务派遣单位，吊销其劳务派遣业务经营许可证。用工单位给被派遣劳动者造成损害的，劳务派遣单位与用工单位承担连带赔偿责任。

第九十三条 对不具备合法经营资格的用人单位的违法犯罪行为，依法追究法律责任；劳动者已经付出劳动的，该单位或者其出资人应当依照本法有关规定向劳动者支付劳动报酬、经济补偿、赔偿金；给劳动者造成损害的，应当承担赔偿责任。

第九十四条 个人承包经营违反本法规定招用劳动者，给劳动者造成损害的，发包的组织与个人承包经营者承担连带赔偿责任。

第九十五条 劳动行政部门和其他有关主管部门及其工作人员玩忽职守、不履行法定职责，或者违法行使职权，给劳动者或者用人单位造成损害的，应当承担赔偿责任；对直接负责的主管人员和其他直接责任人员，依法给予行政处分；构成犯罪的，依法追究刑事责任。

第八章　附　　则

第九十六条 事业单位与实行聘用制的工作人员订立、履行、变更、解除或者终止劳动合同，法律、行政法规或者国务院另有规定的，依照其规定；未作规定的，依照本法有关规定执行。

第九十七条 本法施行前已依法订立且在本法施行之日存续的劳动合同，继续履行；本法第十四条第二款第三项规定连续订立固定期限劳动合同的次数，自本法施行后续订固定期限劳动合同时开始计算。

本法施行前已建立劳动关系，尚未订立书面劳动合同的，应当自本法施行之日起一个月内订立。

本法施行之日存续的劳动合同在本法施行后解除或者终止，依照本法第四十六条规定应当支付经济补偿的，经济补偿年限自本法施行之日起计算；本法施行前按照当时有关规定，用人单位应当向劳动者支付经济补偿的，按照当时有关规定执行。

第九十八条 本法自 2008 年 1 月 1 日起施行。

中华人民共和国劳动争议调解仲裁法

（2007年12月29日第十届全国人民代表大会常务委员会第三十一次会议通过　2007年12月29日中华人民共和国主席令第80号公布　自2008年5月1日起施行）

第一章　总　　则

第一条　【立法目的】为了公正及时解决劳动争议，保护当事人合法权益，促进劳动关系和谐稳定，制定本法。

第二条　【适用范围】中华人民共和国境内的用人单位与劳动者发生的下列劳动争议，适用本法：

（一）因确认劳动关系发生的争议；

（二）因订立、履行、变更、解除和终止劳动合同发生的争议；

（三）因除名、辞退和辞职、离职发生的争议；

（四）因工作时间、休息休假、社会保险、福利、培训以及劳动保护发生的争议；

（五）因劳动报酬、工伤医疗费、经济补偿或者赔偿金等发生的争议；

（六）法律、法规规定的其他劳动争议。

第三条　【基本原则】解决劳动争议，应当根据事实，遵循合法、公正、及时、着重调解的原则，依法保护当事人的合法权益。

第四条　【协商】发生劳动争议，劳动者可以与用人单位协商，也可以请工会或者第三方共同与用人单位协商，达成和解协议。

第五条　【调解、仲裁、诉讼】发生劳动争议，当事人不愿协商、协商不成或者达成和解协议后不履行的，可以向调解组织申请调解；不愿调解、调解不成或者达成调解协议后不履行的，可以向劳动争议仲裁委员会申请仲裁；对仲裁裁决不服的，除本法另有规定的外，可以向人民法院提起诉讼。

第六条　【举证责任】发生劳动争议，当事人对自己提出的主张，有责任提供证据。与争议事项有关的证据属于用人单位掌握管理的，用人单位应当提供；用人单位不提供的，应当承担不利后果。

第七条　【推举代表参加调解、仲裁或诉讼】发生劳动争议的劳动者一方在十人以上，并有共同请求的，可以推举代表参加调解、仲裁或者诉讼活动。

第八条　【三方机制】县级以上人民政府劳动行政部门会同工会和企业方面代表建立协调劳动关系三方机制，共同研究解决劳动争议的重大问题。

第九条　【拖欠劳动报酬等争议的行政救济】用人单位违反国家规定，拖欠或者未足额支付劳动报酬，或者拖欠工伤医疗费、经济补偿或者赔偿金的，劳动者可以向劳动行政部门投诉，劳动行政部门应当依法处理。

第二章　调　　解

第十条　【调解组织】发生劳动争议，当事人可以到下列调解组织申请调解：

（一）企业劳动争议调解委员会；

（二）依法设立的基层人民调解组织；

（三）在乡镇、街道设立的具有劳动争议调解职能的组织。

企业劳动争议调解委员会由职工代表和企业代表组成。职工代表由工会成员担任或者由全体职工推举产生，企业代表由企业负责人指定。企业劳动争议调解委员会主任由工会成员或者双方推举的人员担任。

第十一条　【调解员】劳动争议调解组织的调解员应当由公道正派、联系群众、热心调解工作，并具有一定法律知识、政策水平和文化水平的成年公民担任。

第十二条　【申请调解的形式】当事人申请劳动争议调解可以书面申请，也可以口头申请。口头申请的，调解组织应当当场记录申请人基本情况、申请调解的争议事项、理由和时间。

第十三条　【调解的基本原则】调解劳动争议，应当充分听取双方当事人对事实和理由的陈述，耐心疏导，帮助其达成协议。

第十四条　【调解协议书】经调解达成协议的，应当制作调解协议书。

调解协议书由双方当事人签名或者盖章，经调解员签名并加盖调解组织印章后生效，对双方当事人具有约束力，当事人应当履行。

自劳动争议调解组织收到调解申请之日起十五日内未达成调解协议的，当事人可以依法申请仲裁。

第十五条　【不履行调解协议可申请仲裁】 达成调解协议后，一方当事人在协议约定期限内不履行调解协议的，另一方当事人可以依法申请仲裁。

第十六条　【劳动者可以调解协议书申请支付令的情形】 因支付拖欠劳动报酬、工伤医疗费、经济补偿或者赔偿金事项达成调解协议，用人单位在协议约定期限内不履行的，劳动者可以持调解协议书依法向人民法院申请支付令。人民法院应当依法发出支付令。

第三章　仲　　裁

第一节　一般规定

第十七条　【劳动争议仲裁委员会的设立】 劳动争议仲裁委员会按照统筹规划、合理布局和适应实际需要的原则设立。省、自治区人民政府可以决定在市、县设立；直辖市人民政府可以决定在区、县设立。直辖市、设区的市也可以设立一个或者若干个劳动争议仲裁委员会。劳动争议仲裁委员会不按行政区划层层设立。

第十八条　【政府的职责】 国务院劳动行政部门依照本法有关规定制定仲裁规则。省、自治区、直辖市人民政府劳动行政部门对本行政区域的劳动争议仲裁工作进行指导。

第十九条　【劳动争议仲裁委员会的组成与职责】 劳动争议仲裁委员会由劳动行政部门代表、工会代表和企业方面代表组成。劳动争议仲裁委员会组成人员应当是单数。

劳动争议仲裁委员会依法履行下列职责：

（一）聘任、解聘专职或者兼职仲裁员；

（二）受理劳动争议案件；

（三）讨论重大或者疑难的劳动争议案件；

（四）对仲裁活动进行监督。

劳动争议仲裁委员会下设办事机构，负责办理劳动争议仲裁委员会的日常工作。

第二十条　【仲裁员】 劳动争议仲裁委员会应当设仲裁员名册。

仲裁员应当公道正派并符合下列条件之一：

（一）曾任审判员的；

（二）从事法律研究、教学工作并具有中级以上职称的；

（三）具有法律知识、从事人力资源管理或者工会等专业工作满五年的；

（四）律师执业满三年的。

第二十一条　【劳动争议仲裁案件的管辖】劳动争议仲裁委员会负责管辖本区域内发生的劳动争议。

劳动争议由劳动合同履行地或者用人单位所在地的劳动争议仲裁委员会管辖。双方当事人分别向劳动合同履行地和用人单位所在地的劳动争议仲裁委员会申请仲裁的，由劳动合同履行地的劳动争议仲裁委员会管辖。

第二十二条　【劳动争议仲裁案件的当事人】发生劳动争议的劳动者和用人单位为劳动争议仲裁案件的双方当事人。

劳务派遣单位或者用工单位与劳动者发生劳动争议的，劳务派遣单位和用工单位为共同当事人。

第二十三条　【有利害关系的第三人】与劳动争议案件的处理结果有利害关系的第三人，可以申请参加仲裁活动或者由劳动争议仲裁委员会通知其参加仲裁活动。

第二十四条　【委托代理人参加仲裁活动】当事人可以委托代理人参加仲裁活动。委托他人参加仲裁活动，应当向劳动争议仲裁委员会提交有委托人签名或者盖章的委托书，委托书应当载明委托事项和权限。

第二十五条　【法定代理人、指定代理人或近亲属参加仲裁的情形】丧失或者部分丧失民事行为能力的劳动者，由其法定代理人代为参加仲裁活动；无法定代理人的，由劳动争议仲裁委员会为其指定代理人。劳动者死亡的，由其近亲属或者代理人参加仲裁活动。

第二十六条　【仲裁公开原则及例外】劳动争议仲裁公开进行，但当事人协议不公开进行或者涉及国家秘密、商业秘密和个人隐私的除外。

第二节　申请和受理

第二十七条　【仲裁时效】劳动争议申请仲裁的时效期间为一年。仲裁时效期间从当事人知道或者应当知道其权利被侵害之日起计算。

前款规定的仲裁时效，因当事人一方向对方当事人主张权利，或者向有关部门请求权利救济，或者对方当事人同意履行义务而中断。从中断时起，仲裁时效期间重新计算。

因不可抗力或者有其他正当理由，当事人不能在本条第一款规定的仲裁时效期间申请仲裁的，仲裁时效中止。从中止时效的原因消除之日起，仲裁时效期间继续计算。

劳动关系存续期间因拖欠劳动报酬发生争议的，劳动者申请仲裁不受本条第一款规定的仲裁时效期间的限制；但是，劳动关系终止的，应当自劳动关系终止之日起一年内提出。

第二十八条　【申请仲裁的形式】申请人申请仲裁应当提交书面仲裁申请，并按照被申请人人数提交副本。

仲裁申请书应当载明下列事项：

（一）劳动者的姓名、性别、年龄、职业、工作单位和住所，用人单位的名称、住所和法定代表人或者主要负责人的姓名、职务；

（二）仲裁请求和所根据的事实、理由；

（三）证据和证据来源、证人姓名和住所。

书写仲裁申请确有困难的，可以口头申请，由劳动争议仲裁委员会记入笔录，并告知对方当事人。

第二十九条　【仲裁的受理】劳动争议仲裁委员会收到仲裁申请之日起五日内，认为符合受理条件的，应当受理，并通知申请人；认为不符合受理条件的，应当书面通知申请人不予受理，并说明理由。对劳动争议仲裁委员会不予受理或者逾期未作出决定的，申请人可以就该劳动争议事项向人民法院提起诉讼。

第三十条　【被申请人答辩书】劳动争议仲裁委员会受理仲裁申请后，应当在五日内将仲裁申请书副本送达被申请人。

被申请人收到仲裁申请书副本后，应当在十日内向劳动争议仲裁委员会提交答辩书。劳动争议仲裁委员会收到答辩书后，应当在五日内将答辩书副本送达申请人。被申请人未提交答辩书的，不影响仲裁程序的进行。

第三节　开庭和裁决

第三十一条　【仲裁庭】劳动争议仲裁委员会裁决劳动争议案件实行仲裁庭制。仲裁庭由三名仲裁员组成，设首席仲裁员。简单劳动争议案件可以由一名仲裁员独任仲裁。

第三十二条　【通知仲裁庭的组成情况】劳动争议仲裁委员会应当在受理仲裁申请之日起五日内将仲裁庭的组成情况书面通知当事人。

第三十三条　【回避】仲裁员有下列情形之一，应当回避，当事人也有权以口头或者书面方式提出回避申请：

（一）是本案当事人或者当事人、代理人的近亲属的；

（二）与本案有利害关系的；

（三）与本案当事人、代理人有其他关系，可能影响公正裁决的；

（四）私自会见当事人、代理人，或者接受当事人、代理人的请客送礼的。

劳动争议仲裁委员会对回避申请应当及时作出决定，并以口头或者书面方式通知当事人。

第三十四条　【仲裁员承担责任的情形】仲裁员有本法第三十三条第四项规定情形，或者有索贿受贿、徇私舞弊、枉法裁决行为的，应当依法承担法律责任。劳动争议仲裁委员会应当将其解聘。

第三十五条　【开庭通知及延期】仲裁庭应当在开庭五日前，将开庭日期、地点书面通知双方当事人。当事人有正当理由的，可以在开庭三日前请求延期开庭。是否延期，由劳动争议仲裁委员会决定。

第三十六条　【申请人、被申请人无故不到庭或中途退庭】申请人收到书面通知，无正当理由拒不到庭或者未经仲裁庭同意中途退庭的，可以视为撤回仲裁申请。

被申请人收到书面通知，无正当理由拒不到庭或者未经仲裁庭同意中途退庭的，可以缺席裁决。

第三十七条　【鉴定】仲裁庭对专门性问题认为需要鉴定的，可以交由当事人约定的鉴定机构鉴定；当事人没有约定或者无法达成约定的，由仲裁庭指定的鉴定机构鉴定。

根据当事人的请求或者仲裁庭的要求，鉴定机构应当派鉴定人参加开庭。当事人经仲裁庭许可，可以向鉴定人提问。

第三十八条　【质证和辩论】当事人在仲裁过程中有权进行质证和辩论。质证和辩论终结时，首席仲裁员或者独任仲裁员应当征询当事人的最后意见。

第三十九条　【举证】当事人提供的证据经查证属实的，仲裁庭应当将其作为认定事实的根据。

劳动者无法提供由用人单位掌握管理的与仲裁请求有关的证据，仲裁庭可以要求用人单位在指定期限内提供。用人单位在指定期限内不提供的，应当承担不利后果。

第四十条　【开庭笔录】仲裁庭应当将开庭情况记入笔录。当事人和其他仲裁参加人认为对自己陈述的记录有遗漏或者差错的，有权申请补正。如果不予补正，应当记录该申请。

笔录由仲裁员、记录人员、当事人和其他仲裁参加人签名或者盖章。

第四十一条　【申请仲裁后自行和解】当事人申请劳动争议仲裁后，可以自行和解。达成和解协议的，可以撤回仲裁申请。

第四十二条　【先行调解】仲裁庭在作出裁决前，应当先行调解。

调解达成协议的，仲裁庭应当制作调解书。

调解书应当写明仲裁请求和当事人协议的结果。调解书由仲裁员签名，加盖劳动争议仲裁委员会印章，送达双方当事人。调解书经双方当事人签收后，发生法律效力。

调解不成或者调解书送达前，一方当事人反悔的，仲裁庭应当及时作出裁决。

第四十三条　【仲裁案件审理期限】仲裁庭裁决劳动争议案件，应当自劳动争议仲裁委员会受理仲裁申请之日起四十五日内结束。案情复杂需要延期的，经劳动争议仲裁委员会主任批准，可以延期并书面通知当事人，但是延长期限不得超过十五日。逾期未作出仲裁裁决的，当事人可以就该劳动争议事项向人民法院提起诉讼。

仲裁庭裁决劳动争议案件时，其中一部分事实已经清楚，可以就该部分先行裁决。

第四十四条　【可以裁决先予执行的案件】仲裁庭对追索劳动报酬、工伤医疗费、经济补偿或者赔偿金的案件，根据当事人的申请，可以裁决先予执行，移送人民法院执行。

仲裁庭裁决先予执行的，应当符合下列条件：

（一）当事人之间权利义务关系明确；

（二）不先予执行将严重影响申请人的生活。

劳动者申请先予执行的，可以不提供担保。

第四十五条　【作出裁决意见】裁决应当按照多数仲裁员的意见作出，

少数仲裁员的不同意见应当记入笔录。仲裁庭不能形成多数意见时，裁决应当按照首席仲裁员的意见作出。

第四十六条　【裁决书】裁决书应当载明仲裁请求、争议事实、裁决理由、裁决结果和裁决日期。裁决书由仲裁员签名，加盖劳动争议仲裁委员会印章。对裁决持不同意见的仲裁员，可以签名，也可以不签名。

第四十七条　【一裁终局的案件】下列劳动争议，除本法另有规定的外，仲裁裁决为终局裁决，裁决书自作出之日起发生法律效力：

（一）追索劳动报酬、工伤医疗费、经济补偿或者赔偿金，不超过当地月最低工资标准十二个月金额的争议；

（二）因执行国家的劳动标准在工作时间、休息休假、社会保险等方面发生的争议。

第四十八条　【劳动者不服一裁终局案件的裁决提起诉讼的期限】劳动者对本法第四十七条规定的仲裁裁决不服的，可以自收到仲裁裁决书之日起十五日内向人民法院提起诉讼。

第四十九条　【用人单位不服一裁终局案件的裁决可诉请撤销的案件】用人单位有证据证明本法第四十七条规定的仲裁裁决有下列情形之一，可以自收到仲裁裁决书之日起三十日内向劳动争议仲裁委员会所在地的中级人民法院申请撤销裁决：

（一）适用法律、法规确有错误的；

（二）劳动争议仲裁委员会无管辖权的；

（三）违反法定程序的；

（四）裁决所根据的证据是伪造的；

（五）对方当事人隐瞒了足以影响公正裁决的证据的；

（六）仲裁员在仲裁该案时有索贿受贿、徇私舞弊、枉法裁决行为的。

人民法院经组成合议庭审查核实裁决有前款规定情形之一的，应当裁定撤销。

仲裁裁决被人民法院裁定撤销的，当事人可以自收到裁定书之日起十五日内就该劳动争议事项向人民法院提起诉讼。

第五十条　【其他不服仲裁裁决提起诉讼的期限】当事人对本法第四十七条规定以外的其他劳动争议案件的仲裁裁决不服的，可以自收到仲裁裁决书之日起十五日内向人民法院提起诉讼；期满不起诉的，裁决书发生法律效力。

第五十一条　【生效调解书、裁决书的执行】当事人对发生法律效力的调解书、裁决书，应当依照规定的期限履行。一方当事人逾期不履行的，另一方当事人可以依照民事诉讼法的有关规定向人民法院申请执行。受理申请的人民法院应当依法执行。

第四章　附　　则

第五十二条　【人事争议处理的法律适用】事业单位实行聘用制的工作人员与本单位发生劳动争议的，依照本法执行；法律、行政法规或者国务院另有规定的，依照其规定。

第五十三条　【劳动争议仲裁不收费】劳动争议仲裁不收费。劳动争议仲裁委员会的经费由财政予以保障。

第五十四条　【实施日期】本法自2008年5月1日起施行。

中华人民共和国社会保险法

（2010年10月28日第十一届全国人民代表大会常务委员会第十七次会议通过　根据2018年12月29日第十三届全国人民代表大会常务委员会第七次会议《关于修改〈中华人民共和国社会保险法〉的决定》修正）

第一章　总　　则

第一条　为了规范社会保险关系，维护公民参加社会保险和享受社会保险待遇的合法权益，使公民共享发展成果，促进社会和谐稳定，根据宪法，制定本法。

第二条　国家建立基本养老保险、基本医疗保险、工伤保险、失业保险、生育保险等社会保险制度，保障公民在年老、疾病、工伤、失业、生育等情况下依法从国家和社会获得物质帮助的权利。

第三条　社会保险制度坚持广覆盖、保基本、多层次、可持续的方针，社会保险水平应当与经济社会发展水平相适应。

第四条 中华人民共和国境内的用人单位和个人依法缴纳社会保险费，有权查询缴费记录、个人权益记录，要求社会保险经办机构提供社会保险咨询等相关服务。

个人依法享受社会保险待遇，有权监督本单位为其缴费情况。

第五条 县级以上人民政府将社会保险事业纳入国民经济和社会发展规划。

国家多渠道筹集社会保险资金。县级以上人民政府对社会保险事业给予必要的经费支持。

国家通过税收优惠政策支持社会保险事业。

第六条 国家对社会保险基金实行严格监管。

国务院和省、自治区、直辖市人民政府建立健全社会保险基金监督管理制度，保障社会保险基金安全、有效运行。

县级以上人民政府采取措施，鼓励和支持社会各方面参与社会保险基金的监督。

第七条 国务院社会保险行政部门负责全国的社会保险管理工作，国务院其他有关部门在各自的职责范围内负责有关的社会保险工作。

县级以上地方人民政府社会保险行政部门负责本行政区域的社会保险管理工作，县级以上地方人民政府其他有关部门在各自的职责范围内负责有关的社会保险工作。

第八条 社会保险经办机构提供社会保险服务，负责社会保险登记、个人权益记录、社会保险待遇支付等工作。

第九条 工会依法维护职工的合法权益，有权参与社会保险重大事项的研究，参加社会保险监督委员会，对与职工社会保险权益有关的事项进行监督。

第二章　基本养老保险

第十条 职工应当参加基本养老保险，由用人单位和职工共同缴纳基本养老保险费。

无雇工的个体工商户、未在用人单位参加基本养老保险的非全日制从业人员以及其他灵活就业人员可以参加基本养老保险，由个人缴纳基本养老保险费。

公务员和参照公务员法管理的工作人员养老保险的办法由国务院规定。

第十一条　基本养老保险实行社会统筹与个人账户相结合。

基本养老保险基金由用人单位和个人缴费以及政府补贴等组成。

第十二条　用人单位应当按照国家规定的本单位职工工资总额的比例缴纳基本养老保险费，记入基本养老保险统筹基金。

职工应当按照国家规定的本人工资的比例缴纳基本养老保险费，记入个人账户。

无雇工的个体工商户、未在用人单位参加基本养老保险的非全日制从业人员以及其他灵活就业人员参加基本养老保险的，应当按照国家规定缴纳基本养老保险费，分别记入基本养老保险统筹基金和个人账户。

第十三条　国有企业、事业单位职工参加基本养老保险前，视同缴费年限期间应当缴纳的基本养老保险费由政府承担。

基本养老保险基金出现支付不足时，政府给予补贴。

第十四条　个人账户不得提前支取，记账利率不得低于银行定期存款利率，免征利息税。个人死亡的，个人账户余额可以继承。

第十五条　基本养老金由统筹养老金和个人账户养老金组成。

基本养老金根据个人累计缴费年限、缴费工资、当地职工平均工资、个人账户金额、城镇人口平均预期寿命等因素确定。

第十六条　参加基本养老保险的个人，达到法定退休年龄时累计缴费满十五年的，按月领取基本养老金。

参加基本养老保险的个人，达到法定退休年龄时累计缴费不足十五年的，可以缴费至满十五年，按月领取基本养老金；也可以转入新型农村社会养老保险或者城镇居民社会养老保险，按照国务院规定享受相应的养老保险待遇。

第十七条　参加基本养老保险的个人，因病或者非因工死亡的，其遗属可以领取丧葬补助金和抚恤金；在未达到法定退休年龄时因病或者非因工致残完全丧失劳动能力的，可以领取病残津贴。所需资金从基本养老保险基金中支付。

第十八条　国家建立基本养老金正常调整机制。根据职工平均工资增长、物价上涨情况，适时提高基本养老保险待遇水平。

第十九条　个人跨统筹地区就业的，其基本养老保险关系随本人转移，缴费年限累计计算。个人达到法定退休年龄时，基本养老金分段计算、统一支付。具体办法由国务院规定。

第二十条 国家建立和完善新型农村社会养老保险制度。

新型农村社会养老保险实行个人缴费、集体补助和政府补贴相结合。

第二十一条 新型农村社会养老保险待遇由基础养老金和个人账户养老金组成。

参加新型农村社会养老保险的农村居民，符合国家规定条件的，按月领取新型农村社会养老保险待遇。

第二十二条 国家建立和完善城镇居民社会养老保险制度。

省、自治区、直辖市人民政府根据实际情况，可以将城镇居民社会养老保险和新型农村社会养老保险合并实施。

第三章 基本医疗保险

第二十三条 职工应当参加职工基本医疗保险，由用人单位和职工按照国家规定共同缴纳基本医疗保险费。

无雇工的个体工商户、未在用人单位参加职工基本医疗保险的非全日制从业人员以及其他灵活就业人员可以参加职工基本医疗保险，由个人按照国家规定缴纳基本医疗保险费。

第二十四条 国家建立和完善新型农村合作医疗制度。

新型农村合作医疗的管理办法，由国务院规定。

第二十五条 国家建立和完善城镇居民基本医疗保险制度。

城镇居民基本医疗保险实行个人缴费和政府补贴相结合。

享受最低生活保障的人、丧失劳动能力的残疾人、低收入家庭六十周岁以上的老年人和未成年人等所需个人缴费部分，由政府给予补贴。

第二十六条 职工基本医疗保险、新型农村合作医疗和城镇居民基本医疗保险的待遇标准按照国家规定执行。

第二十七条 参加职工基本医疗保险的个人，达到法定退休年龄时累计缴费达到国家规定年限的，退休后不再缴纳基本医疗保险费，按照国家规定享受基本医疗保险待遇；未达到国家规定年限的，可以缴费至国家规定年限。

第二十八条 符合基本医疗保险药品目录、诊疗项目、医疗服务设施标准以及急诊、抢救的医疗费用，按照国家规定从基本医疗保险基金中支付。

第二十九条 参保人员医疗费用中应当由基本医疗保险基金支付的部分，

由社会保险经办机构与医疗机构、药品经营单位直接结算。

社会保险行政部门和卫生行政部门应当建立异地就医医疗费用结算制度，方便参保人员享受基本医疗保险待遇。

第三十条　下列医疗费用不纳入基本医疗保险基金支付范围：

（一）应当从工伤保险基金中支付的；

（二）应当由第三人负担的；

（三）应当由公共卫生负担的；

（四）在境外就医的。

医疗费用依法应当由第三人负担，第三人不支付或者无法确定第三人的，由基本医疗保险基金先行支付。基本医疗保险基金先行支付后，有权向第三人追偿。

第三十一条　社会保险经办机构根据管理服务的需要，可以与医疗机构、药品经营单位签订服务协议，规范医疗服务行为。

医疗机构应当为参保人员提供合理、必要的医疗服务。

第三十二条　个人跨统筹地区就业的，其基本医疗保险关系随本人转移，缴费年限累计计算。

第四章　工 伤 保 险

第三十三条　职工应当参加工伤保险，由用人单位缴纳工伤保险费，职工不缴纳工伤保险费。

第三十四条　国家根据不同行业的工伤风险程度确定行业的差别费率，并根据使用工伤保险基金、工伤发生率等情况在每个行业内确定费率档次。行业差别费率和行业内费率档次由国务院社会保险行政部门制定，报国务院批准后公布施行。

社会保险经办机构根据用人单位使用工伤保险基金、工伤发生率和所属行业费率档次等情况，确定用人单位缴费费率。

第三十五条　用人单位应当按照本单位职工工资总额，根据社会保险经办机构确定的费率缴纳工伤保险费。

第三十六条　职工因工作原因受到事故伤害或者患职业病，且经工伤认定的，享受工伤保险待遇；其中，经劳动能力鉴定丧失劳动能力的，享受伤残待遇。

工伤认定和劳动能力鉴定应当简捷、方便。

第三十七条 职工因下列情形之一导致本人在工作中伤亡的，不认定为工伤：

（一）故意犯罪；

（二）醉酒或者吸毒；

（三）自残或者自杀；

（四）法律、行政法规规定的其他情形。

第三十八条 因工伤发生的下列费用，按照国家规定从工伤保险基金中支付：

（一）治疗工伤的医疗费用和康复费用；

（二）住院伙食补助费；

（三）到统筹地区以外就医的交通食宿费；

（四）安装配置伤残辅助器具所需费用；

（五）生活不能自理的，经劳动能力鉴定委员会确认的生活护理费；

（六）一次性伤残补助金和一至四级伤残职工按月领取的伤残津贴；

（七）终止或者解除劳动合同时，应当享受的一次性医疗补助金；

（八）因工死亡的，其遗属领取的丧葬补助金、供养亲属抚恤金和因工死亡补助金；

（九）劳动能力鉴定费。

第三十九条 因工伤发生的下列费用，按照国家规定由用人单位支付：

（一）治疗工伤期间的工资福利；

（二）五级、六级伤残职工按月领取的伤残津贴；

（三）终止或者解除劳动合同时，应当享受的一次性伤残就业补助金。

第四十条 工伤职工符合领取基本养老金条件的，停发伤残津贴，享受基本养老保险待遇。基本养老保险待遇低于伤残津贴的，从工伤保险基金中补足差额。

第四十一条 职工所在用人单位未依法缴纳工伤保险费，发生工伤事故的，由用人单位支付工伤保险待遇。用人单位不支付的，从工伤保险基金中先行支付。

从工伤保险基金中先行支付的工伤保险待遇应当由用人单位偿还。用人单位不偿还的，社会保险经办机构可以依照本法第六十三条的规定追偿。

第四十二条　由于第三人的原因造成工伤，第三人不支付工伤医疗费用或者无法确定第三人的，由工伤保险基金先行支付。工伤保险基金先行支付后，有权向第三人追偿。

第四十三条　工伤职工有下列情形之一的，停止享受工伤保险待遇：

（一）丧失享受待遇条件的；

（二）拒不接受劳动能力鉴定的；

（三）拒绝治疗的。

第五章　失业保险

第四十四条　职工应当参加失业保险，由用人单位和职工按照国家规定共同缴纳失业保险费。

第四十五条　失业人员符合下列条件的，从失业保险基金中领取失业保险金：

（一）失业前用人单位和本人已经缴纳失业保险费满一年的；

（二）非因本人意愿中断就业的；

（三）已经进行失业登记，并有求职要求的。

第四十六条　失业人员失业前用人单位和本人累计缴费满一年不足五年的，领取失业保险金的期限最长为十二个月；累计缴费满五年不足十年的，领取失业保险金的期限最长为十八个月；累计缴费十年以上的，领取失业保险金的期限最长为二十四个月。重新就业后，再次失业的，缴费时间重新计算，领取失业保险金的期限与前次失业应当领取而尚未领取的失业保险金的期限合并计算，最长不超过二十四个月。

第四十七条　失业保险金的标准，由省、自治区、直辖市人民政府确定，不得低于城市居民最低生活保障标准。

第四十八条　失业人员在领取失业保险金期间，参加职工基本医疗保险，享受基本医疗保险待遇。

失业人员应当缴纳的基本医疗保险费从失业保险基金中支付，个人不缴纳基本医疗保险费。

第四十九条　失业人员在领取失业保险金期间死亡的，参照当地对在职职工死亡的规定，向其遗属发给一次性丧葬补助金和抚恤金。所需资金从失业保险基金中支付。

个人死亡同时符合领取基本养老保险丧葬补助金、工伤保险丧葬补助金和失业保险丧葬补助金条件的，其遗属只能选择领取其中的一项。

第五十条 用人单位应当及时为失业人员出具终止或者解除劳动关系的证明，并将失业人员的名单自终止或者解除劳动关系之日起十五日内告知社会保险经办机构。

失业人员应当持本单位为其出具的终止或者解除劳动关系的证明，及时到指定的公共就业服务机构办理失业登记。

失业人员凭失业登记证明和个人身份证明，到社会保险经办机构办理领取失业保险金的手续。失业保险金领取期限自办理失业登记之日起计算。

第五十一条 失业人员在领取失业保险金期间有下列情形之一的，停止领取失业保险金，并同时停止享受其他失业保险待遇：

（一）重新就业的；

（二）应征服兵役的；

（三）移居境外的；

（四）享受基本养老保险待遇的；

（五）无正当理由，拒不接受当地人民政府指定部门或者机构介绍的适当工作或者提供的培训的。

第五十二条 职工跨统筹地区就业的，其失业保险关系随本人转移，缴费年限累计计算。

第六章 生育保险

第五十三条 职工应当参加生育保险，由用人单位按照国家规定缴纳生育保险费，职工不缴纳生育保险费。

第五十四条 用人单位已经缴纳生育保险费的，其职工享受生育保险待遇；职工未就业配偶按照国家规定享受生育医疗费用待遇。所需资金从生育保险基金中支付。

生育保险待遇包括生育医疗费用和生育津贴。

第五十五条 生育医疗费用包括下列各项：

（一）生育的医疗费用；

（二）计划生育的医疗费用；

（三）法律、法规规定的其他项目费用。

第五十六条　职工有下列情形之一的，可以按照国家规定享受生育津贴：

（一）女职工生育享受产假；

（二）享受计划生育手术休假；

（三）法律、法规规定的其他情形。

生育津贴按照职工所在用人单位上年度职工月平均工资计发。

第七章　社会保险费征缴

第五十七条　用人单位应当自成立之日起三十日内凭营业执照、登记证书或者单位印章，向当地社会保险经办机构申请办理社会保险登记。社会保险经办机构应当自收到申请之日起十五日内予以审核，发给社会保险登记证件。

用人单位的社会保险登记事项发生变更或者用人单位依法终止的，应当自变更或者终止之日起三十日内，到社会保险经办机构办理变更或者注销社会保险登记。

市场监督管理部门、民政部门和机构编制管理机关应当及时向社会保险经办机构通报用人单位的成立、终止情况，公安机关应当及时向社会保险经办机构通报个人的出生、死亡以及户口登记、迁移、注销等情况。

第五十八条　用人单位应当自用工之日起三十日内为其职工向社会保险经办机构申请办理社会保险登记。未办理社会保险登记的，由社会保险经办机构核定其应当缴纳的社会保险费。

自愿参加社会保险的无雇工的个体工商户、未在用人单位参加社会保险的非全日制从业人员以及其他灵活就业人员，应当向社会保险经办机构申请办理社会保险登记。

国家建立全国统一的个人社会保障号码。个人社会保障号码为公民身份号码。

第五十九条　县级以上人民政府加强社会保险费的征收工作。

社会保险费实行统一征收，实施步骤和具体办法由国务院规定。

第六十条　用人单位应当自行申报、按时足额缴纳社会保险费，非因不可抗力等法定事由不得缓缴、减免。职工应当缴纳的社会保险费由用人单位代扣代缴，用人单位应当按月将缴纳社会保险费的明细情况告知本人。

无雇工的个体工商户、未在用人单位参加社会保险的非全日制从业人员以及其他灵活就业人员，可以直接向社会保险费征收机构缴纳社会保险费。

第六十一条 社会保险费征收机构应当依法按时足额征收社会保险费，并将缴费情况定期告知用人单位和个人。

第六十二条 用人单位未按规定申报应当缴纳的社会保险费数额的，按照该单位上月缴费额的百分之一百一十确定应当缴纳数额；缴费单位补办申报手续后，由社会保险费征收机构按照规定结算。

第六十三条 用人单位未按时足额缴纳社会保险费的，由社会保险费征收机构责令其限期缴纳或者补足。

用人单位逾期仍未缴纳或者补足社会保险费的，社会保险费征收机构可以向银行和其他金融机构查询其存款账户；并可以申请县级以上有关行政部门作出划拨社会保险费的决定，书面通知其开户银行或者其他金融机构划拨社会保险费。用人单位账户余额少于应当缴纳的社会保险费的，社会保险费征收机构可以要求该用人单位提供担保，签订延期缴费协议。

用人单位未足额缴纳社会保险费且未提供担保的，社会保险费征收机构可以申请人民法院扣押、查封、拍卖其价值相当于应当缴纳社会保险费的财产，以拍卖所得抵缴社会保险费。

第八章 社会保险基金

第六十四条 社会保险基金包括基本养老保险基金、基本医疗保险基金、工伤保险基金、失业保险基金和生育保险基金。除基本医疗保险基金与生育保险基金合并建账及核算外，其他各项社会保险基金按照社会保险险种分别建账，分账核算。社会保险基金执行国家统一的会计制度。

社会保险基金专款专用，任何组织和个人不得侵占或者挪用。

基本养老保险基金逐步实行全国统筹，其他社会保险基金逐步实行省级统筹，具体时间、步骤由国务院规定。

第六十五条 社会保险基金通过预算实现收支平衡。

县级以上人民政府在社会保险基金出现支付不足时，给予补贴。

第六十六条 社会保险基金按照统筹层次设立预算。除基本医疗保险基金与生育保险基金预算合并编制外，其他社会保险基金预算按照社会保险项目分别编制。

第六十七条 社会保险基金预算、决算草案的编制、审核和批准，依照法律和国务院规定执行。

第六十八条 社会保险基金存入财政专户，具体管理办法由国务院规定。

第六十九条 社会保险基金在保证安全的前提下，按照国务院规定投资运营实现保值增值。

社会保险基金不得违规投资运营，不得用于平衡其他政府预算，不得用于兴建、改建办公场所和支付人员经费、运行费用、管理费用，或者违反法律、行政法规规定挪作其他用途。

第七十条 社会保险经办机构应当定期向社会公布参加社会保险情况以及社会保险基金的收入、支出、结余和收益情况。

第七十一条 国家设立全国社会保障基金，由中央财政预算拨款以及国务院批准的其他方式筹集的资金构成，用于社会保障支出的补充、调剂。全国社会保障基金由全国社会保障基金管理运营机构负责管理运营，在保证安全的前提下实现保值增值。

全国社会保障基金应当定期向社会公布收支、管理和投资运营的情况。国务院财政部门、社会保险行政部门、审计机关对全国社会保障基金的收支、管理和投资运营情况实施监督。

第九章 社会保险经办

第七十二条 统筹地区设立社会保险经办机构。社会保险经办机构根据工作需要，经所在地的社会保险行政部门和机构编制管理机关批准，可以在本统筹地区设立分支机构和服务网点。

社会保险经办机构的人员经费和经办社会保险发生的基本运行费用、管理费用，由同级财政按照国家规定予以保障。

第七十三条 社会保险经办机构应当建立健全业务、财务、安全和风险管理制度。

社会保险经办机构应当按时足额支付社会保险待遇。

第七十四条 社会保险经办机构通过业务经办、统计、调查获取社会保险工作所需的数据，有关单位和个人应当及时、如实提供。

社会保险经办机构应当及时为用人单位建立档案，完整、准确地记录参加社会保险的人员、缴费等社会保险数据，妥善保管登记、申报的原始凭证和支付结算的会计凭证。

社会保险经办机构应当及时、完整、准确地记录参加社会保险的个人缴费和用人单位为其缴费，以及享受社会保险待遇等个人权益记录，定期将个人权益记录单免费寄送本人。

用人单位和个人可以免费向社会保险经办机构查询、核对其缴费和享受社会保险待遇记录，要求社会保险经办机构提供社会保险咨询等相关服务。

第七十五条 全国社会保险信息系统按照国家统一规划，由县级以上人民政府按照分级负责的原则共同建设。

第十章 社会保险监督

第七十六条 各级人民代表大会常务委员会听取和审议本级人民政府对社会保险基金的收支、管理、投资运营以及监督检查情况的专项工作报告，组织对本法实施情况的执法检查等，依法行使监督职权。

第七十七条 县级以上人民政府社会保险行政部门应当加强对用人单位和个人遵守社会保险法律、法规情况的监督检查。

社会保险行政部门实施监督检查时，被检查的用人单位和个人应当如实提供与社会保险有关的资料，不得拒绝检查或者谎报、瞒报。

第七十八条 财政部门、审计机关按照各自职责，对社会保险基金的收支、管理和投资运营情况实施监督。

第七十九条 社会保险行政部门对社会保险基金的收支、管理和投资运营情况进行监督检查，发现存在问题的，应当提出整改建议，依法作出处理决定或者向有关行政部门提出处理建议。社会保险基金检查结果应当定期向社会公布。

社会保险行政部门对社会保险基金实施监督检查，有权采取下列措施：

（一）查阅、记录、复制与社会保险基金收支、管理和投资运营相关的资料，对可能被转移、隐匿或者灭失的资料予以封存；

（二）询问与调查事项有关的单位和个人，要求其对与调查事项有关的问题作出说明、提供有关证明材料；

（三）对隐匿、转移、侵占、挪用社会保险基金的行为予以制止并责令改正。

第八十条 统筹地区人民政府成立由用人单位代表、参保人员代表，以及工会代表、专家等组成的社会保险监督委员会，掌握、分析社会保险基金的收支、管理和投资运营情况，对社会保险工作提出咨询意见和建议，实施社会监督。

社会保险经办机构应当定期向社会保险监督委员会汇报社会保险基金的收支、管理和投资运营情况。社会保险监督委员会可以聘请会计师事务所对社会保险基金的收支、管理和投资运营情况进行年度审计和专项审计。审计结果应当向社会公开。

社会保险监督委员会发现社会保险基金收支、管理和投资运营中存在问题的，有权提出改正建议；对社会保险经办机构及其工作人员的违法行为，有权向有关部门提出依法处理建议。

第八十一条 社会保险行政部门和其他有关行政部门、社会保险经办机构、社会保险费征收机构及其工作人员，应当依法为用人单位和个人的信息保密，不得以任何形式泄露。

第八十二条 任何组织或者个人有权对违反社会保险法律、法规的行为进行举报、投诉。

社会保险行政部门、卫生行政部门、社会保险经办机构、社会保险费征收机构和财政部门、审计机关对属于本部门、本机构职责范围的举报、投诉，应当依法处理；对不属于本部门、本机构职责范围的，应当书面通知并移交有权处理的部门、机构处理。有权处理的部门、机构应当及时处理，不得推诿。

第八十三条 用人单位或者个人认为社会保险费征收机构的行为侵害自己合法权益的，可以依法申请行政复议或者提起行政诉讼。

用人单位或者个人对社会保险经办机构不依法办理社会保险登记、核定社会保险费、支付社会保险待遇、办理社会保险转移接续手续或者侵害其他社会保险权益的行为，可以依法申请行政复议或者提起行政诉讼。

个人与所在用人单位发生社会保险争议的，可以依法申请调解、仲裁，提起诉讼。用人单位侵害个人社会保险权益的，个人也可以要求社会保险行政部门或者社会保险费征收机构依法处理。

第十一章 法律责任

第八十四条 用人单位不办理社会保险登记的，由社会保险行政部门责令限期改正；逾期不改正的，对用人单位处应缴社会保险费数额一倍以上三倍以下的罚款，对其直接负责的主管人员和其他直接责任人员处五百元以上三千元以下的罚款。

第八十五条 用人单位拒不出具终止或者解除劳动关系证明的，依照《中华人民共和国劳动合同法》的规定处理。

第八十六条 用人单位未按时足额缴纳社会保险费的，由社会保险费征收机构责令限期缴纳或者补足，并自欠缴之日起，按日加收万分之五的滞纳金；逾期仍不缴纳的，由有关行政部门处欠缴数额一倍以上三倍以下的罚款。

第八十七条 社会保险经办机构以及医疗机构、药品经营单位等社会保险服务机构以欺诈、伪造证明材料或者其他手段骗取社会保险基金支出的，由社会保险行政部门责令退回骗取的社会保险金，处骗取金额二倍以上五倍以下的罚款；属于社会保险服务机构的，解除服务协议；直接负责的主管人员和其他直接责任人员有执业资格的，依法吊销其执业资格。

第八十八条 以欺诈、伪造证明材料或者其他手段骗取社会保险待遇的，由社会保险行政部门责令退回骗取的社会保险金，处骗取金额二倍以上五倍以下的罚款。

第八十九条 社会保险经办机构及其工作人员有下列行为之一的，由社会保险行政部门责令改正；给社会保险基金、用人单位或者个人造成损失的，依法承担赔偿责任；对直接负责的主管人员和其他直接责任人员依法给予处分：

（一）未履行社会保险法定职责的；

（二）未将社会保险基金存入财政专户的；

（三）克扣或者拒不按时支付社会保险待遇的；

（四）丢失或者篡改缴费记录、享受社会保险待遇记录等社会保险数据、个人权益记录的；

（五）有违反社会保险法律、法规的其他行为的。

第九十条 社会保险费征收机构擅自更改社会保险费缴费基数、费率，导致少收或者多收社会保险费的，由有关行政部门责令其追缴应当缴纳的社会保险费或者退还不应当缴纳的社会保险费；对直接负责的主管人员和其他直接责任人员依法给予处分。

第九十一条 违反本法规定，隐匿、转移、侵占、挪用社会保险基金或者违规投资运营的，由社会保险行政部门、财政部门、审计机关责令追回；

有违法所得的，没收违法所得；对直接负责的主管人员和其他直接责任人员依法给予处分。

第九十二条　社会保险行政部门和其他有关行政部门、社会保险经办机构、社会保险费征收机构及其工作人员泄露用人单位和个人信息的，对直接负责的主管人员和其他直接责任人员依法给予处分；给用人单位或者个人造成损失的，应当承担赔偿责任。

第九十三条　国家工作人员在社会保险管理、监督工作中滥用职权、玩忽职守、徇私舞弊的，依法给予处分。

第九十四条　违反本法规定，构成犯罪的，依法追究刑事责任。

第十二章　附　　则

第九十五条　进城务工的农村居民依照本法规定参加社会保险。

第九十六条　征收农村集体所有的土地，应当足额安排被征地农民的社会保险费，按照国务院规定将被征地农民纳入相应的社会保险制度。

第九十七条　外国人在中国境内就业的，参照本法规定参加社会保险。

第九十八条　本法自2011年7月1日起施行。

中华人民共和国人口与计划生育法

（2001年12月29日第九届全国人民代表大会常务委员会第二十五次会议通过　根据2015年12月27日第十二届全国人民代表大会常务委员会第十八次会议《关于修改〈中华人民共和国人口与计划生育法〉的决定》第一次修正　根据2021年8月20日第十三届全国人民代表大会常务委员会第三十次会议《关于修改〈中华人民共和国人口与计划生育法〉的决定》第二次修正）

第一章　总　　则

第一条　为了实现人口与经济、社会、资源、环境的协调发展，推行计划生育，维护公民的合法权益，促进家庭幸福、民族繁荣与社会进步，根据宪法，制定本法。

第二条 我国是人口众多的国家，实行计划生育是国家的基本国策。

国家采取综合措施，调控人口数量，提高人口素质，推动实现适度生育水平，优化人口结构，促进人口长期均衡发展。

国家依靠宣传教育、科学技术进步、综合服务、建立健全奖励和社会保障制度，开展人口与计划生育工作。

第三条 开展人口与计划生育工作，应当与增加妇女受教育和就业机会、增进妇女健康、提高妇女地位相结合。

第四条 各级人民政府及其工作人员在推行计划生育工作中应当严格依法行政，文明执法，不得侵犯公民的合法权益。

卫生健康主管部门及其工作人员依法执行公务受法律保护。

第五条 国务院领导全国的人口与计划生育工作。

地方各级人民政府领导本行政区域内的人口与计划生育工作。

第六条 国务院卫生健康主管部门负责全国计划生育工作和与计划生育有关的人口工作。

县级以上地方各级人民政府卫生健康主管部门负责本行政区域内的计划生育工作和与计划生育有关的人口工作。

县级以上各级人民政府其他有关部门在各自的职责范围内，负责有关的人口与计划生育工作。

第七条 工会、共产主义青年团、妇女联合会及计划生育协会等社会团体、企业事业组织和公民应当协助人民政府开展人口与计划生育工作。

第八条 国家对在人口与计划生育工作中作出显著成绩的组织和个人，给予奖励。

第二章 人口发展规划的制定与实施

第九条 国务院编制人口发展规划，并将其纳入国民经济和社会发展计划。

县级以上地方各级人民政府根据全国人口发展规划以及上一级人民政府人口发展规划，结合当地实际情况编制本行政区域的人口发展规划，并将其纳入国民经济和社会发展计划。

第十条 县级以上各级人民政府根据人口发展规划，制定人口与计划生育实施方案并组织实施。

县级以上各级人民政府卫生健康主管部门负责实施人口与计划生育实施方案的日常工作。

乡、民族乡、镇的人民政府和城市街道办事处负责本管辖区域内的人口与计划生育工作，贯彻落实人口与计划生育实施方案。

第十一条　人口与计划生育实施方案应当规定调控人口数量，提高人口素质，推动实现适度生育水平，优化人口结构，加强母婴保健和婴幼儿照护服务，促进家庭发展的措施。

第十二条　村民委员会、居民委员会应当依法做好计划生育工作。

机关、部队、社会团体、企业事业组织应当做好本单位的计划生育工作。

第十三条　卫生健康、教育、科技、文化、民政、新闻出版、广播电视等部门应当组织开展人口与计划生育宣传教育。

大众传媒负有开展人口与计划生育的社会公益性宣传的义务。

学校应当在学生中，以符合受教育者特征的适当方式，有计划地开展生理卫生教育、青春期教育或者性健康教育。

第十四条　流动人口的计划生育工作由其户籍所在地和现居住地的人民政府共同负责管理，以现居住地为主。

第十五条　国家根据国民经济和社会发展状况逐步提高人口与计划生育经费投入的总体水平。各级人民政府应当保障人口与计划生育工作必要的经费。

各级人民政府应当对欠发达地区、少数民族地区开展人口与计划生育工作给予重点扶持。

国家鼓励社会团体、企业事业组织和个人为人口与计划生育工作提供捐助。

任何单位和个人不得截留、克扣、挪用人口与计划生育工作费用。

第十六条　国家鼓励开展人口与计划生育领域的科学研究和对外交流与合作。

第三章　生 育 调 节

第十七条　公民有生育的权利，也有依法实行计划生育的义务，夫妻双方在实行计划生育中负有共同的责任。

第十八条　国家提倡适龄婚育、优生优育。一对夫妻可以生育三个子女。

符合法律、法规规定条件的，可以要求安排再生育子女。具体办法由省、自治区、直辖市人民代表大会或者其常务委员会规定。

少数民族也要实行计划生育，具体办法由省、自治区、直辖市人民代表大会或者其常务委员会规定。

夫妻双方户籍所在地的省、自治区、直辖市之间关于再生育子女的规定不一致的，按照有利于当事人的原则适用。

第十九条 国家创造条件，保障公民知情选择安全、有效、适宜的避孕节育措施。实施避孕节育手术，应当保证受术者的安全。

第二十条 育龄夫妻自主选择计划生育避孕节育措施，预防和减少非意愿妊娠。

第二十一条 实行计划生育的育龄夫妻免费享受国家规定的基本项目的计划生育技术服务。

前款规定所需经费，按照国家有关规定列入财政预算或者由社会保险予以保障。

第二十二条 禁止歧视、虐待生育女婴的妇女和不育的妇女。

禁止歧视、虐待、遗弃女婴。

第四章 奖励与社会保障

第二十三条 国家对实行计划生育的夫妻，按照规定给予奖励。

第二十四条 国家建立、健全基本养老保险、基本医疗保险、生育保险和社会福利等社会保障制度，促进计划生育。

国家鼓励保险公司举办有利于计划生育的保险项目。

第二十五条 符合法律、法规规定生育子女的夫妻，可以获得延长生育假的奖励或者其他福利待遇。

国家支持有条件的地方设立父母育儿假。

第二十六条 妇女怀孕、生育和哺乳期间，按照国家有关规定享受特殊劳动保护并可以获得帮助和补偿。国家保障妇女就业合法权益，为因生育影响就业的妇女提供就业服务。

公民实行计划生育手术，享受国家规定的休假。

第二十七条 国家采取财政、税收、保险、教育、住房、就业等支持措施，减轻家庭生育、养育、教育负担。

第二十八条　县级以上各级人民政府综合采取规划、土地、住房、财政、金融、人才等措施，推动建立普惠托育服务体系，提高婴幼儿家庭获得服务的可及性和公平性。

国家鼓励和引导社会力量兴办托育机构，支持幼儿园和机关、企业事业单位、社区提供托育服务。

托育机构的设置和服务应当符合托育服务相关标准和规范。托育机构应当向县级人民政府卫生健康主管部门备案。

第二十九条　县级以上地方各级人民政府应当在城乡社区建设改造中，建设与常住人口规模相适应的婴幼儿活动场所及配套服务设施。

公共场所和女职工比较多的用人单位应当配置母婴设施，为婴幼儿照护、哺乳提供便利条件。

第三十条　县级以上各级人民政府应当加强对家庭婴幼儿照护的支持和指导，增强家庭的科学育儿能力。

医疗卫生机构应当按照规定为婴幼儿家庭开展预防接种、疾病防控等服务，提供膳食营养、生长发育等健康指导。

第三十一条　在国家提倡一对夫妻生育一个子女期间，自愿终身只生育一个子女的夫妻，国家发给《独生子女父母光荣证》。

获得《独生子女父母光荣证》的夫妻，按照国家和省、自治区、直辖市有关规定享受独生子女父母奖励。

法律、法规或者规章规定给予获得《独生子女父母光荣证》的夫妻奖励的措施中由其所在单位落实的，有关单位应当执行。

在国家提倡一对夫妻生育一个子女期间，按照规定应当享受计划生育家庭老年人奖励扶助的，继续享受相关奖励扶助，并在老年人福利、养老服务等方面给予必要的优先和照顾。

第三十二条　获得《独生子女父母光荣证》的夫妻，独生子女发生意外伤残、死亡的，按照规定获得扶助。县级以上各级人民政府建立、健全对上述人群的生活、养老、医疗、精神慰藉等全方位帮扶保障制度。

第三十三条　地方各级人民政府对农村实行计划生育的家庭发展经济，给予资金、技术、培训等方面的支持、优惠；对实行计划生育的贫困家庭，在扶贫贷款、以工代赈、扶贫项目和社会救济等方面给予优先照顾。

第三十四条　本章规定的奖励和社会保障措施，省、自治区、直辖市和设区的市、自治州的人民代表大会及其常务委员会或者人民政府可以依据本法和有关法律、行政法规的规定，结合当地实际情况，制定具体实施办法。

第五章 计划生育服务

第三十五条 国家建立婚前保健、孕产期保健制度，防止或者减少出生缺陷，提高出生婴儿健康水平。

第三十六条 各级人民政府应当采取措施，保障公民享有计划生育服务，提高公民的生殖健康水平。

第三十七条 医疗卫生机构应当针对育龄人群开展优生优育知识宣传教育，对育龄妇女开展围孕期、孕产期保健服务，承担计划生育、优生优育、生殖保健的咨询、指导和技术服务，规范开展不孕不育症诊疗。

第三十八条 计划生育技术服务人员应当指导实行计划生育的公民选择安全、有效、适宜的避孕措施。

国家鼓励计划生育新技术、新药具的研究、应用和推广。

第三十九条 严禁利用超声技术和其他技术手段进行非医学需要的胎儿性别鉴定；严禁非医学需要的选择性别的人工终止妊娠。

第六章 法律责任

第四十条 违反本法规定，有下列行为之一的，由卫生健康主管部门责令改正，给予警告，没收违法所得；违法所得一万元以上的，处违法所得二倍以上六倍以下的罚款；没有违法所得或者违法所得不足一万元的，处一万元以上三万元以下的罚款；情节严重的，由原发证机关吊销执业证书；构成犯罪的，依法追究刑事责任：

（一）非法为他人施行计划生育手术的；

（二）利用超声技术和其他技术手段为他人进行非医学需要的胎儿性别鉴定或者选择性别的人工终止妊娠的。

第四十一条 托育机构违反托育服务相关标准和规范的，由卫生健康主管部门责令改正，给予警告；拒不改正的，处五千元以上五万元以下的罚款；情节严重的，责令停止托育服务，并处五万元以上十万元以下的罚款。

托育机构有虐待婴幼儿行为的，其直接负责的主管人员和其他直接责任人员终身不得从事婴幼儿照护服务；构成犯罪的，依法追究刑事责任。

第四十二条 计划生育技术服务人员违章操作或者延误抢救、诊治，造成严重后果的，依照有关法律、行政法规的规定承担相应的法律责任。

第四十三条 国家机关工作人员在计划生育工作中，有下列行为之一，构成犯罪的，依法追究刑事责任；尚不构成犯罪的，依法给予处分；有违法所得的，没收违法所得：

（一）侵犯公民人身权、财产权和其他合法权益的；

（二）滥用职权、玩忽职守、徇私舞弊的；

（三）索取、收受贿赂的；

（四）截留、克扣、挪用、贪污计划生育经费的；

（五）虚报、瞒报、伪造、篡改或者拒报人口与计划生育统计数据的。

第四十四条 违反本法规定，不履行协助计划生育管理义务的，由有关地方人民政府责令改正，并给予通报批评；对直接负责的主管人员和其他直接责任人员依法给予处分。

第四十五条 拒绝、阻碍卫生健康主管部门及其工作人员依法执行公务的，由卫生健康主管部门给予批评教育并予以制止；构成违反治安管理行为的，依法给予治安管理处罚；构成犯罪的，依法追究刑事责任。

第四十六条 公民、法人或者其他组织认为行政机关在实施计划生育管理过程中侵犯其合法权益，可以依法申请行政复议或者提起行政诉讼。

第七章 附 则

第四十七条 中国人民解放军和中国人民武装警察部队执行本法的具体办法，由中央军事委员会依据本法制定。

第四十八条 本法自 2002 年 9 月 1 日起施行。

中华人民共和国工会法

（1992 年 4 月 3 日第七届全国人民代表大会第五次会议通过　根据 2001 年 10 月 27 日第九届全国人民代表大会常务委员会第二十四次会议《关于修改〈中华人民共和国工会法〉的决定》第一次修正　根据 2009 年 8 月 27 日第十一届全国人民代表大会常务委员会第十次会议《关于修改部分法律的决定》第二次修正）

第一章　总　　则

第一条　【立法目的】为保障工会在国家政治、经济和社会生活中的地位，确定工会的权利与义务，发挥工会在社会主义现代化建设事业中的作用，根据宪法，制定本法。

第二条　【工会性质及总工会职责】工会是职工自愿结合的工人阶级的群众组织。

中华全国总工会及其各工会组织代表职工的利益，依法维护职工的合法权益。

第三条　【依法参加和组织工会的权利】在中国境内的企业、事业单位、机关中以工资收入为主要生活来源的体力劳动者和脑力劳动者，不分民族、种族、性别、职业、宗教信仰、教育程度，都有依法参加和组织工会的权利。任何组织和个人不得阻挠和限制。

第四条　【工会活动准则】工会必须遵守和维护宪法，以宪法为根本的活动准则，以经济建设为中心，坚持社会主义道路、坚持人民民主专政、坚持中国共产党的领导、坚持马克思列宁主义毛泽东思想邓小平理论，坚持改革开放，依照工会章程独立自主地开展工作。

工会会员全国代表大会制定或者修改《中国工会章程》，章程不得与宪法和法律相抵触。

国家保护工会的合法权益不受侵犯。

第五条　【工会职能】工会组织和教育职工依照宪法和法律的规定行使民主权利，发挥国家主人翁的作用，通过各种途径和形式，参与管理国家事务、管理经济和文化事业、管理社会事务；协助人民政府开展工作，维护工人阶级领导的、以工农联盟为基础的人民民主专政的社会主义国家政权。

第六条 【工会职责】维护职工合法权益是工会的基本职责。工会在维护全国人民总体利益的同时，代表和维护职工的合法权益。

工会通过平等协商和集体合同制度，协调劳动关系，维护企业职工劳动权益。

工会依照法律规定通过职工代表大会或者其他形式，组织职工参与本单位的民主决策、民主管理和民主监督。

工会必须密切联系职工，听取和反映职工的意见和要求，关心职工的生活，帮助职工解决困难，全心全意为职工服务。

第七条 【工会对企业生产的服务与职工教育】工会动员和组织职工积极参加经济建设，努力完成生产任务和工作任务。教育职工不断提高思想道德、技术业务和科学文化素质，建设有理想、有道德、有文化、有纪律的职工队伍。

第八条 【总工会对外交往方针和原则】中华全国总工会根据独立、平等、互相尊重、互不干涉内部事务的原则，加强同各国工会组织的友好合作关系。

第二章 工 会 组 织

第九条 【工会建立原则】工会各级组织按照民主集中制原则建立。

各级工会委员会由会员大会或者会员代表大会民主选举产生。企业主要负责人的近亲属不得作为本企业基层工会委员会成员的人选。

各级工会委员会向同级会员大会或者会员代表大会负责并报告工作，接受其监督。

工会会员大会或者会员代表大会有权撤换或者罢免其所选举的代表或者工会委员会组成人员。

上级工会组织领导下级工会组织。

第十条 【各级工会组织的建立】企业、事业单位、机关有会员二十五人以上的，应当建立基层工会委员会；不足二十五人的，可以单独建立基层工会委员会，也可以由两个以上单位的会员联合建立基层工会委员会，也可以选举组织员一人，组织会员开展活动。女职工人数较多的，可以建立工会女职工委员会，在同级工会领导下开展工作；女职工人数较少的，可以在工会委员会中设女职工委员。

企业职工较多的乡镇、城市街道，可以建立基层工会的联合会。

县级以上地方建立地方各级总工会。

同一行业或者性质相近的几个行业，可以根据需要建立全国的或者地方的产业工会。

全国建立统一的中华全国总工会。

第十一条　【工会组织的建立报批及帮助指导】基层工会、地方各级总工会、全国或者地方产业工会组织的建立，必须报上一级工会批准。

上级工会可以派员帮助和指导企业职工组建工会，任何单位和个人不得阻挠。

第十二条　【工会组织的撤销及合并】任何组织和个人不得随意撤销、合并工会组织。

基层工会所在的企业终止或者所在的事业单位、机关被撤销，该工会组织相应撤销，并报告上一级工会。

依前款规定被撤销的工会，其会员的会籍可以继续保留，具体管理办法由中华全国总工会制定。

第十三条　【工会主席及专职工作人员的确立】职工二百人以上的企业、事业单位的工会，可以设专职工会主席。工会专职工作人员的人数由工会与企业、事业单位协商确定。

第十四条　【法人资格】中华全国总工会、地方总工会、产业工会具有社会团体法人资格。

基层工会组织具备民法通则规定的法人条件的，依法取得社会团体法人资格。

第十五条　【基层工会委员会任期】基层工会委员会每届任期三年或者五年。各级地方总工会委员会和产业工会委员会每届任期五年。

第十六条　【基层工会委员会会议的召开】基层工会委员会定期召开会员大会或者会员代表大会，讨论决定工会工作的重大问题。经基层工会委员会或者三分之一以上的工会会员提议，可以临时召开会员大会或者会员代表大会。

第十七条　【工会主席、副主席工作调动限制】工会主席、副主席任期未满时，不得随意调动其工作。因工作需要调动时，应当征得本级工会委员会和上一级工会的同意。

罢免工会主席、副主席必须召开会员大会或者会员代表大会讨论，非经会员大会全体会员或者会员代表大会全体代表过半数通过，不得罢免。

第十八条　【基层工会主席、副主席及委员劳动合同期限的规定】 基层工会专职主席、副主席或者委员自任职之日起，其劳动合同期限自动延长，延长期限相当于其任职期间；非专职主席、副主席或者委员自任职之日起，其尚未履行的劳动合同期限短于任期的，劳动合同期限自动延长至任期期满。但是，任职期间个人严重过失或者达到法定退休年龄的除外。

第三章　工会的权利和义务

第十九条　【工会监督权】 企业、事业单位违反职工代表大会制度和其他民主管理制度，工会有权要求纠正，保障职工依法行使民主管理的权利。

法律、法规规定应当提交职工大会或者职工代表大会审议、通过、决定的事项，企业、事业单位应当依法办理。

第二十条　【劳动合同指导、集体合同代签与争议处理】 工会帮助、指导职工与企业以及实行企业化管理的事业单位签订劳动合同。

工会代表职工与企业以及实行企业化管理的事业单位进行平等协商，签订集体合同。集体合同草案应当提交职工代表大会或者全体职工讨论通过。

工会签订集体合同，上级工会应当给予支持和帮助。

企业违反集体合同，侵犯职工劳动权益的，工会可以依法要求企业承担责任；因履行集体合同发生争议，经协商解决不成的，工会可以向劳动争议仲裁机构提请仲裁，仲裁机构不予受理或者对仲裁裁决不服的，可以向人民法院提起诉讼。

第二十一条　【对辞退、处分职工的提出意见权】 企业、事业单位处分职工，工会认为不适当的，有权提出意见。

企业单方面解除职工劳动合同时，应当事先将理由通知工会，工会认为企业违反法律、法规和有关合同，要求重新研究处理时，企业应当研究工会的意见，并将处理结果书面通知工会。

职工认为企业侵犯其劳动权益而申请劳动争议仲裁或者向人民法院提起诉讼的，工会应当给予支持和帮助。

第二十二条　【对职工劳动权益的维护】企业、事业单位违反劳动法律、法规规定，有下列侵犯职工劳动权益情形，工会应当代表职工与企业、事业单位交涉，要求企业、事业单位采取措施予以改正；企业、事业单位应当予以研究处理，并向工会作出答复；企业、事业单位拒不改正的，工会可以请求当地人民政府依法作出处理：

（一）克扣职工工资的；

（二）不提供劳动安全卫生条件的；

（三）随意延长劳动时间的；

（四）侵犯女职工和未成年工特殊权益的；

（五）其他严重侵犯职工劳动权益的。

第二十三条　【对劳保和安全卫生提出意见权】工会依照国家规定对新建、扩建企业和技术改造工程中的劳动条件和安全卫生设施与主体工程同时设计、同时施工、同时投产使用进行监督。对工会提出的意见，企业或者主管部门应当认真处理，并将处理结果书面通知工会。

第二十四条　【职工生产安全维护】工会发现企业违章指挥、强令工人冒险作业，或者生产过程中发现明显重大事故隐患和职业危害，有权提出解决的建议，企业应当及时研究答复；发现危及职工生命安全的情况时，工会有权向企业建议组织职工撤离危险现场，企业必须及时作出处理决定。

第二十五条　【工会的调查权】工会有权对企业、事业单位侵犯职工合法权益的问题进行调查，有关单位应当予以协助。

第二十六条　【工会对工伤的调查处理权】职工因工伤亡事故和其他严重危害职工健康问题的调查处理，必须有工会参加。工会应当向有关部门提出处理意见，并有权要求追究直接负责的主管人员和有关责任人员的责任。对工会提出的意见，应当及时研究，给予答复。

第二十七条　【对停工、怠工的协调】企业、事业单位发生停工、怠工事件，工会应当代表职工同企业、事业单位或者有关方面协商，反映职工的意见和要求并提出解决意见。对于职工的合理要求，企业、事业单位应当予以解决。工会协助企业、事业单位做好工作，尽快恢复生产、工作秩序。

第二十八条　【工会对劳动争议的调解】工会参加企业的劳动争议调解工作。

地方劳动争议仲裁组织应当有同级工会代表参加。

第二十九条　【县以上总工会的法律服务职能】县级以上各级总工会可以为所属工会和职工提供法律服务。

第三十条　【职工集体福利协助】工会协助企业、事业单位、机关办好职工集体福利事业，做好工资、劳动安全卫生和社会保险工作。

第三十一条　【丰富职工文化生活】工会会同企业、事业单位教育职工以国家主人翁态度对待劳动，爱护国家和企业的财产，组织职工开展群众性的合理化建议、技术革新活动，进行业余文化技术学习和职工培训，组织职工开展文娱、体育活动。

第三十二条　【评优等管理职能】根据政府委托，工会与有关部门共同做好劳动模范和先进生产（工作）者的评选、表彰、培养和管理工作。

第三十三条　【对发展计划的建议权】国家机关在组织起草或者修改直接涉及职工切身利益的法律、法规、规章时，应当听取工会意见。

县级以上各级人民政府制定国民经济和社会发展计划，对涉及职工利益的重大问题，应当听取同级工会的意见。

县级以上各级人民政府及其有关部门研究制定劳动就业、工资、劳动安全卫生、社会保险等涉及职工切身利益的政策、措施时，应当吸收同级工会参加研究，听取工会意见。

第三十四条　【政府协商】县级以上地方各级人民政府可以召开会议或者采取适当方式，向同级工会通报政府的重要的工作部署和与工会工作有关的行政措施，研究解决工会反映的职工群众的意见和要求。

各级人民政府劳动行政部门应当会同同级工会和企业方面代表，建立劳动关系三方协商机制，共同研究解决劳动关系方面的重大问题。

第四章　基层工会组织

第三十五条　【企业权力机构及其工作机构】国有企业职工代表大会是企业实行民主管理的基本形式，是职工行使民主管理权力的机构，依照法律规定行使职权。

国有企业的工会委员会是职工代表大会的工作机构，负责职工代表大会的日常工作，检查、督促职工代表大会决议的执行。

第三十六条　【集体企业工会职责】集体企业的工会委员会，应当支持和组织职工参加民主管理和民主监督，维护职工选举和罢免管理人员、决定经营管理的重大问题的权力。

第三十七条 【工会参与民主管理】本法第三十五条、第三十六条规定以外的其他企业、事业单位的工会委员会，依照法律规定组织职工采取与企业、事业单位相适应的形式，参与企业、事业单位民主管理。

第三十八条 【工会代表对企业决策的参与】企业、事业单位研究经营管理和发展的重大问题应当听取工会的意见；召开讨论有关工资、福利、劳动安全卫生、社会保险等涉及职工切身利益的会议，必须有工会代表参加。

企业、事业单位应当支持工会依法开展工作，工会应当支持企业、事业单位依法行使经营管理权。

第三十九条 【职工代表的产生】公司的董事会、监事会中职工代表的产生，依照公司法有关规定执行。

第四十条 【工会活动的时间安排】基层工会委员会召开会议或者组织职工活动，应当在生产或者工作时间以外进行，需要占用生产或者工作时间的，应当事先征得企业、事业单位的同意。

基层工会的非专职委员占用生产或者工作时间参加会议或者从事工会工作，每月不超过三个工作日，其工资照发，其他待遇不受影响。

第四十一条 【工会工作人员待遇】企业、事业单位、机关工会委员会的专职工作人员的工资、奖励、补贴，由所在单位支付。社会保险和其他福利待遇等，享受本单位职工同等待遇。

第五章 工会的经费和财产

第四十二条 【工会经费来源及使用】工会经费的来源：

（一）工会会员缴纳的会费；

（二）建立工会组织的企业、事业单位、机关按每月全部职工工资总额的百分之二向工会拨缴的经费；

（三）工会所属的企业、事业单位上缴的收入；

（四）人民政府的补助；

（五）其他收入。

前款第二项规定的企业、事业单位拨缴的经费在税前列支。

工会经费主要用于为职工服务和工会活动。经费使用的具体办法由中华全国总工会制定。

第四十三条　【工会经费执行】企业、事业单位无正当理由拖延或者拒不拨缴工会经费，基层工会或者上级工会可以向当地人民法院申请支付令；拒不执行支付令的，工会可以依法申请人民法院强制执行。

第四十四条　【工会经费管理】工会应当根据经费独立原则，建立预算、决算和经费审查监督制度。

各级工会建立经费审查委员会。

各级工会经费收支情况应当由同级工会经费审查委员会审查，并且定期向会员大会或者会员代表大会报告，接受监督。工会会员大会或者会员代表大会有权对经费使用情况提出意见。

工会经费的使用应当依法接受国家的监督。

第四十五条　【物质条件保障】各级人民政府和企业、事业单位、机关应当为工会办公和开展活动，提供必要的设施和活动场所等物质条件。

第四十六条　【工会财产禁止侵占】工会的财产、经费和国家拨给工会使用的不动产，任何组织和个人不得侵占、挪用和任意调拨。

第四十七条　【工会隶属关系不随意变动原则】工会所属的为职工服务的企业、事业单位，其隶属关系不得随意改变。

第四十八条　【工会离退休人员待遇】县级以上各级工会的离休、退休人员的待遇，与国家机关工作人员同等对待。

第六章　法 律 责 任

第四十九条　【工会对侵权的维护】工会对违反本法规定侵犯其合法权益的，有权提请人民政府或者有关部门予以处理，或者向人民法院提起诉讼。

第五十条　【阻挠工会活动的法律责任】违反本法第三条、第十一条规定，阻挠职工依法参加和组织工会或者阻挠上级工会帮助、指导职工筹建工会的，由劳动行政部门责令其改正；拒不改正的，由劳动行政部门提请县级以上人民政府处理；以暴力、威胁等手段阻挠造成严重后果，构成犯罪的，依法追究刑事责任。

第五十一条　【工会工作人员工作、人身尊严的维护】违反本法规定，对依法履行职责的工会工作人员无正当理由调动工作岗位，进行打击报复的，由劳动行政部门责令改正、恢复原工作；造成损失的，给予赔偿。

对依法履行职责的工会工作人员进行侮辱、诽谤或者进行人身伤害，构成犯罪的，依法追究刑事责任；尚未构成犯罪的，由公安机关依照治安管理处罚法的规定处罚。

第五十二条　【对工会工作人员的赔偿】违反本法规定，有下列情形之一的，由劳动行政部门责令恢复其工作，并补发被解除劳动合同期间应得的报酬，或者责令给予本人年收入二倍的赔偿：

（一）职工因参加工会活动而被解除劳动合同的；

（二）工会工作人员因履行本法规定的职责而被解除劳动合同的。

第五十三条　【对工会的违法情形】违反本法规定，有下列情形之一的，由县级以上人民政府责令改正，依法处理：

（一）妨碍工会组织职工通过职工代表大会和其他形式依法行使民主权利的；

（二）非法撤销、合并工会组织的；

（三）妨碍工会参加职工因工伤亡事故以及其他侵犯职工合法权益问题的调查处理的；

（四）无正当理由拒绝进行平等协商的。

第五十四条　【工会的起诉权】违反本法第四十六条规定，侵占工会经费和财产拒不返还的，工会可以向人民法院提起诉讼，要求返还，并赔偿损失。

第五十五条　【工作人员的违法处理】工会工作人员违反本法规定，损害职工或者工会权益的，由同级工会或者上级工会责令改正，或者予以处分；情节严重的，依照《中国工会章程》予以罢免；造成损失的，应当承担赔偿责任；构成犯罪的，依法追究刑事责任。

第七章　附　　则

第五十六条　【实施办法的制定】中华全国总工会会同有关国家机关制定机关工会实施本法的具体办法。

第五十七条　【生效日期】本法自公布之日起施行。1950 年 6 月 29 日中央人民政府颁布的《中华人民共和国工会法》同时废止。

二、行政法规

中华人民共和国
劳动合同法实施条例

（2008 年 9 月 3 日国务院第 25 次常务会议通过　2008 年 9 月 18 日中华人民共和国国务院令第 535 号公布　自公布之日起施行）

第一章　总　　则

第一条　为了贯彻实施《中华人民共和国劳动合同法》（以下简称劳动合同法），制定本条例。

第二条　各级人民政府和县级以上人民政府劳动行政等有关部门以及工会等组织，应当采取措施，推动劳动合同法的贯彻实施，促进劳动关系的和谐。

第三条　依法成立的会计师事务所、律师事务所等合伙组织和基金会，属于劳动合同法规定的用人单位。

第二章　劳动合同的订立

第四条　劳动合同法规定的用人单位设立的分支机构，依法取得营业执照或者登记证书的，可以作为用人单位与劳动者订立劳动合同；未依法取得营业执照或者登记证书的，受用人单位委托可以与劳动者订立劳动合同。

第五条　自用工之日起一个月内，经用人单位书面通知后，劳动者不与用人单位订立书面劳动合同的，用人单位应当书面通知劳动者终止劳动关系，无需向劳动者支付经济补偿，但是应当依法向劳动者支付其实际工作时间的劳动报酬。

第六条　用人单位自用工之日起超过一个月不满一年未与劳动者订立书

面劳动合同的，应当依照劳动合同法第八十二条的规定向劳动者每月支付两倍的工资，并与劳动者补订书面劳动合同；劳动者不与用人单位订立书面劳动合同的，用人单位应当书面通知劳动者终止劳动关系，并依照劳动合同法第四十七条的规定支付经济补偿。

前款规定的用人单位向劳动者每月支付两倍工资的起算时间为用工之日起满一个月的次日，截止时间为补订书面劳动合同的前一日。

第七条 用人单位自用工之日起满一年未与劳动者订立书面劳动合同的，自用工之日起满一个月的次日至满一年的前一日应当依照劳动合同法第八十二条的规定向劳动者每月支付两倍的工资，并视为自用工之日起满一年的当日已经与劳动者订立无固定期限劳动合同，应当立即与劳动者补订书面劳动合同。

第八条 劳动合同法第七条规定的职工名册，应当包括劳动者姓名、性别、公民身份号码、户籍地址及现住址、联系方式、用工形式、用工起始时间、劳动合同期限等内容。

第九条 劳动合同法第十四条第二款规定的连续工作满 10 年的起始时间，应当自用人单位用工之日起计算，包括劳动合同法施行前的工作年限。

第十条 劳动者非因本人原因从原用人单位被安排到新用人单位工作的，劳动者在原用人单位的工作年限合并计算为新用人单位的工作年限。原用人单位已经向劳动者支付经济补偿的，新用人单位在依法解除、终止劳动合同计算支付经济补偿的工作年限时，不再计算劳动者在原用人单位的工作年限。

第十一条 除劳动者与用人单位协商一致的情形外，劳动者依照劳动合同法第十四条第二款的规定，提出订立无固定期限劳动合同的，用人单位应当与其订立无固定期限劳动合同。对劳动合同的内容，双方应当按照合法、公平、平等自愿、协商一致、诚实信用的原则协商确定；对协商不一致的内容，依照劳动合同法第十八条的规定执行。

第十二条 地方各级人民政府及县级以上地方人民政府有关部门为安置就业困难人员提供的给予岗位补贴和社会保险补贴的公益性岗位，其劳动合同不适用劳动合同法有关无固定期限劳动合同的规定以及支付经济补偿的规定。

第十三条 用人单位与劳动者不得在劳动合同法第四十四条规定的劳动合同终止情形之外约定其他的劳动合同终止条件。

第十四条　劳动合同履行地与用人单位注册地不一致的，有关劳动者的最低工资标准、劳动保护、劳动条件、职业危害防护和本地区上年度职工月平均工资标准等事项，按照劳动合同履行地的有关规定执行；用人单位注册地的有关标准高于劳动合同履行地的有关标准，且用人单位与劳动者约定按照用人单位注册地的有关规定执行的，从其约定。

第十五条　劳动者在试用期的工资不得低于本单位相同岗位最低档工资的80%或者不得低于劳动合同约定工资的80%，并不得低于用人单位所在地的最低工资标准。

第十六条　劳动合同法第二十二条第二款规定的培训费用，包括用人单位为了对劳动者进行专业技术培训而支付的有凭证的培训费用、培训期间的差旅费用以及因培训产生的用于该劳动者的其他直接费用。

第十七条　劳动合同期满，但是用人单位与劳动者依照劳动合同法第二十二条的规定约定的服务期尚未到期的，劳动合同应当续延至服务期满；双方另有约定的，从其约定。

第三章　劳动合同的解除和终止

第十八条　有下列情形之一的，依照劳动合同法规定的条件、程序，劳动者可以与用人单位解除固定期限劳动合同、无固定期限劳动合同或者以完成一定工作任务为期限的劳动合同：

（一）劳动者与用人单位协商一致的；

（二）劳动者提前30日以书面形式通知用人单位的；

（三）劳动者在试用期内提前3日通知用人单位的；

（四）用人单位未按照劳动合同约定提供劳动保护或者劳动条件的；

（五）用人单位未及时足额支付劳动报酬的；

（六）用人单位未依法为劳动者缴纳社会保险费的；

（七）用人单位的规章制度违反法律、法规的规定，损害劳动者权益的；

（八）用人单位以欺诈、胁迫的手段或者乘人之危，使劳动者在违背真实意思的情况下订立或者变更劳动合同的；

（九）用人单位在劳动合同中免除自己的法定责任、排除劳动者权利的；

（十）用人单位违反法律、行政法规强制性规定的；

（十一）用人单位以暴力、威胁或者非法限制人身自由的手段强迫劳动者劳动的；

（十二）用人单位违章指挥、强令冒险作业危及劳动者人身安全的；

（十三）法律、行政法规规定劳动者可以解除劳动合同的其他情形。

第十九条 有下列情形之一的，依照劳动合同法规定的条件、程序，用人单位可以与劳动者解除固定期限劳动合同、无固定期限劳动合同或者以完成一定工作任务为期限的劳动合同：

（一）用人单位与劳动者协商一致的；

（二）劳动者在试用期间被证明不符合录用条件的；

（三）劳动者严重违反用人单位的规章制度的；

（四）劳动者严重失职，营私舞弊，给用人单位造成重大损害的；

（五）劳动者同时与其他用人单位建立劳动关系，对完成本单位的工作任务造成严重影响，或者经用人单位提出，拒不改正的；

（六）劳动者以欺诈、胁迫的手段或者乘人之危，使用人单位在违背真实意思的情况下订立或者变更劳动合同的；

（七）劳动者被依法追究刑事责任的；

（八）劳动者患病或者非因工负伤，在规定的医疗期满后不能从事原工作，也不能从事由用人单位另行安排的工作的；

（九）劳动者不能胜任工作，经过培训或者调整工作岗位，仍不能胜任工作的；

（十）劳动合同订立时所依据的客观情况发生重大变化，致使劳动合同无法履行，经用人单位与劳动者协商，未能就变更劳动合同内容达成协议的；

（十一）用人单位依照企业破产法规定进行重整的；

（十二）用人单位生产经营发生严重困难的；

（十三）企业转产、重大技术革新或者经营方式调整，经变更劳动合同后，仍需裁减人员的；

（十四）其他因劳动合同订立时所依据的客观经济情况发生重大变化，致使劳动合同无法履行的。

第二十条 用人单位依照劳动合同法第四十条的规定，选择额外支付劳动者一个月工资解除劳动合同的，其额外支付的工资应当按照该劳动者上一个月的工资标准确定。

第二十一条 劳动者达到法定退休年龄的，劳动合同终止。

第二十二条 以完成一定工作任务为期限的劳动合同因任务完成而终止的，用人单位应当依照劳动合同法第四十七条的规定向劳动者支付经济补偿。

第二十三条 用人单位依法终止工伤职工的劳动合同的，除依照劳动合同法第四十七条的规定支付经济补偿外，还应当依照国家有关工伤保险的规定支付一次性工伤医疗补助金和伤残就业补助金。

第二十四条 用人单位出具的解除、终止劳动合同的证明，应当写明劳动合同期限、解除或者终止劳动合同的日期、工作岗位、在本单位的工作年限。

第二十五条 用人单位违反劳动合同法的规定解除或者终止劳动合同，依照劳动合同法第八十七条的规定支付了赔偿金的，不再支付经济补偿。赔偿金的计算年限自用工之日起计算。

第二十六条 用人单位与劳动者约定了服务期，劳动者依照劳动合同法第三十八条的规定解除劳动合同的，不属于违反服务期的约定，用人单位不得要求劳动者支付违约金。

有下列情形之一，用人单位与劳动者解除约定服务期的劳动合同的，劳动者应当按照劳动合同的约定向用人单位支付违约金：

（一）劳动者严重违反用人单位的规章制度的；

（二）劳动者严重失职，营私舞弊，给用人单位造成重大损害的；

（三）劳动者同时与其他用人单位建立劳动关系，对完成本单位的工作任务造成严重影响，或者经用人单位提出，拒不改正的；

（四）劳动者以欺诈、胁迫的手段或者乘人之危，使用人单位在违背真实意思的情况下订立或者变更劳动合同的；

（五）劳动者被依法追究刑事责任的。

第二十七条 劳动合同法第四十七条规定的经济补偿的月工资按照劳动者应得工资计算，包括计时工资或者计件工资以及奖金、津贴和补贴等货币性收入。劳动者在劳动合同解除或者终止前12个月的平均工资低于当地最低工资标准的，按照当地最低工资标准计算。劳动者工作不满12个月的，按照实际工作的月数计算平均工资。

第四章 劳务派遣特别规定

第二十八条 用人单位或者其所属单位出资或者合伙设立的劳务派遣单

位，向本单位或者所属单位派遣劳动者的，属于劳动合同法第六十七条规定的不得设立的劳务派遣单位。

第二十九条 用工单位应当履行劳动合同法第六十二条规定的义务，维护被派遣劳动者的合法权益。

第三十条 劳务派遣单位不得以非全日制用工形式招用被派遣劳动者。

第三十一条 劳务派遣单位或者被派遣劳动者依法解除、终止劳动合同的经济补偿，依照劳动合同法第四十六条、第四十七条的规定执行。

第三十二条 劳务派遣单位违法解除或者终止被派遣劳动者的劳动合同的，依照劳动合同法第四十八条的规定执行。

第五章 法律责任

第三十三条 用人单位违反劳动合同法有关建立职工名册规定的，由劳动行政部门责令限期改正；逾期不改正的，由劳动行政部门处2000元以上2万元以下的罚款。

第三十四条 用人单位依照劳动合同法的规定应当向劳动者每月支付两倍的工资或者应当向劳动者支付赔偿金而未支付的，劳动行政部门应当责令用人单位支付。

第三十五条 用工单位违反劳动合同法和本条例有关劳务派遣规定的，由劳动行政部门和其他有关主管部门责令改正；情节严重的，以每位被派遣劳动者1000元以上5000元以下的标准处以罚款；给被派遣劳动者造成损害的，劳务派遣单位和用工单位承担连带赔偿责任。

第六章 附 则

第三十六条 对违反劳动合同法和本条例的行为的投诉、举报，县级以上地方人民政府劳动行政部门依照《劳动保障监察条例》的规定处理。

第三十七条 劳动者与用人单位因订立、履行、变更、解除或者终止劳动合同发生争议的，依照《中华人民共和国劳动争议调解仲裁法》的规定处理。

第三十八条 本条例自公布之日起施行。

工伤保险条例

（2003 年 4 月 27 日中华人民共和国国务院令第 375 号公布　根据 2010 年 12 月 20 日《国务院关于修改〈工伤保险条例〉的决定》修订）

第一章　总　　则

第一条　【立法目的】为了保障因工作遭受事故伤害或者患职业病的职工获得医疗救治和经济补偿，促进工伤预防和职业康复，分散用人单位的工伤风险，制定本条例。

第二条　【适用范围】中华人民共和国境内的企业、事业单位、社会团体、民办非企业单位、基金会、律师事务所、会计师事务所等组织和有雇工的个体工商户（以下称用人单位）应当依照本条例规定参加工伤保险，为本单位全部职工或者雇工（以下称职工）缴纳工伤保险费。

中华人民共和国境内的企业、事业单位、社会团体、民办非企业单位、基金会、律师事务所、会计师事务所等组织的职工和个体工商户的雇工，均有依照本条例的规定享受工伤保险待遇的权利。

第三条　【保费征缴】工伤保险费的征缴按照《社会保险费征缴暂行条例》关于基本养老保险费、基本医疗保险费、失业保险费的征缴规定执行。

第四条　【用人单位责任】用人单位应当将参加工伤保险的有关情况在本单位内公示。

用人单位和职工应当遵守有关安全生产和职业病防治的法律法规，执行安全卫生规程和标准，预防工伤事故发生，避免和减少职业病危害。

职工发生工伤时，用人单位应当采取措施使工伤职工得到及时救治。

第五条　【主管部门与经办机构】国务院社会保险行政部门负责全国的工伤保险工作。

县级以上地方各级人民政府社会保险行政部门负责本行政区域内的工伤保险工作。

社会保险行政部门按照国务院有关规定设立的社会保险经办机构（以下

称经办机构）具体承办工伤保险事务。

第六条 【工伤保险政策、标准的制定】社会保险行政部门等部门制定工伤保险的政策、标准，应当征求工会组织、用人单位代表的意见。

第二章 工伤保险基金

第七条 【工伤保险基金构成】工伤保险基金由用人单位缴纳的工伤保险费、工伤保险基金的利息和依法纳入工伤保险基金的其他资金构成。

第八条 【工伤保险费】工伤保险费根据以支定收、收支平衡的原则，确定费率。

国家根据不同行业的工伤风险程度确定行业的差别费率，并根据工伤保险费使用、工伤发生率等情况在每个行业内确定若干费率档次。行业差别费率及行业内费率档次由国务院社会保险行政部门制定，报国务院批准后公布施行。

统筹地区经办机构根据用人单位工伤保险费使用、工伤发生率等情况，适用所属行业内相应的费率档次确定单位缴费费率。

第九条 【行业差别费率及档次调整】国务院社会保险行政部门应当定期了解全国各统筹地区工伤保险基金收支情况，及时提出调整行业差别费率及行业内费率档次的方案，报国务院批准后公布施行。

第十条 【缴费主体、缴费基数与费率】用人单位应当按时缴纳工伤保险费。职工个人不缴纳工伤保险费。

用人单位缴纳工伤保险费的数额为本单位职工工资总额乘以单位缴费费率之积。

对难以按照工资总额缴纳工伤保险费的行业，其缴纳工伤保险费的具体方式，由国务院社会保险行政部门规定。

第十一条 【统筹层次、特殊行业异地统筹】工伤保险基金逐步实行省级统筹。

跨地区、生产流动性较大的行业，可以采取相对集中的方式异地参加统筹地区的工伤保险。具体办法由国务院社会保险行政部门会同有关行业的主管部门制定。

第十二条 【工伤保险基金和用途】工伤保险基金存入社会保障基金财政专户，用于本条例规定的工伤保险待遇，劳动能力鉴定，工伤预防的宣传、培训等费用，以及法律、法规规定的用于工伤保险的其他费用的支付。

工伤预防费用的提取比例、使用和管理的具体办法，由国务院社会保险行政部门会同国务院财政、卫生行政、安全生产监督管理等部门规定。

任何单位或者个人不得将工伤保险基金用于投资运营、兴建或者改建办公场所、发放奖金，或者挪作其他用途。

第十三条 【工伤保险储备金】工伤保险基金应当留有一定比例的储备金，用于统筹地区重大事故的工伤保险待遇支付；储备金不足支付的，由统筹地区的人民政府垫付。储备金占基金总额的具体比例和储备金的使用办法，由省、自治区、直辖市人民政府规定。

第三章 工 伤 认 定

第十四条 【应当认定工伤的情形】职工有下列情形之一的，应当认定为工伤：

（一）在工作时间和工作场所内，因工作原因受到事故伤害的；

（二）工作时间前后在工作场所内，从事与工作有关的预备性或者收尾性工作受到事故伤害的；

（三）在工作时间和工作场所内，因履行工作职责受到暴力等意外伤害的；

（四）患职业病的；

（五）因工外出期间，由于工作原因受到伤害或者发生事故下落不明的；

（六）在上下班途中，受到非本人主要责任的交通事故或者城市轨道交通、客运轮渡、火车事故伤害的；

（七）法律、行政法规规定应当认定为工伤的其他情形。

第十五条 【视同工伤的情形及其保险待遇】职工有下列情形之一的，视同工伤：

（一）在工作时间和工作岗位，突发疾病死亡或者在 48 小时之内经抢救无效死亡的；

（二）在抢险救灾等维护国家利益、公共利益活动中受到伤害的；

（三）职工原在军队服役，因战、因公负伤致残，已取得革命伤残军人证，到用人单位后旧伤复发的。

职工有前款第（一）项、第（二）项情形的，按照本条例的有关规定享受工伤保险待遇；职工有前款第（三）项情形的，按照本条例的有关规定享受除一次性伤残补助金以外的工伤保险待遇。

第十六条　【不属于工伤的情形】职工符合本条例第十四条、第十五条的规定，但是有下列情形之一的，不得认定为工伤或者视同工伤：

（一）故意犯罪的；

（二）醉酒或者吸毒的；

（三）自残或者自杀的。

第十七条　【申请工伤认定的主体、时限及受理部门】职工发生事故伤害或者按照职业病防治法规定被诊断、鉴定为职业病，所在单位应当自事故伤害发生之日或者被诊断、鉴定为职业病之日起30日内，向统筹地区社会保险行政部门提出工伤认定申请。遇有特殊情况，经报社会保险行政部门同意，申请时限可以适当延长。

用人单位未按前款规定提出工伤认定申请的，工伤职工或者其近亲属、工会组织在事故伤害发生之日或者被诊断、鉴定为职业病之日起1年内，可以直接向用人单位所在地统筹地区社会保险行政部门提出工伤认定申请。

按照本条第一款规定应当由省级社会保险行政部门进行工伤认定的事项，根据属地原则由用人单位所在地的设区的市级社会保险行政部门办理。

用人单位未在本条第一款规定的时限内提交工伤认定申请，在此期间发生符合本条例规定的工伤待遇等有关费用由该用人单位负担。

第十八条　【申请材料】提出工伤认定申请应当提交下列材料：

（一）工伤认定申请表；

（二）与用人单位存在劳动关系（包括事实劳动关系）的证明材料；

（三）医疗诊断证明或者职业病诊断证明书（或者职业病诊断鉴定书）。

工伤认定申请表应当包括事故发生的时间、地点、原因以及职工伤害程度等基本情况。

工伤认定申请人提供材料不完整的，社会保险行政部门应当一次性书面告知工伤认定申请人需要补正的全部材料。申请人按照书面告知要求补正材料后，社会保险行政部门应当受理。

第十九条　【事故调查及举证责任】社会保险行政部门受理工伤认定申请后，根据审核需要可以对事故伤害进行调查核实，用人单位、职工、工会组织、医疗机构以及有关部门应当予以协助。职业病诊断和诊断争议的鉴定，依照职业病防治法的有关规定执行。对依法取得职业病诊断证明书或者职业病诊断鉴定书的，社会保险行政部门不再进行调查核实。

职工或者其近亲属认为是工伤，用人单位不认为是工伤的，由用人单位承担举证责任。

第二十条 【工伤认定的时限、回避】社会保险行政部门应当自受理工伤认定申请之日起60日内作出工伤认定的决定，并书面通知申请工伤认定的职工或者其近亲属和该职工所在单位。

社会保险行政部门对受理的事实清楚、权利义务明确的工伤认定申请，应当在15日内作出工伤认定的决定。

作出工伤认定决定需要以司法机关或者有关行政主管部门的结论为依据的，在司法机关或者有关行政主管部门尚未作出结论期间，作出工伤认定决定的时限中止。

社会保险行政部门工作人员与工伤认定申请人有利害关系的，应当回避。

第四章 劳动能力鉴定

第二十一条 【鉴定的条件】职工发生工伤，经治疗伤情相对稳定后存在残疾、影响劳动能力的，应当进行劳动能力鉴定。

第二十二条 【劳动能力鉴定等级】劳动能力鉴定是指劳动功能障碍程度和生活自理障碍程度的等级鉴定。

劳动功能障碍分为十个伤残等级，最重的为一级，最轻的为十级。

生活自理障碍分为三个等级：生活完全不能自理、生活大部分不能自理和生活部分不能自理。

劳动能力鉴定标准由国务院社会保险行政部门会同国务院卫生行政部门等部门制定。

第二十三条 【申请鉴定的主体、受理机构、申请材料】劳动能力鉴定由用人单位、工伤职工或者其近亲属向设区的市级劳动能力鉴定委员会提出申请，并提供工伤认定决定和职工工伤医疗的有关资料。

第二十四条 【鉴定委员会人员构成、专家库】省、自治区、直辖市劳动能力鉴定委员会和设区的市级劳动能力鉴定委员会分别由省、自治区、直辖市和设区的市级社会保险行政部门、卫生行政部门、工会组织、经办机构代表以及用人单位代表组成。

劳动能力鉴定委员会建立医疗卫生专家库。列入专家库的医疗卫生专业技术人员应当具备下列条件：

（一）具有医疗卫生高级专业技术职务任职资格；

（二）掌握劳动能力鉴定的相关知识；

（三）具有良好的职业品德。

第二十五条　【鉴定步骤、时限】 设区的市级劳动能力鉴定委员会收到劳动能力鉴定申请后，应当从其建立的医疗卫生专家库中随机抽取 3 名或者 5 名相关专家组成专家组，由专家组提出鉴定意见。设区的市级劳动能力鉴定委员会根据专家组的鉴定意见作出工伤职工劳动能力鉴定结论；必要时，可以委托具备资格的医疗机构协助进行有关的诊断。

设区的市级劳动能力鉴定委员会应当自收到劳动能力鉴定申请之日起 60 日内作出劳动能力鉴定结论，必要时，作出劳动能力鉴定结论的期限可以延长 30 日。劳动能力鉴定结论应当及时送达申请鉴定的单位和个人。

第二十六条　【再次鉴定】 申请鉴定的单位或者个人对设区的市级劳动能力鉴定委员会作出的鉴定结论不服的，可以在收到该鉴定结论之日起 15 日内向省、自治区、直辖市劳动能力鉴定委员会提出再次鉴定申请。省、自治区、直辖市劳动能力鉴定委员会作出的劳动能力鉴定结论为最终结论。

第二十七条　【鉴定工作原则、回避制度】 劳动能力鉴定工作应当客观、公正。劳动能力鉴定委员会组成人员或者参加鉴定的专家与当事人有利害关系的，应当回避。

第二十八条　【复查鉴定】 自劳动能力鉴定结论作出之日起 1 年后，工伤职工或者其近亲属、所在单位或者经办机构认为伤残情况发生变化的，可以申请劳动能力复查鉴定。

第二十九条　【再次鉴定和复查鉴定的时限】 劳动能力鉴定委员会依照本条例第二十六条和第二十八条的规定进行再次鉴定和复查鉴定的期限，依照本条例第二十五条第二款的规定执行。

第五章　工伤保险待遇

第三十条　【工伤职工的治疗】 职工因工作遭受事故伤害或者患职业病进行治疗，享受工伤医疗待遇。

职工治疗工伤应当在签订服务协议的医疗机构就医，情况紧急时可以先到就近的医疗机构急救。

治疗工伤所需费用符合工伤保险诊疗项目目录、工伤保险药品目录、工伤保险住院服务标准的，从工伤保险基金支付。工伤保险诊疗项目目录、工伤保险药品目录、工伤保险住院服务标准，由国务院社会保险行政部门会同国务院卫生行政部门、食品药品监督管理部门等部门规定。

职工住院治疗工伤的伙食补助费，以及经医疗机构出具证明，报经办机构同意，工伤职工到统筹地区以外就医所需的交通、食宿费用从工伤保险基金支付，基金支付的具体标准由统筹地区人民政府规定。

工伤职工治疗非工伤引发的疾病，不享受工伤医疗待遇，按照基本医疗保险办法处理。

工伤职工到签订服务协议的医疗机构进行工伤康复的费用，符合规定的，从工伤保险基金支付。

第三十一条　【复议和诉讼期间不停止支付医疗费用】社会保险行政部门作出认定为工伤的决定后发生行政复议、行政诉讼的，行政复议和行政诉讼期间不停止支付工伤职工治疗工伤的医疗费用。

第三十二条　【配置辅助器具】工伤职工因日常生活或者就业需要，经劳动能力鉴定委员会确认，可以安装假肢、矫形器、假眼、假牙和配置轮椅等辅助器具，所需费用按照国家规定的标准从工伤保险基金支付。

第三十三条　【工伤治疗期间待遇】职工因工作遭受事故伤害或者患职业病需要暂停工作接受工伤医疗的，在停工留薪期内，原工资福利待遇不变，由所在单位按月支付。

停工留薪期一般不超过12个月。伤情严重或者情况特殊，经设区的市级劳动能力鉴定委员会确认，可以适当延长，但延长不得超过12个月。工伤职工评定伤残等级后，停发原待遇，按照本章的有关规定享受伤残待遇。工伤职工在停工留薪期满后仍需治疗的，继续享受工伤医疗待遇。

生活不能自理的工伤职工在停工留薪期需要护理的，由所在单位负责。

第三十四条　【生活护理费】工伤职工已经评定伤残等级并经劳动能力鉴定委员会确认需要生活护理的，从工伤保险基金按月支付生活护理费。

生活护理费按照生活完全不能自理、生活大部分不能自理或者生活部分不能自理3个不同等级支付，其标准分别为统筹地区上年度职工月平均工资的50%、40%或者30%。

第三十五条　【一至四级工伤待遇】 职工因工致残被鉴定为一级至四级伤残的，保留劳动关系，退出工作岗位，享受以下待遇：

（一）从工伤保险基金按伤残等级支付一次性伤残补助金，标准为：一级伤残为 27 个月的本人工资，二级伤残为 25 个月的本人工资，三级伤残为 23 个月的本人工资，四级伤残为 21 个月的本人工资；

（二）从工伤保险基金按月支付伤残津贴，标准为：一级伤残为本人工资的 90%，二级伤残为本人工资的 85%，三级伤残为本人工资的 80%，四级伤残为本人工资的 75%。伤残津贴实际金额低于当地最低工资标准的，由工伤保险基金补足差额；

（三）工伤职工达到退休年龄并办理退休手续后，停发伤残津贴，按照国家有关规定享受基本养老保险待遇。基本养老保险待遇低于伤残津贴的，由工伤保险基金补足差额。

职工因工致残被鉴定为一级至四级伤残的，由用人单位和职工个人以伤残津贴为基数，缴纳基本医疗保险费。

第三十六条　【五至六级工伤待遇】 职工因工致残被鉴定为五级、六级伤残的，享受以下待遇：

（一）从工伤保险基金按伤残等级支付一次性伤残补助金，标准为：五级伤残为 18 个月的本人工资，六级伤残为 16 个月的本人工资；

（二）保留与用人单位的劳动关系，由用人单位安排适当工作。难以安排工作的，由用人单位按月发给伤残津贴，标准为：五级伤残为本人工资的 70%，六级伤残为本人工资的 60%，并由用人单位按照规定为其缴纳应缴纳的各项社会保险费。伤残津贴实际金额低于当地最低工资标准的，由用人单位补足差额。

经工伤职工本人提出，该职工可以与用人单位解除或者终止劳动关系，由工伤保险基金支付一次性工伤医疗补助金，由用人单位支付一次性伤残就业补助金。一次性工伤医疗补助金和一次性伤残就业补助金的具体标准由省、自治区、直辖市人民政府规定。

第三十七条　【七至十级工伤待遇】 职工因工致残被鉴定为七级至十级伤残的，享受以下待遇：

（一）从工伤保险基金按伤残等级支付一次性伤残补助金，标准为：七级伤残为 13 个月的本人工资，八级伤残为 11 个月的本人工资，九级伤残为 9 个月的本人工资，十级伤残为7个月的本人工资；

（二）劳动、聘用合同期满终止，或者职工本人提出解除劳动、聘用合同的，由工伤保险基金支付一次性工伤医疗补助金，由用人单位支付一次性伤残就业补助金。一次性工伤医疗补助金和一次性伤残就业补助金的具体标准由省、自治区、直辖市人民政府规定。

第三十八条　【旧伤复发待遇】工伤职工工伤复发，确认需要治疗的，享受本条例第三十条、第三十二条和第三十三条规定的工伤待遇。

第三十九条　【工亡待遇】职工因工死亡，其近亲属按照下列规定从工伤保险基金领取丧葬补助金、供养亲属抚恤金和一次性工亡补助金：

（一）丧葬补助金为6个月的统筹地区上年度职工月平均工资；

（二）供养亲属抚恤金按照职工本人工资的一定比例发给由因工死亡职工生前提供主要生活来源、无劳动能力的亲属。标准为：配偶每月40%，其他亲属每人每月30%，孤寡老人或者孤儿每人每月在上述标准的基础上增加10%。核定的各供养亲属的抚恤金之和不应高于因工死亡职工生前的工资。供养亲属的具体范围由国务院社会保险行政部门规定；

（三）一次性工亡补助金标准为上一年度全国城镇居民人均可支配收入的20倍。

伤残职工在停工留薪期内因工伤导致死亡的，其近亲属享受本条第一款规定的待遇。

一级至四级伤残职工在停工留薪期满后死亡的，其近亲属可以享受本条第一款第（一）项、第（二）项规定的待遇。

第四十条　【工伤待遇调整】伤残津贴、供养亲属抚恤金、生活护理费由统筹地区社会保险行政部门根据职工平均工资和生活费用变化等情况适时调整。调整办法由省、自治区、直辖市人民政府规定。

第四十一条　【职工抢险救灾、因工外出下落不明时的处理】职工因工外出期间发生事故或者在抢险救灾中下落不明的，从事故发生当月起3个月内照发工资，从第4个月起停发工资，由工伤保险基金向其供养亲属按月支付供养亲属抚恤金。生活有困难的，可以预支一次性工亡补助金的50%。职工被人民法院宣告死亡的，按照本条例第三十九条职工因工死亡的规定处理。

第四十二条　【停止支付工伤保险待遇的情形】工伤职工有下列情形之一的，停止享受工伤保险待遇：

（一）丧失享受待遇条件的；

（二）拒不接受劳动能力鉴定的；

（三）拒绝治疗的。

第四十三条　【用人单位分立合并等情况下的责任】用人单位分立、合并、转让的，承继单位应当承担原用人单位的工伤保险责任；原用人单位已经参加工伤保险的，承继单位应当到当地经办机构办理工伤保险变更登记。

用人单位实行承包经营的，工伤保险责任由职工劳动关系所在单位承担。

职工被借调期间受到工伤事故伤害的，由原用人单位承担工伤保险责任，但原用人单位与借调单位可以约定补偿办法。

企业破产的，在破产清算时依法拨付应当由单位支付的工伤保险待遇费用。

第四十四条　【派遣出境期间的工伤保险关系】职工被派遣出境工作，依据前往国家或者地区的法律应当参加当地工伤保险的，参加当地工伤保险，其国内工伤保险关系中止；不能参加当地工伤保险的，其国内工伤保险关系不中止。

第四十五条　【再次发生工伤的待遇】职工再次发生工伤，根据规定应当享受伤残津贴的，按照新认定的伤残等级享受伤残津贴待遇。

第六章　监 督 管 理

第四十六条　【经办机构职责范围】经办机构具体承办工伤保险事务，履行下列职责：

（一）根据省、自治区、直辖市人民政府规定，征收工伤保险费；

（二）核查用人单位的工资总额和职工人数，办理工伤保险登记，并负责保存用人单位缴费和职工享受工伤保险待遇情况的记录；

（三）进行工伤保险的调查、统计；

（四）按照规定管理工伤保险基金的支出；

（五）按照规定核定工伤保险待遇；

（六）为工伤职工或者其近亲属免费提供咨询服务。

第四十七条　【服务协议】经办机构与医疗机构、辅助器具配置机构在平等协商的基础上签订服务协议，并公布签订服务协议的医疗机构、辅助器具配置机构的名单。具体办法由国务院社会保险行政部门分别会同国务院卫生行政部门、民政部门等部门制定。

第四十八条 【工伤保险费用的核查、结算】经办机构按照协议和国家有关目录、标准对工伤职工医疗费用、康复费用、辅助器具费用的使用情况进行核查，并按时足额结算费用。

第四十九条 【公布基金收支情况、费率调整建议】经办机构应当定期公布工伤保险基金的收支情况，及时向社会保险行政部门提出调整费率的建议。

第五十条 【听取社会意见】社会保险行政部门、经办机构应当定期听取工伤职工、医疗机构、辅助器具配置机构以及社会各界对改进工伤保险工作的意见。

第五十一条 【对工伤保险基金的监督】社会保险行政部门依法对工伤保险费的征缴和工伤保险基金的支付情况进行监督检查。

财政部门和审计机关依法对工伤保险基金的收支、管理情况进行监督。

第五十二条 【群众监督】任何组织和个人对有关工伤保险的违法行为，有权举报。社会保险行政部门对举报应当及时调查，按照规定处理，并为举报人保密。

第五十三条 【工会监督】工会组织依法维护工伤职工的合法权益，对用人单位的工伤保险工作实行监督。

第五十四条 【工伤待遇争议处理】职工与用人单位发生工伤待遇方面的争议，按照处理劳动争议的有关规定处理。

第五十五条 【其他工伤保险争议处理】有下列情形之一的，有关单位或者个人可以依法申请行政复议，也可以依法向人民法院提起行政诉讼：

（一）申请工伤认定的职工或者其近亲属、该职工所在单位对工伤认定申请不予受理的决定不服的；

（二）申请工伤认定的职工或者其近亲属、该职工所在单位对工伤认定结论不服的；

（三）用人单位对经办机构确定的单位缴费费率不服的；

（四）签订服务协议的医疗机构、辅助器具配置机构认为经办机构未履行有关协议或者规定的；

（五）工伤职工或者其近亲属对经办机构核定的工伤保险待遇有异议的。

第七章 法律责任

第五十六条 【挪用工伤保险基金的责任】单位或者个人违反本条例第十二条规定挪用工伤保险基金，构成犯罪的，依法追究刑事责任；尚不构成犯罪的，依法给予处分或者纪律处分。被挪用的基金由社会保险行政部门追回，并入工伤保险基金；没收的违法所得依法上缴国库。

第五十七条 【社会保险行政部门工作人员违法违纪责任】社会保险行政部门工作人员有下列情形之一的，依法给予处分；情节严重，构成犯罪的，依法追究刑事责任：

（一）无正当理由不受理工伤认定申请，或者弄虚作假将不符合工伤条件的人员认定为工伤职工的；

（二）未妥善保管申请工伤认定的证据材料，致使有关证据灭失的；

（三）收受当事人财物的。

第五十八条 【经办机构违规的责任】经办机构有下列行为之一的，由社会保险行政部门责令改正，对直接负责的主管人员和其他责任人员依法给予纪律处分；情节严重，构成犯罪的，依法追究刑事责任；造成当事人经济损失的，由经办机构依法承担赔偿责任：

（一）未按规定保存用人单位缴费和职工享受工伤保险待遇情况记录的；

（二）不按规定核定工伤保险待遇的；

（三）收受当事人财物的。

第五十九条 【医疗机构、辅助器具配置机构、经办机构间的关系】医疗机构、辅助器具配置机构不按服务协议提供服务的，经办机构可以解除服务协议。

经办机构不按时足额结算费用的，由社会保险行政部门责令改正；医疗机构、辅助器具配置机构可以解除服务协议。

第六十条 【对骗取工伤保险待遇的处罚】用人单位、工伤职工或者其近亲属骗取工伤保险待遇，医疗机构、辅助器具配置机构骗取工伤保险基金支出的，由社会保险行政部门责令退还，处骗取金额2倍以上5倍以下的罚款；情节严重，构成犯罪的，依法追究刑事责任。

第六十一条 【鉴定组织与个人违规的责任】从事劳动能力鉴定的组织或者个人有下列情形之一的，由社会保险行政部门责令改正，处2000元以上

1 万元以下的罚款；情节严重，构成犯罪的，依法追究刑事责任：

（一）提供虚假鉴定意见的；

（二）提供虚假诊断证明的；

（三）收受当事人财物的。

第六十二条 【未按规定参保的情形】用人单位依照本条例规定应当参加工伤保险而未参加的，由社会保险行政部门责令限期参加，补缴应当缴纳的工伤保险费，并自欠缴之日起，按日加收万分之五的滞纳金；逾期仍不缴纳的，处欠缴数额 1 倍以上 3 倍以下的罚款。

依照本条例规定应当参加工伤保险而未参加工伤保险的用人单位职工发生工伤的，由该用人单位按照本条例规定的工伤保险待遇项目和标准支付费用。

用人单位参加工伤保险并补缴应当缴纳的工伤保险费、滞纳金后，由工伤保险基金和用人单位依照本条例的规定支付新发生的费用。

第六十三条 【用人单位不协助调查的责任】用人单位违反本条例第十九条的规定，拒不协助社会保险行政部门对事故进行调查核实的，由社会保险行政部门责令改正，处 2000 元以上 2 万元以下的罚款。

第八章 附 则

第六十四条 【相关名词解释】本条例所称工资总额，是指用人单位直接支付给本单位全部职工的劳动报酬总额。

本条例所称本人工资，是指工伤职工因工作遭受事故伤害或者患职业病前 12 个月平均月缴费工资。本人工资高于统筹地区职工平均工资 300% 的，按照统筹地区职工平均工资的 300% 计算；本人工资低于统筹地区职工平均工资 60% 的，按照统筹地区职工平均工资的 60% 计算。

第六十五条 【公务员等的工伤保险】公务员和参照公务员法管理的事业单位、社会团体的工作人员因工作遭受事故伤害或者患职业病的，由所在单位支付费用。具体办法由国务院社会保险行政部门会同国务院财政部门规定。

第六十六条 【非法经营单位工伤一次性赔偿及争议处理】无营业执照或者未经依法登记、备案的单位以及被依法吊销营业执照或者撤销登记、备案的单位的职工受到事故伤害或者患职业病的，由该单位向伤残职工或者死亡职工的近亲属给予一次性赔偿，赔偿标准不得低于本条例规定的工伤保险待遇；用人单位不得使用童工，用人单位使用童工造成童工伤残、死亡的，由该单位向童工或者童工的近亲属给予一次性赔偿，赔偿标准不得低于本条例规定的工伤保险待遇。具体办法由国务院社会保险行政部门规定。

前款规定的伤残职工或者死亡职工的近亲属就赔偿数额与单位发生争议的，以及前款规定的童工或者童工的近亲属就赔偿数额与单位发生争议的，按照处理劳动争议的有关规定处理。

第六十七条　【实施日期及过渡事项】本条例自2004年1月1日起施行。本条例施行前已受到事故伤害或者患职业病的职工尚未完成工伤认定的，按照本条例的规定执行。

全国年节及纪念日放假办法

（1949年12月23日政务院发布　根据1999年9月18日《国务院关于修改〈全国年节及纪念日放假办法〉的决定》第一次修订　根据2007年12月14日《国务院关于修改〈全国年节及纪念日放假办法〉的决定》第二次修订　根据2013年12月11日《国务院关于修改〈全国年节及纪念日放假办法〉的决定》第三次修订）

第一条　为统一全国年节及纪念日的假期，制定本办法。

第二条　全体公民放假的节日：

（一）新年，放假1天（1月1日）；

（二）春节，放假3天（农历正月初一、初二、初三）；

（三）清明节，放假1天（农历清明当日）；

（四）劳动节，放假1天（5月1日）；

（五）端午节，放假1天（农历端午当日）；

（六）中秋节，放假1天（农历中秋当日）；

（七）国庆节，放假3天（10月1日、2日、3日）。

第三条　部分公民放假的节日及纪念日：

（一）妇女节（3月8日），妇女放假半天；

（二）青年节（5 月 4 日），14 周岁以上的青年放假半天；

（三）儿童节（6 月 1 日），不满 14 周岁的少年儿童放假 1 天；

（四）中国人民解放军建军纪念日（8 月 1 日），现役军人放假半天。

第四条　少数民族习惯的节日，由各少数民族聚居地区的地方人民政府，按照各该民族习惯，规定放假日期。

第五条　二七纪念日、五卅纪念日、七七抗战纪念日、九三抗战胜利纪念日、九一八纪念日、教师节、护士节、记者节、植树节等其他节日、纪念日，均不放假。

第六条　全体公民放假的假日，如果适逢星期六、星期日，应当在工作日补假。部分公民放假的假日，如果适逢星期六、星期日，则不补假。

第七条　本办法自公布之日起施行。

职工带薪年休假条例

（2007 年 12 月 7 日国务院第 198 次常务会议通过　2007 年 12 月 14 日中华人民共和国国务院令第 514 号公布　自 2008 年 1 月 1 日起施行）

第一条　为了维护职工休息休假权利，调动职工工作积极性，根据劳动法和公务员法，制定本条例。

第二条　机关、团体、企业、事业单位、民办非企业单位、有雇工的个体工商户等单位的职工连续工作 1 年以上的，享受带薪年休假（以下简称年休假）。单位应当保证职工享受年休假。职工在年休假期间享受与正常工作期间相同的工资收入。

第三条　职工累计工作已满 1 年不满 10 年的，年休假 5 天；已满 10 年不满 20 年的，年休假 10 天；已满 20 年的，年休假 15 天。

国家法定休假日、休息日不计入年休假的假期。

第四条　职工有下列情形之一的，不享受当年的年休假：

（一）职工依法享受寒暑假，其休假天数多于年休假天数的；

（二）职工请事假累计 20 天以上且单位按照规定不扣工资的；

（三）累计工作满 1 年不满 10 年的职工，请病假累计 2 个月以上的；

（四）累计工作满 10 年不满 20 年的职工，请病假累计 3 个月以上的；

（五）累计工作满 20 年以上的职工，请病假累计 4 个月以上的。

第五条 单位根据生产、工作的具体情况，并考虑职工本人意愿，统筹安排职工年休假。

年休假在 1 个年度内可以集中安排，也可以分段安排，一般不跨年度安排。单位因生产、工作特点确有必要跨年度安排职工年休假的，可以跨 1 个年度安排。

单位确因工作需要不能安排职工休年休假的，经职工本人同意，可以不安排职工休年休假。对职工应休未休的年休假天数，单位应当按照该职工日工资收入的 300% 支付年休假工资报酬。

第六条 县级以上地方人民政府人事部门、劳动保障部门应当依据职权对单位执行本条例的情况主动进行监督检查。

工会组织依法维护职工的年休假权利。

第七条 单位不安排职工休年休假又不依照本条例规定给予年休假工资报酬的，由县级以上地方人民政府人事部门或者劳动保障部门依据职权责令限期改正；对逾期不改正的，除责令该单位支付年休假工资报酬外，单位还应当按照年休假工资报酬的数额向职工加付赔偿金；对拒不支付年休假工资报酬、赔偿金的，属于公务员和参照公务员法管理的人员所在单位的，对直接负责的主管人员以及其他直接责任人员依法给予处分；属于其他单位的，由劳动保障部门、人事部门或者职工申请人民法院强制执行。

第八条 职工与单位因年休假发生的争议，依照国家有关法律、行政法规的规定处理。

第九条 国务院人事部门、国务院劳动保障部门依据职权，分别制定本条例的实施办法。

第十条 本条例自 2008 年 1 月 1 日起施行。

女职工劳动保护特别规定

（2012 年 4 月 18 日国务院第 200 次常务会议通过　2012 年 4 月 28 日中华人民共和国国务院令第 619 号公布　自公布之日起施行）

第一条　为了减少和解决女职工在劳动中因生理特点造成的特殊困难，保护女职工健康，制定本规定。

第二条　中华人民共和国境内的国家机关、企业、事业单位、社会团体、个体经济组织以及其他社会组织等用人单位及其女职工，适用本规定。

第三条　用人单位应当加强女职工劳动保护，采取措施改善女职工劳动安全卫生条件，对女职工进行劳动安全卫生知识培训。

第四条　用人单位应当遵守女职工禁忌从事的劳动范围的规定。用人单位应当将本单位属于女职工禁忌从事的劳动范围的岗位书面告知女职工。

女职工禁忌从事的劳动范围由本规定附录列示。国务院安全生产监督管理部门会同国务院人力资源社会保障行政部门、国务院卫生行政部门根据经济社会发展情况，对女职工禁忌从事的劳动范围进行调整。

第五条　用人单位不得因女职工怀孕、生育、哺乳降低其工资、予以辞退、与其解除劳动或者聘用合同。

第六条　女职工在孕期不能适应原劳动的，用人单位应当根据医疗机构的证明，予以减轻劳动量或者安排其他能够适应的劳动。

对怀孕 7 个月以上的女职工，用人单位不得延长劳动时间或者安排夜班劳动，并应当在劳动时间内安排一定的休息时间。

怀孕女职工在劳动时间内进行产前检查，所需时间计入劳动时间。

第七条　女职工生育享受 98 天产假，其中产前可以休假 15 天；难产的，增加产假 15 天；生育多胞胎的，每多生育 1 个婴儿，增加产假 15 天。

女职工怀孕未满 4 个月流产的，享受 15 天产假；怀孕满 4 个月流产的，享受 42 天产假。

第八条　女职工产假期间的生育津贴，对已经参加生育保险的，按照用人单位上年度职工月平均工资的标准由生育保险基金支付；对未参加生育保险的，按照女职工产假前工资的标准由用人单位支付。

女职工生育或者流产的医疗费用，按照生育保险规定的项目和标准，对已经参加生育保险的，由生育保险基金支付；对未参加生育保险的，由用人单位支付。

第九条 对哺乳未满 1 周岁婴儿的女职工，用人单位不得延长劳动时间或者安排夜班劳动。

用人单位应当在每天的劳动时间内为哺乳期女职工安排 1 小时哺乳时间；女职工生育多胞胎的，每多哺乳 1 个婴儿每天增加 1 小时哺乳时间。

第十条 女职工比较多的用人单位应当根据女职工的需要，建立女职工卫生室、孕妇休息室、哺乳室等设施，妥善解决女职工在生理卫生、哺乳方面的困难。

第十一条 在劳动场所，用人单位应当预防和制止对女职工的性骚扰。

第十二条 县级以上人民政府人力资源社会保障行政部门、安全生产监督管理部门按照各自职责负责对用人单位遵守本规定的情况进行监督检查。

工会、妇女组织依法对用人单位遵守本规定的情况进行监督。

第十三条 用人单位违反本规定第六条第二款、第七条、第九条第一款规定的，由县级以上人民政府人力资源社会保障行政部门责令限期改正，按照受侵害女职工每人 1000 元以上 5000 元以下的标准计算，处以罚款。

用人单位违反本规定附录第一条、第二条规定的，由县级以上人民政府安全生产监督管理部门责令限期改正，按照受侵害女职工每人 1000 元以上 5000 元以下的标准计算，处以罚款。用人单位违反本规定附录第三条、第四条规定的，由县级以上人民政府安全生产监督管理部门责令限期治理，处 5 万元以上 30 万元以下的罚款；情节严重的，责令停止有关作业，或者提请有关人民政府按照国务院规定的权限责令关闭。

第十四条 用人单位违反本规定，侵害女职工合法权益的，女职工可以依法投诉、举报、申诉，依法向劳动人事争议调解仲裁机构申请调解仲裁，对仲裁裁决不服的，依法向人民法院提起诉讼。

第十五条 用人单位违反本规定，侵害女职工合法权益，造成女职工损害的，依法给予赔偿；用人单位及其直接负责的主管人员和其他直接责任人员构成犯罪的，依法追究刑事责任。

第十六条 本规定自公布之日起施行。1988 年 7 月 21 日国务院发布的《女职工劳动保护规定》同时废止。

附录：

女职工禁忌从事的劳动范围

一、女职工禁忌从事的劳动范围：

（一）矿山井下作业；

（二）体力劳动强度分级标准中规定的第四级体力劳动强度的作业；

（三）每小时负重6次以上、每次负重超过20公斤的作业，或者间断负重、每次负重超过25公斤的作业。

二、女职工在经期禁忌从事的劳动范围：

（一）冷水作业分级标准中规定的第二级、第三级、第四级冷水作业；

（二）低温作业分级标准中规定的第二级、第三级、第四级低温作业；

（三）体力劳动强度分级标准中规定的第三级、第四级体力劳动强度的作业；

（四）高处作业分级标准中规定的第三级、第四级高处作业。

三、女职工在孕期禁忌从事的劳动范围：

（一）作业场所空气中铅及其化合物、汞及其化合物、苯、镉、铍、砷、氰化物、氮氧化物、一氧化碳、二硫化碳、氯、己内酰胺、氯丁二烯、氯乙烯、环氧乙烷、苯胺、甲醛等有毒物质浓度超过国家职业卫生标准的作业；

（二）从事抗癌药物、己烯雌酚生产，接触麻醉剂气体等的作业；

（三）非密封源放射性物质的操作，核事故与放射事故的应急处置；

（四）高处作业分级标准中规定的高处作业；

（五）冷水作业分级标准中规定的冷水作业；

（六）低温作业分级标准中规定的低温作业；

（七）高温作业分级标准中规定的第三级、第四级的作业；

（八）噪声作业分级标准中规定的第三级、第四级的作业；

（九）体力劳动强度分级标准中规定的第三级、第四级体力劳动强度的作业；

（十）在密闭空间、高压室作业或者潜水作业，伴有强烈振动的作业，或者需要频繁弯腰、攀高、下蹲的作业。

四、女职工在哺乳期禁忌从事的劳动范围：

（一）孕期禁忌从事的劳动范围的第一项、第三项、第九项；

（二）作业场所空气中锰、氟、溴、甲醇、有机磷化合物、有机氯化合物等有毒物质浓度超过国家职业卫生标准的作业。

三、司法解释

最高人民法院关于审理劳动争议案件适用法律问题的解释（一）

（2020年12月25日最高人民法院审判委员会第1825次会议通过　2020年12月29日最高人民法院公告公布　自2021年1月1日起施行　法释〔2020〕26号）

为正确审理劳动争议案件，根据《中华人民共和国民法典》《中华人民共和国劳动法》《中华人民共和国劳动合同法》《中华人民共和国劳动争议调解仲裁法》《中华人民共和国民事诉讼法》等相关法律规定，结合审判实践，制定本解释。

第一条　劳动者与用人单位之间发生的下列纠纷，属于劳动争议，当事人不服劳动争议仲裁机构作出的裁决，依法提起诉讼的，人民法院应予受理：

（一）劳动者与用人单位在履行劳动合同过程中发生的纠纷；

（二）劳动者与用人单位之间没有订立书面劳动合同，但已形成劳动关系后发生的纠纷；

（三）劳动者与用人单位因劳动关系是否已经解除或者终止，以及应否支付解除或者终止劳动关系经济补偿金发生的纠纷；

（四）劳动者与用人单位解除或者终止劳动关系后，请求用人单位返还其收取的劳动合同定金、保证金、抵押金、抵押物发生的纠纷，或者办理劳动者的人事档案、社会保险关系等移转手续发生的纠纷；

（五）劳动者以用人单位未为其办理社会保险手续，且社会保险经办机构不能补办导致其无法享受社会保险待遇为由，要求用人单位赔偿损失发生的纠纷；

（六）劳动者退休后，与尚未参加社会保险统筹的原用人单位因追索养老金、医疗费、工伤保险待遇和其他社会保险待遇而发生的纠纷；

（七）劳动者因为工伤、职业病，请求用人单位依法给予工伤保险待遇发生的纠纷；

（八）劳动者依据劳动合同法第八十五条规定，要求用人单位支付加付赔偿金发生的纠纷；

（九）因企业自主进行改制发生的纠纷。

第二条 下列纠纷不属于劳动争议：

（一）劳动者请求社会保险经办机构发放社会保险金的纠纷；

（二）劳动者与用人单位因住房制度改革产生的公有住房转让纠纷；

（三）劳动者对劳动能力鉴定委员会的伤残等级鉴定结论或者对职业病诊断鉴定委员会的职业病诊断鉴定结论的异议纠纷；

（四）家庭或者个人与家政服务人员之间的纠纷；

（五）个体工匠与帮工、学徒之间的纠纷；

（六）农村承包经营户与受雇人之间的纠纷。

第三条 劳动争议案件由用人单位所在地或者劳动合同履行地的基层人民法院管辖。

劳动合同履行地不明确的，由用人单位所在地的基层人民法院管辖。

法律另有规定的，依照其规定。

第四条 劳动者与用人单位均不服劳动争议仲裁机构的同一裁决，向同一人民法院起诉的，人民法院应当并案审理，双方当事人互为原告和被告，对双方的诉讼请求，人民法院应当一并作出裁决。在诉讼过程中，一方当事人撤诉的，人民法院应当根据另一方当事人的诉讼请求继续审理。双方当事人就同一仲裁裁决分别向有管辖权的人民法院起诉的，后受理的人民法院应当将案件移送给先受理的人民法院。

第五条 劳动争议仲裁机构以无管辖权为由对劳动争议案件不予受理，当事人提起诉讼的，人民法院按照以下情形分别处理：

（一）经审查认为该劳动争议仲裁机构对案件确无管辖权的，应当告知当事人向有管辖权的劳动争议仲裁机构申请仲裁；

（二）经审查认为该劳动争议仲裁机构有管辖权的，应当告知当事人申请仲裁，并将审查意见书面通知该劳动争议仲裁机构；劳动争议仲裁机构仍不受理，当事人就该劳动争议事项提起诉讼的，人民法院应予受理。

第六条 劳动争议仲裁机构以当事人申请仲裁的事项不属于劳动争议为由，作出不予受理的书面裁决、决定或者通知，当事人不服依法提起诉讼的，人民法院应当分别情况予以处理：

（一）属于劳动争议案件的，应当受理；

（二）虽不属于劳动争议案件，但属于人民法院主管的其他案件，应当依法受理。

第七条 劳动争议仲裁机构以申请仲裁的主体不适格为由，作出不予受理的书面裁决、决定或者通知，当事人不服依法提起诉讼，经审查确属主体不适格的，人民法院不予受理；已经受理的，裁定驳回起诉。

第八条 劳动争议仲裁机构为纠正原仲裁裁决错误重新作出裁决，当事人不服依法提起诉讼的，人民法院应当受理。

第九条 劳动争议仲裁机构仲裁的事项不属于人民法院受理的案件范围，当事人不服依法提起诉讼的，人民法院不予受理；已经受理的，裁定驳回起诉。

第十条 当事人不服劳动争议仲裁机构作出的预先支付劳动者劳动报酬、工伤医疗费、经济补偿或者赔偿金的裁决，依法提起诉讼的，人民法院不予受理。

用人单位不履行上述裁决中的给付义务，劳动者依法申请强制执行的，人民法院应予受理。

第十一条 劳动争议仲裁机构作出的调解书已经发生法律效力，一方当事人反悔提起诉讼的，人民法院不予受理；已经受理的，裁定驳回起诉。

第十二条 劳动争议仲裁机构逾期未作出受理决定或仲裁裁决，当事人直接提起诉讼的，人民法院应予受理，但申请仲裁的案件存在下列事由的除外：

（一）移送管辖的；

（二）正在送达或者送达延误的；

（三）等待另案诉讼结果、评残结论的；

（四）正在等待劳动争议仲裁机构开庭的；

（五）启动鉴定程序或者委托其他部门调查取证的；

（六）其他正当事由。

当事人以劳动争议仲裁机构逾期未作出仲裁裁决为由提起诉讼的，应当提交该仲裁机构出具的受理通知书或者其他已接受仲裁申请的凭证、证明。

第十三条 劳动者依据劳动合同法第三十条第二款和调解仲裁法第十六条规定向人民法院申请支付令，符合民事诉讼法第十七章督促程序规定的，人民法院应予受理。

依据劳动合同法第三十条第二款规定申请支付令被人民法院裁定终结督促程序后，劳动者就劳动争议事项直接提起诉讼的，人民法院应当告知其先向劳动争议仲裁机构申请仲裁。

依据调解仲裁法第十六条规定申请支付令被人民法院裁定终结督促程序后，劳动者依据调解协议直接提起诉讼的，人民法院应予受理。

第十四条 人民法院受理劳动争议案件后，当事人增加诉讼请求的，如该诉讼请求与讼争的劳动争议具有不可分性，应当合并审理；如属独立的劳动争议，应当告知当事人向劳动争议仲裁机构申请仲裁。

第十五条 劳动者以用人单位的工资欠条为证据直接提起诉讼，诉讼请求不涉及劳动关系其他争议的，视为拖欠劳动报酬争议，人民法院按照普通民事纠纷受理。

第十六条 劳动争议仲裁机构作出仲裁裁决后，当事人对裁决中的部分事项不服，依法提起诉讼的，劳动争议仲裁裁决不发生法律效力。

第十七条 劳动争议仲裁机构对多个劳动者的劳动争议作出仲裁裁决后，部分劳动者对仲裁裁决不服，依法提起诉讼的，仲裁裁决对提起诉讼的劳动者不发生法律效力；对未提起诉讼的部分劳动者，发生法律效力，如其申请执行的，人民法院应当受理。

第十八条 仲裁裁决的类型以仲裁裁决书确定为准。仲裁裁决书未载明该裁决为终局裁决或者非终局裁决，用人单位不服该仲裁裁决向基层人民法院提起诉讼的，应当按照以下情形分别处理：

（一）经审查认为该仲裁裁决为非终局裁决的，基层人民法院应予受理；

（二）经审查认为该仲裁裁决为终局裁决的，基层人民法院不予受理，但应告知用人单位可以自收到不予受理裁定书之日起三十日内向劳动争议仲裁机构所在地的中级人民法院申请撤销该仲裁裁决；已经受理的，裁定驳回起诉。

第十九条 仲裁裁决书未载明该裁决为终局裁决或者非终局裁决，劳动者依据调解仲裁法第四十七条第一项规定，追索劳动报酬、工伤医疗费、经济补偿或者赔偿金，如果仲裁裁决涉及数项，每项确定的数额均不超过当地月最低工资标准十二个月金额的，应当按照终局裁决处理。

第二十条　劳动争议仲裁机构作出的同一仲裁裁决同时包含终局裁决事项和非终局裁决事项，当事人不服该仲裁裁决向人民法院提起诉讼的，应当按照非终局裁决处理。

第二十一条　劳动者依据调解仲裁法第四十八条规定向基层人民法院提起诉讼，用人单位依据调解仲裁法第四十九条规定向劳动争议仲裁机构所在地的中级人民法院申请撤销仲裁裁决的，中级人民法院应当不予受理；已经受理的，应当裁定驳回申请。

被人民法院驳回起诉或者劳动者撤诉的，用人单位可以自收到裁定书之日起三十日内，向劳动争议仲裁机构所在地的中级人民法院申请撤销仲裁裁决。

第二十二条　用人单位依据调解仲裁法第四十九条规定向中级人民法院申请撤销仲裁裁决，中级人民法院作出的驳回申请或者撤销仲裁裁决的裁定为终审裁定。

第二十三条　中级人民法院审理用人单位申请撤销终局裁决的案件，应当组成合议庭开庭审理。经过阅卷、调查和询问当事人，对没有新的事实、证据或者理由，合议庭认为不需要开庭审理的，可以不开庭审理。

中级人民法院可以组织双方当事人调解。达成调解协议的，可以制作调解书。一方当事人逾期不履行调解协议的，另一方可以申请人民法院强制执行。

第二十四条　当事人申请人民法院执行劳动争议仲裁机构作出的发生法律效力的裁决书、调解书，被申请人提出证据证明劳动争议仲裁裁决书、调解书有下列情形之一，并经审查核实的，人民法院可以根据民事诉讼法第二百三十七条规定，裁定不予执行：

（一）裁决的事项不属于劳动争议仲裁范围，或者劳动争议仲裁机构无权仲裁的；

（二）适用法律、法规确有错误的；

（三）违反法定程序的；

（四）裁决所根据的证据是伪造的；

（五）对方当事人隐瞒了足以影响公正裁决的证据的；

（六）仲裁员在仲裁该案时有索贿受贿、徇私舞弊、枉法裁决行为的；

（七）人民法院认定执行该劳动争议仲裁裁决违背社会公共利益的。

人民法院在不予执行的裁定书中，应当告知当事人在收到裁定书之次日起三十日内，可以就该劳动争议事项向人民法院提起诉讼。

第二十五条 劳动争议仲裁机构作出终局裁决，劳动者向人民法院申请执行，用人单位向劳动争议仲裁机构所在地的中级人民法院申请撤销的，人民法院应当裁定中止执行。

用人单位撤回撤销终局裁决申请或者其申请被驳回的，人民法院应当裁定恢复执行。仲裁裁决被撤销的，人民法院应当裁定终结执行。

用人单位向人民法院申请撤销仲裁裁决被驳回后，又在执行程序中以相同理由提出不予执行抗辩的，人民法院不予支持。

第二十六条 用人单位与其他单位合并的，合并前发生的劳动争议，由合并后的单位为当事人；用人单位分立为若干单位的，其分立前发生的劳动争议，由分立后的实际用人单位为当事人。

用人单位分立为若干单位后，具体承受劳动权利义务的单位不明确的，分立后的单位均为当事人。

第二十七条 用人单位招用尚未解除劳动合同的劳动者，原用人单位与劳动者发生的劳动争议，可以列新的用人单位为第三人。

原用人单位以新的用人单位侵权为由提起诉讼的，可以列劳动者为第三人。

原用人单位以新的用人单位和劳动者共同侵权为由提起诉讼的，新的用人单位和劳动者列为共同被告。

第二十八条 劳动者在用人单位与其他平等主体之间的承包经营期间，与发包方和承包方双方或者一方发生劳动争议，依法提起诉讼的，应当将承包方和发包方作为当事人。

第二十九条 劳动者与未办理营业执照、营业执照被吊销或者营业期限届满仍继续经营的用人单位发生争议的，应当将用人单位或者其出资人列为当事人。

第三十条 未办理营业执照、营业执照被吊销或者营业期限届满仍继续经营的用人单位，以挂靠等方式借用他人营业执照经营的，应当将用人单位和营业执照出借方列为当事人。

第三十一条　当事人不服劳动争议仲裁机构作出的仲裁裁决，依法提起诉讼，人民法院审查认为仲裁裁决遗漏了必须共同参加仲裁的当事人的，应当依法追加遗漏的人为诉讼当事人。

被追加的当事人应当承担责任的，人民法院应当一并处理。

第三十二条　用人单位与其招用的已经依法享受养老保险待遇或者领取退休金的人员发生用工争议而提起诉讼的，人民法院应当按劳务关系处理。

企业停薪留职人员、未达到法定退休年龄的内退人员、下岗待岗人员以及企业经营性停产放长假人员，因与新的用人单位发生用工争议而提起诉讼的，人民法院应当按劳动关系处理。

第三十三条　外国人、无国籍人未依法取得就业证件即与中华人民共和国境内的用人单位签订劳动合同，当事人请求确认与用人单位存在劳动关系的，人民法院不予支持。

持有《外国专家证》并取得《外国人来华工作许可证》的外国人，与中华人民共和国境内的用人单位建立用工关系的，可以认定为劳动关系。

第三十四条　劳动合同期满后，劳动者仍在原用人单位工作，原用人单位未表示异议的，视为双方同意以原条件继续履行劳动合同。一方提出终止劳动关系的，人民法院应予支持。

根据劳动合同法第十四条规定，用人单位应当与劳动者签订无固定期限劳动合同而未签订的，人民法院可以视为双方之间存在无固定期限劳动合同关系，并以原劳动合同确定双方的权利义务关系。

第三十五条　劳动者与用人单位就解除或者终止劳动合同办理相关手续、支付工资报酬、加班费、经济补偿或者赔偿金等达成的协议，不违反法律、行政法规的强制性规定，且不存在欺诈、胁迫或者乘人之危情形的，应当认定有效。

前款协议存在重大误解或者显失公平情形，当事人请求撤销的，人民法院应予支持。

第三十六条　当事人在劳动合同或者保密协议中约定了竞业限制，但未约定解除或者终止劳动合同后给予劳动者经济补偿，劳动者履行了竞业限制义务，要求用人单位按照劳动者在劳动合同解除或者终止前十二个月平均工资的30%按月支付经济补偿的，人民法院应予支持。

前款规定的月平均工资的30%低于劳动合同履行地最低工资标准的，按照劳动合同履行地最低工资标准支付。

第三十七条 当事人在劳动合同或者保密协议中约定了竞业限制和经济补偿，当事人解除劳动合同时，除另有约定外，用人单位要求劳动者履行竞业限制义务，或者劳动者履行了竞业限制义务后要求用人单位支付经济补偿的，人民法院应予支持。

第三十八条 当事人在劳动合同或者保密协议中约定了竞业限制和经济补偿，劳动合同解除或者终止后，因用人单位的原因导致三个月未支付经济补偿，劳动者请求解除竞业限制约定的，人民法院应予支持。

第三十九条 在竞业限制期限内，用人单位请求解除竞业限制协议的，人民法院应予支持。

在解除竞业限制协议时，劳动者请求用人单位额外支付劳动者三个月的竞业限制经济补偿的，人民法院应予支持。

第四十条 劳动者违反竞业限制约定，向用人单位支付违约金后，用人单位要求劳动者按照约定继续履行竞业限制义务的，人民法院应予支持。

第四十一条 劳动合同被确认为无效，劳动者已付出劳动的，用人单位应当按照劳动合同法第二十八条、第四十六条、第四十七条的规定向劳动者支付劳动报酬和经济补偿。

由于用人单位原因订立无效劳动合同，给劳动者造成损害的，用人单位应当赔偿劳动者因合同无效所造成的经济损失。

第四十二条 劳动者主张加班费的，应当就加班事实的存在承担举证责任。但劳动者有证据证明用人单位掌握加班事实存在的证据，用人单位不提供的，由用人单位承担不利后果。

第四十三条 用人单位与劳动者协商一致变更劳动合同，虽未采用书面形式，但已经实际履行了口头变更的劳动合同超过一个月，变更后的劳动合同内容不违反法律、行政法规且不违背公序良俗，当事人以未采用书面形式为由主张劳动合同变更无效的，人民法院不予支持。

第四十四条 因用人单位作出的开除、除名、辞退、解除劳动合同、减少劳动报酬、计算劳动者工作年限等决定而发生的劳动争议，用人单位负举证责任。

第四十五条 用人单位有下列情形之一，迫使劳动者提出解除劳动合同的，用人单位应当支付劳动者的劳动报酬和经济补偿，并可支付赔偿金：

（一）以暴力、威胁或者非法限制人身自由的手段强迫劳动的；

（二）未按照劳动合同约定支付劳动报酬或者提供劳动条件的；

（三）克扣或者无故拖欠劳动者工资的；

（四）拒不支付劳动者延长工作时间工资报酬的；

（五）低于当地最低工资标准支付劳动者工资的。

第四十六条 劳动者非因本人原因从原用人单位被安排到新用人单位工作，原用人单位未支付经济补偿，劳动者依据劳动合同法第三十八条规定与新用人单位解除劳动合同，或者新用人单位向劳动者提出解除、终止劳动合同，在计算支付经济补偿或赔偿金的工作年限时，劳动者请求把在原用人单位的工作年限合并计算为新用人单位工作年限的，人民法院应予支持。

用人单位符合下列情形之一的，应当认定属于“劳动者非因本人原因从原用人单位被安排到新用人单位工作”：

（一）劳动者仍在原工作场所、工作岗位工作，劳动合同主体由原用人单位变更为新用人单位；

（二）用人单位以组织委派或任命形式对劳动者进行工作调动；

（三）因用人单位合并、分立等原因导致劳动者工作调动；

（四）用人单位及其关联企业与劳动者轮流订立劳动合同；

（五）其他合理情形。

第四十七条 建立了工会组织的用人单位解除劳动合同符合劳动合同法第三十九条、第四十条规定，但未按照劳动合同法第四十三条规定事先通知工会，劳动者以用人单位违法解除劳动合同为由请求用人单位支付赔偿金的，人民法院应予支持，但起诉前用人单位已经补正有关程序的除外。

第四十八条 劳动合同法施行后，因用人单位经营期限届满不再继续经营导致劳动合同不能继续履行，劳动者请求用人单位支付经济补偿的，人民法院应予支持。

第四十九条 在诉讼过程中，劳动者向人民法院申请采取财产保全措施，人民法院经审查认为申请人经济确有困难，或者有证据证明用人单位存在欠薪逃匿可能的，应当减轻或者免除劳动者提供担保的义务，及时采取保全措施。

人民法院作出的财产保全裁定中，应当告知当事人在劳动争议仲裁机构的裁决书或者在人民法院的裁判文书生效后三个月内申请强制执行。逾期不申请的，人民法院应当裁定解除保全措施。

第五十条 用人单位根据劳动合同法第四条规定，通过民主程序制定的规章制度，不违反国家法律、行政法规及政策规定，并已向劳动者公示的，可以作为确定双方权利义务的依据。

用人单位制定的内部规章制度与集体合同或者劳动合同约定的内容不一致，劳动者请求优先适用合同约定的，人民法院应予支持。

第五十一条 当事人在调解仲裁法第十条规定的调解组织主持下达成的具有劳动权利义务内容的调解协议，具有劳动合同的约束力，可以作为人民法院裁判的根据。

当事人在调解仲裁法第十条规定的调解组织主持下仅就劳动报酬争议达成调解协议，用人单位不履行调解协议确定的给付义务，劳动者直接提起诉讼的，人民法院可以按照普通民事纠纷受理。

第五十二条 当事人在人民调解委员会主持下仅就给付义务达成的调解协议，双方认为有必要的，可以共同向人民调解委员会所在地的基层人民法院申请司法确认。

第五十三条 用人单位对劳动者作出的开除、除名、辞退等处理，或者因其他原因解除劳动合同确有错误的，人民法院可以依法判决予以撤销。

对于追索劳动报酬、养老金、医疗费以及工伤保险待遇、经济补偿金、培训费及其他相关费用等案件，给付数额不当的，人民法院可以予以变更。

第五十四条 本解释自 2021 年 1 月 1 日起施行。

最高人民法院关于审理
工伤保险行政案件若干问题的规定

（2014 年 4 月 21 日最高人民法院审判委员会第 1613 次会议通过 2014 年 6 月 18 日最高人民法院公告公布 自 2014 年 9 月 1 日起施行 法释〔2014〕9 号）

为正确审理工伤保险行政案件，根据《中华人民共和国社会保险法》《中华人民共和国劳动法》《中华人民共和国行政诉讼法》《工伤保险条例》及其他有关法律、行政法规规定，结合行政审判实际，制定本规定。

第一条 人民法院审理工伤认定行政案件，在认定是否存在《工伤保险条例》第十四条第（六）项“本人主要责任”、第十六条第（二）项“醉酒或者吸毒”和第十六条第（三）项“自残或者自杀”等情形时，应当以有权机构出具的事故责任认定书、结论性意见和人民法院生效裁判等法律文书为依据，但有相反证据足以推翻事故责任认定书和结论性意见的除外。

前述法律文书不存在或者内容不明确，社会保险行政部门就前款事实作出认定的，人民法院应当结合其提供的相关证据依法进行审查。

《工伤保险条例》第十六条第（一）项“故意犯罪”的认定，应当以刑事侦查机关、检察机关和审判机关的生效法律文书或者结论性意见为依据。

第二条 人民法院受理工伤认定行政案件后，发现原告或者第三人在提起行政诉讼前已经就是否存在劳动关系申请劳动仲裁或者提起民事诉讼的，应当中止行政案件的审理。

第三条 社会保险行政部门认定下列单位为承担工伤保险责任单位的，人民法院应予支持：

（一）职工与两个或两个以上单位建立劳动关系，工伤事故发生时，职工为之工作的单位为承担工伤保险责任的单位；

（二）劳务派遣单位派遣的职工在用工单位工作期间因工伤亡的，派遣单位为承担工伤保险责任的单位；

（三）单位指派到其他单位工作的职工因工伤亡的，指派单位为承担工伤保险责任的单位；

（四）用工单位违反法律、法规规定将承包业务转包给不具备用工主体资格的组织或者自然人，该组织或者自然人聘用的职工从事承包业务时因工伤亡的，用工单位为承担工伤保险责任的单位；

（五）个人挂靠其他单位对外经营，其聘用的人员因工伤亡的，被挂靠单位为承担工伤保险责任的单位。

前款第（四）、（五）项明确的承担工伤保险责任的单位承担赔偿责任或者社会保险经办机构从工伤保险基金支付工伤保险待遇后，有权向相关组织、单位和个人追偿。

第四条 社会保险行政部门认定下列情形为工伤的，人民法院应予支持：

（一）职工在工作时间和工作场所内受到伤害，用人单位或者社会保险行政部门没有证据证明是非工作原因导致的；

（二）职工参加用人单位组织或者受用人单位指派参加其他单位组织的活动受到伤害的；

（三）在工作时间内，职工来往于多个与其工作职责相关的工作场所之间的合理区域因工受到伤害的；

（四）其他与履行工作职责相关，在工作时间及合理区域内受到伤害的。

第五条 社会保险行政部门认定下列情形为“因工外出期间”的，人民法院应予支持：

（一）职工受用人单位指派或者因工作需要在工作场所以外从事与工作职责有关的活动期间；

（二）职工受用人单位指派外出学习或者开会期间；

（三）职工因工作需要的其他外出活动期间。

职工因工外出期间从事与工作或者受用人单位指派外出学习、开会无关的个人活动受到伤害，社会保险行政部门不认定为工伤的，人民法院应予支持。

第六条 对社会保险行政部门认定下列情形为“上下班途中”的，人民法院应予支持：

（一）在合理时间内往返于工作地与住所地、经常居住地、单位宿舍的合理路线的上下班途中；

（二）在合理时间内往返于工作地与配偶、父母、子女居住地的合理路线的上下班途中；

（三）从事属于日常工作生活所需要的活动，且在合理时间和合理路线的上下班途中；

（四）在合理时间内其他合理路线的上下班途中。

第七条 由于不属于职工或者其近亲属自身原因超过工伤认定申请期限的，被耽误的时间不计算在工伤认定申请期限内。

有下列情形之一耽误申请时间的，应当认定为不属于职工或者其近亲属自身原因：

（一）不可抗力；

（二）人身自由受到限制；

（三）属于用人单位原因；

（四）社会保险行政部门登记制度不完善；

（五）当事人对是否存在劳动关系申请仲裁、提起民事诉讼。

第八条　职工因第三人的原因受到伤害，社会保险行政部门以职工或者其近亲属已经对第三人提起民事诉讼或者获得民事赔偿为由，作出不予受理工伤认定申请或者不予认定工伤决定的，人民法院不予支持。

职工因第三人的原因受到伤害，社会保险行政部门已经作出工伤认定，职工或者其近亲属未对第三人提起民事诉讼或者尚未获得民事赔偿，起诉要求社会保险经办机构支付工伤保险待遇的，人民法院应予支持。

职工因第三人的原因导致工伤，社会保险经办机构以职工或者其近亲属已经对第三人提起民事诉讼为由，拒绝支付工伤保险待遇的，人民法院不予支持，但第三人已经支付的医疗费用除外。

第九条　因工伤认定申请人或者用人单位隐瞒有关情况或者提供虚假材料，导致工伤认定错误的，社会保险行政部门可以在诉讼中依法予以更正。

工伤认定依法更正后，原告不申请撤诉，社会保险行政部门在作出原工伤认定时有过错的，人民法院应当判决确认违法；社会保险行政部门无过错的，人民法院可以驳回原告诉讼请求。

第十条　最高人民法院以前颁布的司法解释与本规定不一致的，以本规定为准。

四、部门规章及规范性文件

劳务派遣暂行规定

（2014年1月24日人力资源和社会保障部令第22号公布 自2014年3月1日起施行）

第一章 总 则

第一条 为规范劳务派遣，维护劳动者的合法权益，促进劳动关系和谐稳定，依据《中华人民共和国劳动合同法》（以下简称劳动合同法）和《中华人民共和国劳动合同法实施条例》（以下简称劳动合同法实施条例）等法律、行政法规，制定本规定。

第二条 劳务派遣单位经营劳务派遣业务，企业（以下称用工单位）使用被派遣劳动者，适用本规定。

依法成立的会计师事务所、律师事务所等合伙组织和基金会以及民办非企业单位等组织使用被派遣劳动者，依照本规定执行。

第二章 用工范围和用工比例

第三条 用工单位只能在临时性、辅助性或者替代性的工作岗位上使用被派遣劳动者。

前款规定的临时性工作岗位是指存续时间不超过6个月的岗位；辅助性工作岗位是指为主营业务岗位提供服务的非主营业务岗位；替代性工作岗位是指用工单位的劳动者因脱产学习、休假等原因无法工作的一定期间内，可以由其他劳动者替代工作的岗位。

用工单位决定使用被派遣劳动者的辅助性岗位，应当经职工代表大会或者全体职工讨论，提出方案和意见，与工会或者职工代表平等协商确定，并在用工单位内公示。

第四条　用工单位应当严格控制劳务派遣用工数量，使用的被派遣劳动者数量不得超过其用工总量的10%。

前款所称用工总量是指用工单位订立劳动合同人数与使用的被派遣劳动者人数之和。

计算劳务派遣用工比例的用工单位是指依照劳动合同法和劳动合同法实施条例可以与劳动者订立劳动合同的用人单位。

第三章　劳动合同、劳务派遣协议的订立和履行

第五条　劳务派遣单位应当依法与被派遣劳动者订立2年以上的固定期限书面劳动合同。

第六条　劳务派遣单位可以依法与被派遣劳动者约定试用期。劳务派遣单位与同一被派遣劳动者只能约定一次试用期。

第七条　劳务派遣协议应当载明下列内容：

（一）派遣的工作岗位名称和岗位性质；

（二）工作地点；

（三）派遣人员数量和派遣期限；

（四）按照同工同酬原则确定的劳动报酬数额和支付方式；

（五）社会保险费的数额和支付方式；

（六）工作时间和休息休假事项；

（七）被派遣劳动者工伤、生育或者患病期间的相关待遇；

（八）劳动安全卫生以及培训事项；

（九）经济补偿等费用；

（十）劳务派遣协议期限；

（十一）劳务派遣服务费的支付方式和标准；

（十二）违反劳务派遣协议的责任；

（十三）法律、法规、规章规定应当纳入劳务派遣协议的其他事项。

第八条　劳务派遣单位应当对被派遣劳动者履行下列义务：

（一）如实告知被派遣劳动者劳动合同法第八条规定的事项、应遵守的规章制度以及劳务派遣协议的内容；

（二）建立培训制度，对被派遣劳动者进行上岗知识、安全教育培训；

（三）按照国家规定和劳务派遣协议约定，依法支付被派遣劳动者的劳动报酬和相关待遇；

（四）按照国家规定和劳务派遣协议约定，依法为被派遣劳动者缴纳社会保险费，并办理社会保险相关手续；

（五）督促用工单位依法为被派遣劳动者提供劳动保护和劳动安全卫生条件；

（六）依法出具解除或者终止劳动合同的证明；

（七）协助处理被派遣劳动者与用工单位的纠纷；

（八）法律、法规和规章规定的其他事项。

第九条 用工单位应当按照劳动合同法第六十二条规定，向被派遣劳动者提供与工作岗位相关的福利待遇，不得歧视被派遣劳动者。

第十条 被派遣劳动者在用工单位因工作遭受事故伤害的，劳务派遣单位应当依法申请工伤认定，用工单位应当协助工伤认定的调查核实工作。劳务派遣单位承担工伤保险责任，但可以与用工单位约定补偿办法。

被派遣劳动者在申请进行职业病诊断、鉴定时，用工单位应当负责处理职业病诊断、鉴定事宜，并如实提供职业病诊断、鉴定所需的劳动者职业史和职业危害接触史、工作场所职业病危害因素检测结果等资料，劳务派遣单位应当提供被派遣劳动者职业病诊断、鉴定所需的其他材料。

第十一条 劳务派遣单位行政许可有效期未延续或者《劳务派遣经营许可证》被撤销、吊销的，已经与被派遣劳动者依法订立的劳动合同应当履行至期限届满。双方经协商一致，可以解除劳动合同。

第十二条 有下列情形之一的，用工单位可以将被派遣劳动者退回劳务派遣单位：

（一）用工单位有劳动合同法第四十条第三项、第四十一条规定情形的；

（二）用工单位被依法宣告破产、吊销营业执照、责令关闭、撤销、决定提前解散或者经营期限届满不再继续经营的；

（三）劳务派遣协议期满终止的。

被派遣劳动者退回后在无工作期间，劳务派遣单位应当按照不低于所在地人民政府规定的最低工资标准，向其按月支付报酬。

第十三条 被派遣劳动者有劳动合同法第四十二条规定情形的，在派遣期限届满前，用工单位不得依据本规定第十二条第一款第一项规定将被派遣劳动者退回劳务派遣单位；派遣期限届满的，应当延续至相应情形消失时方可退回。

第四章 劳动合同的解除和终止

第十四条 被派遣劳动者提前30日以书面形式通知劳务派遣单位，可以解除劳动合同。被派遣劳动者在试用期内提前3日通知劳务派遣单位，可以解除劳动合同。劳务派遣单位应当将被派遣劳动者通知解除劳动合同的情况及时告知用工单位。

第十五条 被派遣劳动者因本规定第十二条规定被用工单位退回，劳务派遣单位重新派遣时维持或者提高劳动合同约定条件，被派遣劳动者不同意的，劳务派遣单位可以解除劳动合同。

被派遣劳动者因本规定第十二条规定被用工单位退回，劳务派遣单位重新派遣时降低劳动合同约定条件，被派遣劳动者不同意的，劳务派遣单位不得解除劳动合同。但被派遣劳动者提出解除劳动合同的除外。

第十六条 劳务派遣单位被依法宣告破产、吊销营业执照、责令关闭、撤销、决定提前解散或者经营期限届满不再继续经营的，劳动合同终止。用工单位应当与劳务派遣单位协商妥善安置被派遣劳动者。

第十七条 劳务派遣单位因劳动合同法第四十六条或者本规定第十五条、第十六条规定的情形，与被派遣劳动者解除或者终止劳动合同的，应当依法向被派遣劳动者支付经济补偿。

第五章 跨地区劳务派遣的社会保险

第十八条 劳务派遣单位跨地区派遣劳动者的，应当在用工单位所在地为被派遣劳动者参加社会保险，按照用工单位所在地的规定缴纳社会保险费，被派遣劳动者按照国家规定享受社会保险待遇。

第十九条 劳务派遣单位在用工单位所在地设立分支机构的，由分支机构为被派遣劳动者办理参保手续，缴纳社会保险费。

劳务派遣单位未在用工单位所在地设立分支机构的，由用工单位代劳务派遣单位为被派遣劳动者办理参保手续，缴纳社会保险费。

第六章 法律责任

第二十条 劳务派遣单位、用工单位违反劳动合同法和劳动合同法实施条例有关劳务派遣规定的，按照劳动合同法第九十二条规定执行。

第二十一条 劳务派遣单位违反本规定解除或者终止被派遣劳动者劳动合同的，按照劳动合同法第四十八条、第八十七条规定执行。

第二十二条 用工单位违反本规定第三条第三款规定的，由人力资源社会保障行政部门责令改正，给予警告；给被派遣劳动者造成损害的，依法承担赔偿责任。

第二十三条 劳务派遣单位违反本规定第六条规定的，按照劳动合同法第八十三条规定执行。

第二十四条 用工单位违反本规定退回被派遣劳动者的，按照劳动合同法第九十二条第二款规定执行。

第七章 附则

第二十五条 外国企业常驻代表机构和外国金融机构驻华代表机构等使用被派遣劳动者的，以及船员用人单位以劳务派遣形式使用国际远洋海员的，不受临时性、辅助性、替代性岗位和劳务派遣用工比例的限制。

第二十六条 用人单位将本单位劳动者派往境外工作或者派往家庭、自然人处提供劳动的，不属于本规定所称劳务派遣。

第二十七条 用人单位以承揽、外包等名义，按劳务派遣用工形式使用劳动者的，按照本规定处理。

第二十八条 用工单位在本规定施行前使用被派遣劳动者数量超过其用工总量10%的，应当制定调整用工方案，于本规定施行之日起2年内降至规定比例。但是，《全国人民代表大会常务委员会关于修改〈中华人民共和国劳动合同法〉的决定》公布前已依法订立的劳动合同和劳务派遣协议期限届满日期在本规定施行之日起2年后的，可以依法继续履行至期限届满。

用工单位应当将制定的调整用工方案报当地人力资源社会保障行政部门备案。

用工单位未将本规定施行前使用的被派遣劳动者数量降至符合规定比例

之前，不得新用被派遣劳动者。

第二十九条　本规定自2014年3月1日起施行。

实施《中华人民共和国社会保险法》若干规定

（2011年6月29日人力资源和社会保障部令第13号公布　自2011年7月1日起施行）

为了实施《中华人民共和国社会保险法》（以下简称社会保险法），制定本规定。

第一章　关于基本养老保险

第一条　社会保险法第十五条规定的统筹养老金，按照国务院规定的基础养老金计发办法计发。

第二条　参加职工基本养老保险的个人达到法定退休年龄时，累计缴费不足十五年的，可以延长缴费至满十五年。社会保险法实施前参保、延长缴费五年后仍不足十五年的，可以一次性缴费至满十五年。

第三条　参加职工基本养老保险的个人达到法定退休年龄后，累计缴费不足十五年（含依照第二条规定延长缴费）的，可以申请转入户籍所在地新型农村社会养老保险或者城镇居民社会养老保险，享受相应的养老保险待遇。

参加职工基本养老保险的个人达到法定退休年龄后，累计缴费不足十五年（含依照第二条规定延长缴费），且未转入新型农村社会养老保险或者城镇居民社会养老保险的，个人可以书面申请终止职工基本养老保险关系。社会保险经办机构收到申请后，应当书面告知其转入新型农村社会养老保险或者城镇居民社会养老保险的权利以及终止职工基本养老保险关系的后果，经本人书面确认后，终止其职工基本养老保险关系，并将个人账户储存额一次性支付给本人。

第四条　参加职工基本养老保险的个人跨省流动就业，达到法定退休年龄时累计缴费不足十五年的，按照《国务院办公厅关于转发人力资源社会保障部财政部城镇企业职工基本养老保险关系转移接续暂行办法的通知》（国办发〔2009〕66 号）有关待遇领取地的规定确定继续缴费地后，按照本规定第二条办理。

第五条 参加职工基本养老保险的个人跨省流动就业，符合按月领取基本养老金条件时，基本养老金分段计算、统一支付的具体办法，按照《国务院办公厅关于转发人力资源社会保障部财政部城镇企业职工基本养老保险关系转移接续暂行办法的通知》（国办发〔2009〕66 号）执行。

第六条 职工基本养老保险个人账户不得提前支取。个人在达到法定的领取基本养老金条件前离境定居的，其个人账户予以保留，达到法定领取条件时，按照国家规定享受相应的养老保险待遇。其中，丧失中华人民共和国国籍的，可以在其离境时或者离境后书面申请终止职工基本养老保险关系。社会保险经办机构收到申请后，应当书面告知其保留个人账户的权利以及终止职工基本养老保险关系的后果，经本人书面确认后，终止其职工基本养老保险关系，并将个人账户储存额一次性支付给本人。

参加职工基本养老保险的个人死亡后，其个人账户中的余额可以全部依法继承。

第二章 关于基本医疗保险

第七条 社会保险法第二十七条规定的退休人员享受基本医疗保险待遇的缴费年限按照各地规定执行。

参加职工基本医疗保险的个人，基本医疗保险关系转移接续时，基本医疗保险缴费年限累计计算。

第八条 参保人员在协议医疗机构发生的医疗费用，符合基本医疗保险药品目录、诊疗项目、医疗服务设施标准的，按照国家规定从基本医疗保险基金中支付。

参保人员确需急诊、抢救的，可以在非协议医疗机构就医；因抢救必须使用的药品可以适当放宽范围。参保人员急诊、抢救的医疗服务具体管理办法由统筹地区根据当地实际情况制定。

第三章 关于工伤保险

第九条 职工（包括非全日制从业人员）在两个或者两个以上用人单位

同时就业的，各用人单位应当分别为职工缴纳工伤保险费。职工发生工伤，由职工受到伤害时工作的单位依法承担工伤保险责任。

第十条　社会保险法第三十七条第二项中的醉酒标准，按照《车辆驾驶人员血液、呼气酒精含量阈值与检验》（GB19522－2004）执行。公安机关交通管理部门、医疗机构等有关单位依法出具的检测结论、诊断证明等材料，可以作为认定醉酒的依据。

第十一条　社会保险法第三十八条第八项中的因工死亡补助金是指《工伤保险条例》第三十九条的一次性工亡补助金，标准为工伤发生时上一年度全国城镇居民人均可支配收入的20倍。

上一年度全国城镇居民人均可支配收入以国家统计局公布的数据为准。

第十二条　社会保险法第三十九条第一项治疗工伤期间的工资福利，按照《工伤保险条例》第三十三条有关职工在停工留薪期内应当享受的工资福利和护理等待遇的规定执行。

第四章　关于失业保险

第十三条　失业人员符合社会保险法第四十五条规定条件的，可以申请领取失业保险金并享受其他失业保险待遇。其中，非因本人意愿中断就业包括下列情形：

（一）依照劳动合同法第四十四条第一项、第四项、第五项规定终止劳动合同的；

（二）由用人单位依照劳动合同法第三十九条、第四十条、第四十一条规定解除劳动合同的；

（三）用人单位依照劳动合同法第三十六条规定向劳动者提出解除劳动合同并与劳动者协商一致解除劳动合同的；

（四）由用人单位提出解除聘用合同或者被用人单位辞退、除名、开除的；

（五）劳动者本人依照劳动合同法第三十八条规定解除劳动合同的；

（六）法律、法规、规章规定的其他情形。

第十四条　失业人员领取失业保险金后重新就业的，再次失业时，缴费时间重新计算。失业人员因当期不符合失业保险金领取条件的，原有缴费时间予以保留，重新就业并参保的，缴费时间累计计算。

第十五条 失业人员在领取失业保险金期间，应当积极求职，接受职业介绍和职业培训。失业人员接受职业介绍、职业培训的补贴由失业保险基金按照规定支付。

第五章 关于基金管理和经办服务

第十六条 社会保险基金预算、决算草案的编制、审核和批准，依照《国务院关于试行社会保险基金预算的意见》（国发〔2010〕2号）的规定执行。

第十七条 社会保险经办机构应当每年至少一次将参保人员个人权益记录单通过邮寄方式寄送本人。同时，社会保险经办机构可以通过手机短信或者电子邮件等方式向参保人员发送个人权益记录。

第十八条 社会保险行政部门、社会保险经办机构及其工作人员应当依法为用人单位和个人的信息保密，不得违法向他人泄露下列信息：

（一）涉及用人单位商业秘密或者公开后可能损害用人单位合法利益的信息；

（二）涉及个人权益的信息。

第六章 关于法律责任

第十九条 用人单位在终止或者解除劳动合同时拒不向职工出具终止或者解除劳动关系证明，导致职工无法享受社会保险待遇的，用人单位应当依法承担赔偿责任。

第二十条 职工应当缴纳的社会保险费由用人单位代扣代缴。用人单位未依法代扣代缴的，由社会保险费征收机构责令用人单位限期代缴，并自欠缴之日起向用人单位按日加收万分之五的滞纳金。用人单位不得要求职工承担滞纳金。

第二十一条 用人单位因不可抗力造成生产经营出现严重困难的，经省级人民政府社会保险行政部门批准后，可以暂缓缴纳一定期限的社会保险费，期限一般不超过一年。暂缓缴费期间，免收滞纳金。到期后，用人单位应当缴纳相应的社会保险费。

第二十二条 用人单位按照社会保险法第六十三条的规定，提供担保并与社会保险费征收机构签订缓缴协议的，免收缓缴期间的滞纳金。

第二十三条　用人单位按照本规定第二十一条、第二十二条缓缴社会保险费期间，不影响其职工依法享受社会保险待遇。

第二十四条　用人单位未按月将缴纳社会保险费的明细情况告知职工本人的，由社会保险行政部门责令改正；逾期不改的，按照《劳动保障监察条例》第三十条的规定处理。

第二十五条　医疗机构、药品经营单位等社会保险服务机构以欺诈、伪造证明材料或者其他手段骗取社会保险基金支出的，由社会保险行政部门责令退回骗取的社会保险金，处骗取金额二倍以上五倍以下的罚款。对与社会保险经办机构签订服务协议的医疗机构、药品经营单位，由社会保险经办机构按照协议追究责任，情节严重的，可以解除与其签订的服务协议。对有执业资格的直接负责的主管人员和其他直接责任人员，由社会保险行政部门建议授予其执业资格的有关主管部门依法吊销其执业资格。

第二十六条　社会保险经办机构、社会保险费征收机构、社会保险基金投资运营机构、开设社会保险基金专户的机构和专户管理银行及其工作人员有下列违法情形的，由社会保险行政部门按照社会保险法第九十一条的规定查处：

（一）将应征和已征的社会保险基金，采取隐藏、非法放置等手段，未按规定征缴、入账的；

（二）违规将社会保险基金转入社会保险基金专户以外的账户的；

（三）侵吞社会保险基金的；

（四）将各项社会保险基金互相挤占或者其他社会保障基金挤占社会保险基金的；

（五）将社会保险基金用于平衡财政预算，兴建、改建办公场所和支付人员经费、运行费用、管理费用的；

（六）违反国家规定的投资运营政策的。

第七章　其　　他

第二十七条　职工与所在用人单位发生社会保险争议的，可以依照《中华人民共和国劳动争议调解仲裁法》、《劳动人事争议仲裁办案规则》的规定，申请调解、仲裁，提起诉讼。

职工认为用人单位有未按时足额为其缴纳社会保险费等侵害其社会保险

权益行为的，也可以要求社会保险行政部门或者社会保险费征收机构依法处理。社会保险行政部门或者社会保险费征收机构应当按照社会保险法和《劳动保障监察条例》等相关规定处理。在处理过程中，用人单位对双方的劳动关系提出异议的，社会保险行政部门应当依法查明相关事实后继续处理。

第二十八条 在社会保险经办机构征收社会保险费的地区，社会保险行政部门应当依法履行社会保险法第六十三条所规定的有关行政部门的职责。

第二十九条 2011 年 7 月 1 日后对用人单位未按时足额缴纳社会保险费的处理，按照社会保险法和本规定执行；对 2011 年 7 月 1 日前发生的用人单位未按时足额缴纳社会保险费的行为，按照国家和地方人民政府的有关规定执行。

第三十条 本规定自 2011 年 7 月 1 日起施行。

在中国境内就业的外国人参加社会保险暂行办法

（2011 年 9 月 6 日人力资源和社会保障部令第 16 号公布　自 2011 年 10 月 15 日起施行）

第一条 为了维护在中国境内就业的外国人依法参加社会保险和享受社会保险待遇的合法权益，加强社会保险管理，根据《中华人民共和国社会保险法》（以下简称社会保险法），制定本办法。

第二条 在中国境内就业的外国人，是指依法获得《外国人就业证》、《外国专家证》、《外国常驻记者证》等就业证件和外国人居留证件，以及持有《外国人永久居留证》，在中国境内合法就业的非中国国籍的人员。

第三条 在中国境内依法注册或者登记的企业、事业单位、社会团体、民办非企业单位、基金会、律师事务所、会计师事务所等组织（以下称用人单位）依法招用的外国人，应当依法参加职工基本养老保险、职工基本医疗保险、工伤保险、失业保险和生育保险，由用人单位和本人按照规定缴纳社会保险费。

与境外雇主订立雇用合同后，被派遣到在中国境内注册或者登记的分支机构、代表机构（以下称境内工作单位）工作的外国人，应当依法参加职工基本养老保险、职工基本医疗保险、工伤保险、失业保险和生育保险，由境内工作单位和本人按照规定缴纳社会保险费。

第四条　用人单位招用外国人的，应当自办理就业证件之日起30日内为其办理社会保险登记。

受境外雇主派遣到境内工作单位工作的外国人，应当由境内工作单位按照前款规定为其办理社会保险登记。

依法办理外国人就业证件的机构，应当及时将外国人来华就业的相关信息通报当地社会保险经办机构。社会保险经办机构应当定期向相关机构查询外国人办理就业证件的情况。

第五条　参加社会保险的外国人，符合条件的，依法享受社会保险待遇。

在达到规定的领取养老金年龄前离境的，其社会保险个人账户予以保留，再次来中国就业的，缴费年限累计计算；经本人书面申请终止社会保险关系的，也可以将其社会保险个人账户储存额一次性支付给本人。

第六条　外国人死亡的，其社会保险个人账户余额可以依法继承。

第七条　在中国境外享受按月领取社会保险待遇的外国人，应当至少每年向负责支付其待遇的社会保险经办机构提供一次由中国驻外使、领馆出具的生存证明，或者由居住国有关机构公证、认证并经中国驻外使、领馆认证的生存证明。

外国人合法入境的，可以到社会保险经办机构自行证明其生存状况，不再提供前款规定的生存证明。

第八条　依法参加社会保险的外国人与用人单位或者境内工作单位因社会保险发生争议的，可以依法申请调解、仲裁、提起诉讼。用人单位或者境内工作单位侵害其社会保险权益的，外国人也可以要求社会保险行政部门或者社会保险费征收机构依法处理。

第九条　具有与中国签订社会保险双边或者多边协议国家国籍的人员在中国境内就业的，其参加社会保险的办法按照协议规定办理。

第十条　社会保险经办机构应当根据《外国人社会保障号码编制规则》，为外国人建立社会保障号码，并发放中华人民共和国社会保障卡。

第十一条　社会保险行政部门应当按照社会保险法的规定，对外国人参加社会保险的情况进行监督检查。用人单位或者境内工作单位未依法为招用的外国人办理社会保险登记或者未依法为其缴纳社会保险费的，按照社会保险法、《劳动保障监察条例》等法律、行政法规和有关规章的规定处理。

用人单位招用未依法办理就业证件或者持有《外国人永久居留证》的外国人的，按照《外国人在中国就业管理规定》处理。

第十二条 本办法自 2011 年 10 月 15 日起施行。

企业职工带薪年休假实施办法

（2008 年 9 月 18 日人力资源和社会保障部令第 1 号公布　自公布之日起施行）

第一条 为了实施《职工带薪年休假条例》（以下简称条例），制定本实施办法。

第二条 中华人民共和国境内的企业、民办非企业单位、有雇工的个体工商户等单位（以下称用人单位）和与其建立劳动关系的职工，适用本办法。

第三条 职工连续工作满 12 个月以上的，享受带薪年休假（以下简称年休假）。

第四条 年休假天数根据职工累计工作时间确定。职工在同一或者不同用人单位工作期间，以及依照法律、行政法规或者国务院规定视同工作期间，应当计为累计工作时间。

第五条 职工新进用人单位且符合本办法第三条规定的，当年度年休假天数，按照在本单位剩余日历天数折算确定，折算后不足 1 整天的部分不享受年休假。

前款规定的折算方法为：（当年度在本单位剩余日历天数 ÷ 365 天）× 职工本人全年应当享受的年休假天数。

第六条 职工依法享受的探亲假、婚丧假、产假等国家规定的假期以及因工伤停工留薪期间不计入年休假假期。

第七条 职工享受寒暑假天数多于其年休假天数的，不享受当年的年休假。确因工作需要，职工享受的寒暑假天数少于其年休假天数的，用人单位应当安排补足年休假天数。

第八条 职工已享受当年的年休假，年度内又出现条例第四条第（二）、

（三）、（四）、（五）项规定情形之一的，不享受下一年度的年休假。

第九条　用人单位根据生产、工作的具体情况，并考虑职工本人意愿，统筹安排年休假。用人单位确因工作需要不能安排职工年休假或者跨 1 个年度安排年休假的，应征得职工本人同意。

第十条　用人单位经职工同意不安排年休假或者安排职工休假天数少于应休年休假天数的，应当在本年度内对职工应休未休年休假天数，按照其日工资收入的 300% 支付未休年休假工资报酬，其中包含用人单位支付职工正常工作期间的工资收入。

用人单位安排职工休年休假，但是职工因本人原因且书面提出不休年休假的，用人单位可以只支付其正常工作期间的工资收入。

第十一条　计算未休年休假工资报酬的日工资收入按照职工本人的月工资除以月计薪天数（21.75 天）进行折算。

前款所称月工资是指职工在用人单位支付其未休年休假工资报酬前 12 个月剔除加班工资后的月平均工资。在本用人单位工作时间不满 12 个月的，按实际月份计算月平均工资。

职工在年休假期间享受与正常工作期间相同的工资收入。实行计件工资、提成工资或者其他绩效工资制的职工，日工资收入的计发办法按照本条第一款、第二款的规定执行。

第十二条　用人单位与职工解除或者终止劳动合同时，当年度未安排职工休满应休年休假天数的，应当按照职工当年已工作时间折算应休未休年休假天数并支付未休年休假工资报酬，但折算后不足 1 整天的部分不支付未休年休假工资报酬。

前款规定的折算方法为：（当年度在本单位已过日历天数 ÷ 365 天）× 职工本人全年应当享受的年休假天数 – 当年度已安排年休假天数。

用人单位当年已安排职工年休假的，多于折算应休年休假的天数不再扣回。

第十三条　劳动合同、集体合同约定的或者用人单位规章制度规定的年休假天数、未休年休假工资报酬高于法定标准的，用人单位应当按照有关约定或者规定执行。

第十四条　劳务派遣单位的职工符合本办法第三条规定条件的，享受年休假。

被派遣职工在劳动合同期限内无工作期间由劳务派遣单位依法支付劳动报酬的天数多于其全年应当享受的年休假天数的，不享受当年的年休假；少于其全年应当享受的年休假天数的，劳务派遣单位、用工单位应当协商安排补足被派遣职工年休假天数。

第十五条 县级以上地方人民政府劳动行政部门应当依法监督检查用人单位执行条例及本办法的情况。

用人单位不安排职工休年休假又不依照条例及本办法规定支付未休年休假工资报酬的，由县级以上地方人民政府劳动行政部门依据职权责令限期改正；对逾期不改正的，除责令该用人单位支付未休年休假工资报酬外，用人单位还应当按照未休年休假工资报酬的数额向职工加付赔偿金；对拒不执行支付未休年休假工资报酬、赔偿金行政处理决定的，由劳动行政部门申请人民法院强制执行。

第十六条 职工与用人单位因年休假发生劳动争议的，依照劳动争议处理的规定处理。

第十七条 除法律、行政法规或者国务院另有规定外，机关、事业单位、社会团体和与其建立劳动关系的职工，依照本办法执行。

船员的年休假按《中华人民共和国船员条例》执行。

第十八条 本办法中的“年度”是指公历年度。

第十九条 本办法自发布之日起施行。

劳动和社会保障部[①]关于职工全年月平均工作时间和工资折算问题的通知

（2008年1月3日 劳社部发〔2008〕3号）

各省、自治区、直辖市劳动和社会保障厅（局）：

根据《全国年节及纪念日放假办法》（国务院令第513号）的规定，全体公民的节日假期由原来的10天增设为11天。据此，职工全年月平均制度工

① 现为人力资源和社会保障部。

作天数和工资折算办法分别调整如下：

一、制度工作时间的计算

年工作日：365 天 - 104 天（休息日） - 11 天（法定节假日） = 250 天

季工作日：250 天 ÷ 4 季 = 62.5 天/季

月工作日：250 天 ÷ 12 月 = 20.83 天/月

工作小时数的计算：以月、季、年的工作日乘以每日的 8 小时。

二、日工资、小时工资的折算

按照《劳动法》第五十一条的规定，法定节假日用人单位应当依法支付工资，即折算日工资、小时工资时不剔除国家规定的 11 天法定节假日。据此，日工资、小时工资的折算为：

日工资：月工资收入 ÷ 月计薪天数

小时工资：月工资收入 ÷ （月计薪天数 × 8 小时）。

月计薪天数 = （365 天 - 104 天） ÷ 12 月 = 21.75 天

三、2000 年 3 月 17 日劳动保障部发布的《关于职工全年月平均工作时间和工资折算问题的通知》（劳社部发〔2000〕8 号）同时废止。

财政部、国家税务总局关于个人与用人单位解除劳动关系取得的一次性补偿收入征免个人所得税问题的通知

（2001 年 9 月 10 日　财税〔2001〕157 号）

为进一步支持企业、事业单位、机关、社会团体等用人单位推进劳动人事制度改革，妥善安置有关人员，维护社会稳定，现对个人因与用人单位解除劳动关系而取得的一次性补偿收入征免个人所得税的有关问题通知如下：

一、个人因与用人单位解除劳动关系而取得的一次性补偿收入（包括用人单位发放的经济补偿金、生活补助费和其他补助费用），其收入在当地上年职工平均工资 3 倍数额以内的部分，免征个人所得税；超过的部分按照《国家税务总局关于个人因解除劳动合同取得经济补偿金征收个人所得税问题的

通知》（国税发〔1999〕178号）的有关规定，计算征收个人所得税。[①]

二、个人领取一次性补偿收入时按照国家和地方政府规定的比例实际缴纳的住房公积金、医疗保险费、基本养老保险费、失业保险费，可以在计征其一次性补偿收入的个人所得税时予以扣除。

三、企业依照国家有关法律规定宣告破产，企业职工从该破产企业取得的一次性安置费收入，免征个人所得税。

本通知自2001年10月1日起执行。以前规定与本通知规定不符的，一律按本通知规定执行。对于此前已发生而尚未进行税务处理的一次性补偿收入也按本通知规定执行。

财政部、税务总局关于个人所得税法修改后有关优惠政策衔接问题的通知

（2018年12月27日　财税〔2018〕164号）

各省、自治区、直辖市、计划单列市财政厅（局），国家税务总局各省、自治区、直辖市、计划单列市税务局，新疆生产建设兵团财政局：

为贯彻落实修改后的《中华人民共和国个人所得税法》，现将个人所得税优惠政策衔接有关事项通知如下：

一、关于全年一次性奖金、中央企业负责人年度绩效薪金延期兑现收入和任期奖励的政策

（一）居民个人取得全年一次性奖金，符合《国家税务总局关于调整个人取得全年一次性奖金等计算征收个人所得税方法问题的通知》（国税发〔2005〕9号）规定的，在2021年12月31日前，不并入当年综合所得，以全年一次性奖金收入除以12个月得到的数额，按照本通知所附按月换算后的综合所得税率表（以下简称月度税率表），确定适用税率和速算扣除数，单独计

① 该通知第一条已被《财政部、国家税务总局关于个人所得税法修改后有关优惠政策衔接问题的通知》废止。

算纳税。计算公式为：

应纳税额＝全年一次性奖金收入×适用税率－速算扣除数

居民个人取得全年一次性奖金，也可以选择并入当年综合所得计算纳税。

自2022年1月1日起，居民个人取得全年一次性奖金，应并入当年综合所得计算缴纳个人所得税。

（二）中央企业负责人取得年度绩效薪金延期兑现收入和任期奖励，符合《国家税务总局关于中央企业负责人年度绩效薪金延期兑现收入和任期奖励征收个人所得税问题的通知》（国税发〔2007〕118号）规定的，在2021年12月31日前，参照本通知第一条第（一）项执行；2022年1月1日之后的政策另行明确。

二、关于上市公司股权激励的政策

（一）居民个人取得股票期权、股票增值权、限制性股票、股权奖励等股权激励（以下简称股权激励），符合《财政部 国家税务总局关于个人股票期权所得征收个人所得税问题的通知》（财税〔2005〕35号）、《财政部国家税务总局关于股票增值权所得和限制性股票所得征收个人所得税有关问题的通知》（财税〔2009〕5号）、《财政部 国家税务总局关于将国家自主创新示范区有关税收试点政策推广到全国范围实施的通知》（财税〔2015〕116号）第四条、《财政部国家税务总局关于完善股权激励和技术入股有关所得税政策的通知》（财税〔2016〕101号）第四条第（一）项规定的相关条件的，在2021年12月31日前，不并入当年综合所得，全额单独适用综合所得税率表，计算纳税。计算公式为：

应纳税额＝股权激励收入×适用税率－速算扣除数

（二）居民个人一个纳税年度内取得两次以上（含两次）股权激励的，应合并按本通知第二条第（一）项规定计算纳税。

（三）2022年1月1日之后的股权激励政策另行明确。

三、关于保险营销员、证券经纪人佣金收入的政策

保险营销员、证券经纪人取得的佣金收入，属于劳务报酬所得，以不含增值税的收入减除20%的费用后的余额为收入额，收入额减去展业成本以及附加税费后，并入当年综合所得，计算缴纳个人所得税。保险营销员、证券经纪人展业成本按照收入额的25%计算。

扣缴义务人向保险营销员、证券经纪人支付佣金收入时，应按照《个

人所得税扣缴申报管理办法（试行）》（国家税务总局公告2018年第61号）规定的累计预扣法计算预扣税款。

四、关于个人领取企业年金、职业年金的政策

个人达到国家规定的退休年龄，领取的企业年金、职业年金，符合《财政部 人力资源社会保障部 国家税务总局关于企业年金 职业年金个人所得税有关问题的通知》（财税〔2013〕103号）规定的，不并入综合所得，全额单独计算应纳税款。其中按月领取的，适用月度税率表计算纳税；按季领取的，平均分摊计入各月，按每月领取额适用月度税率表计算纳税；按年领取的，适用综合所得税率表计算纳税。

个人因出境定居而一次性领取的年金个人账户资金，或个人死亡后，其指定的受益人或法定继承人一次性领取的年金个人账户余额，适用综合所得税率表计算纳税。对个人除上述特殊原因外一次性领取年金个人账户资金或余额的，适用月度税率表计算纳税。

五、关于解除劳动关系、提前退休、内部退养的一次性补偿收入的政策

（一）个人与用人单位解除劳动关系取得一次性补偿收入（包括用人单位发放的经济补偿金、生活补助费和其他补助费），在当地上年职工平均工资3倍数额以内的部分，免征个人所得税；超过3倍数额的部分，不并入当年综合所得，单独适用综合所得税率表，计算纳税。

（二）个人办理提前退休手续而取得的一次性补贴收入，应按照办理提前退休手续至法定离退休年龄之间实际年度数平均分摊，确定适用税率和速算扣除数，单独适用综合所得税率表，计算纳税。计算公式：

应纳税额＝｛〔（一次性补贴收入÷办理提前退休手续至法定退休年龄的实际年度数）－费用扣除标准〕×适用税率－速算扣除数｝×办理提前退休手续至法定退休年龄的实际年度数

（三）个人办理内部退养手续而取得的一次性补贴收入，按照《国家税务总局关于个人所得税有关政策问题的通知》（国税发〔1999〕58号）规定计算纳税。

六、关于单位低价向职工售房的政策

单位按低于购置或建造成本价格出售住房给职工，职工因此而少支出的差价部分，符合《财政部 国家税务总局关于单位低价向职工售房有关个人所得税问题的通知》（财税〔2007〕13号）第二条规定的，不并入当年综合所得，以差价收入除以12个月得到的数额，按照月度税率表确定适用税率和速算扣除数，单独计算纳税。计算公式为：

应纳税额＝职工实际支付的购房价款低于该房屋的购置或建造成本价格的差额×适用税率－速算扣除数

七、关于外籍个人有关津补贴的政策

（一）2019年1月1日至2021年12月31日期间，外籍个人符合居民个人条件的，可以选择享受个人所得税专项附加扣除，也可以选择按照《财政部 国家税务总局关于个人所得税若干政策问题的通知》（财税〔1994〕20号）、《国家税务总局关于外籍个人取得有关补贴征免个人所得税执行问题的通知》（国税发〔1997〕54号）和《财政部 国家税务总局关于外籍个人取得港澳地区住房等补贴征免个人所得税的通知》（财税〔2004〕29号）规定，享受住房补贴、语言训练费、子女教育费等津补贴免税优惠政策，但不得同时享受。外籍个人一经选择，在一个纳税年度内不得变更。

（二）自2022年1月1日起，外籍个人不再享受住房补贴、语言训练费、子女教育费津补贴免税优惠政策，应按规定享受专项附加扣除。

八、除上述衔接事项外，其他个人所得税优惠政策继续按照原文件规定执行。

九、本通知自2019年1月1日起执行。下列文件或文件条款同时废止：

（一）《财政部 国家税务总局关于个人与用人单位解除劳动关系取得的一次性补偿收入征免个人所得税问题的通知》（财税〔2001〕157号）第一条；

（二）《财政部 国家税务总局关于个人股票期权所得征收个人所得税问题的通知》（财税〔2005〕35号）第四条第（一）项；

（三）《财政部 国家税务总局关于单位低价向职工售房有关个人所得税问题的通知》（财税〔2007〕13号）第三条；

（四）《财政部 人力资源社会保障部 国家税务总局关于企业年金职业年金个人所得税有关问题的通知》（财税〔2013〕103号）第三条第1项和第3项；

（五）《国家税务总局关于个人认购股票等有价证券而从雇主取得折扣或补贴收入有关征收个人所得税问题的通知》（国税发〔1998〕9号）；

（六）《国家税务总局关于保险企业营销员（非雇员）取得的收入计征个人所得税问题的通知》（国税发〔1998〕13号）；

（七）《国家税务总局关于个人因解除劳动合同取得经济补偿金征收个人所得税问题的通知》（国税发〔1999〕178 号）；

（八）《国家税务总局关于国有企业职工因解除劳动合同取得一次性补偿收入征免个人所得税问题的通知》（国税发〔2000〕77 号）；

（九）《国家税务总局关于调整个人取得全年一次性奖金等计算征收个人所得税方法问题的通知》（国税发〔2005〕9 号）第二条；

（十）《国家税务总局关于保险营销员取得佣金收入征免个人所得税问题的通知》（国税函〔2006〕454 号）；

（十一）《国家税务总局关于个人股票期权所得缴纳个人所得税有关问题的补充通知》（国税函〔2006〕902 号）第七条、第八条；

（十二）《国家税务总局关于中央企业负责人年度绩效薪金延期兑现收入和任期奖励征收个人所得税问题的通知》（国税发〔2007〕118 号）第一条；

（十三）《国家税务总局关于个人提前退休取得补贴收入个人所得税问题的公告》（国家税务总局公告 2011 年第 6 号）第二条；

（十四）《国家税务总局关于证券经纪人佣金收入征收个人所得税问题的公告》（国家税务总局公告 2012 年第 45 号）。

附件：按月换算后的综合所得税率表

按月换算后的综合所得税率表

级数	全月应纳税所得额	税率（%）	速算扣除数
1	不超过 3000 元的	3	0
2	超过 3000 元至 12000 元的部分	10	210
3	超过 12000 元至 25000 元的部分	20	1410
4	超过 25000 元至 35000 元的部分	25	2660
5	超过 35000 元至 55000 元的部分	30	4410
6	超过 55000 元至 80000 元的部分	35	7160
7	超过 80000 元的部分	45	15160

企业职工患病或非因工负伤医疗期规定

（1994 年 12 月 1 日　劳部发〔1994〕479 号）

第一条　为了保障企业职工在患病或非因工负伤期间的合法权益，根据《中华人民共和国劳动法》第二十六、二十九条规定，制定本规定。

第二条　医疗期是指企业职工因患病或非因工负伤停止工作治病休息不得解除劳动合同的时限。

第三条　企业职工因患病或非因工负伤，需要停止工作医疗时，根据本人实际参加工作年限和在本单位工作年限，给予三个月到二十四个月的医疗期：

（一）实际工作年限十年以下的，在本单位工作年限五年以下的为三个月；五年以上的为六个月。

（二）实际工作年限十年以上的，在本单位工作年限五年以下的为六个月；五年以上十年以下的为九个月；十年以上十五年以下的为十二个月；十五年以上二十年以下的为十八个月；二十年以上的为二十四个月。

第四条　医疗期三个月的按六个月内累计病休时间计算；六个月的按十二个月内累计病休时间计算；九个月的按十五个月内累计病休时间计算；十二个月的按十八个月内累计病休时间计算；十八个月的按二十四个月内累计病休时间计算；二十四个月的按三十个月内累计病休时间计算。

第五条　企业职工在医疗期内，其病假工资、疾病救济费和医疗待遇按照有关规定执行。

第六条　企业职工非因工致残和经医生或医疗机构认定患有难以治疗的疾病，在医疗期内医疗终结，不能从事原工作，也不能从事用人单位另行安排的工作的，应当由劳动鉴定委员会参照工伤与职业病致残程度鉴定标准进行劳动能力的鉴定。被鉴定为一至四级的，应当退出劳动岗位，终止劳动关系，办理退休、退职手续，享受退休、退职待遇；被鉴定为五至十级的，医疗期内不得解除劳动合同。

第七条　企业职工非因工致残和经医生或医疗机构认定患有难以治疗的

疾病，医疗期满，应当由劳动鉴定委员会参照工伤与职业病致残程度鉴定标准进行劳动能力的鉴定。被鉴定为一至四级的，应当退出劳动岗位，解除劳动关系，并办理退休、退职手续，享受退休、退职待遇。

第八条 医疗期满尚未痊愈者，被解除劳动合同的经济补偿问题按照有关规定执行。

第九条 本规定自一九九五年一月一日起施行。

人力资源和社会保障部关于执行《工伤保险条例》若干问题的意见

（2013 年 4 月 25 日 人社部发〔2013〕34 号）

各省、自治区、直辖市及新疆生产建设兵团人力资源社会保障厅（局）：

《国务院关于修改〈工伤保险条例〉的决定》（国务院令第 586 号）已经于 2011 年 1 月 1 日实施。为贯彻执行新修订的《工伤保险条例》，妥善解决实际工作中的问题，更好地保障职工和用人单位的合法权益，现提出如下意见。

一、《工伤保险条例》（以下简称《条例》）第十四条第（五）项规定的“因工外出期间”的认定，应当考虑职工外出是否属于用人单位指派的因工作外出，遭受的事故伤害是否因工作原因所致。

二、《条例》第十四条第（六）项规定的“非本人主要责任”的认定，应当以有关机关出具的法律文书或者人民法院的生效裁决为依据。

三、《条例》第十六条第（一）项“故意犯罪”的认定，应当以司法机关的生效法律文书或者结论性意见为依据。

四、《条例》第十六条第（二）项“醉酒或者吸毒”的认定，应当以有关机关出具的法律文书或者人民法院的生效裁决为依据。无法获得上述证据的，可以结合相关证据认定。

五、社会保险行政部门受理工伤认定申请后，发现劳动关系存在争议且无法确认的，应告知当事人可以向劳动人事争议仲裁委员会申请仲裁。在此期间，作出工伤认定决定的时限中止，并书面通知申请工伤认定的当事人。

劳动关系依法确认后，当事人应将有关法律文书送交受理工伤认定申请的社会保险行政部门，该部门自收到生效法律文书之日起恢复工伤认定程序。

六、符合《条例》第十五条第（一）项情形的，职工所在用人单位原则上应自职工死亡之日起 5 个工作日内向用人单位所在统筹地区社会保险行政部门报告。

七、具备用工主体资格的承包单位违反法律、法规规定，将承包业务转包、分包给不具备用工主体资格的组织或者自然人，该组织或者自然人招用的劳动者从事承包业务时因工伤亡的，由该具备用工主体资格的承包单位承担用人单位依法应承担的工伤保险责任。

八、曾经从事接触职业病危害作业、当时没有发现罹患职业病、离开工作岗位后被诊断或鉴定为职业病的符合下列条件的人员，可以自诊断、鉴定为职业病之日起一年内申请工伤认定，社会保险行政部门应当受理：

（一）办理退休手续后，未再从事接触职业病危害作业的退休人员；

（二）劳动或聘用合同期满后或者本人提出而解除劳动或聘用合同后，未再从事接触职业病危害作业的人员。

经工伤认定和劳动能力鉴定，前款第（一）项人员符合领取一次性伤残补助金条件的，按就高原则以本人退休前 12 个月平均月缴费工资或者确诊职业病前 12 个月的月平均养老金为基数计发。前款第（二）项人员被鉴定为一级至十级伤残、按《条例》规定应以本人工资作为基数享受相关待遇的，按本人终止或者解除劳动、聘用合同前 12 个月平均月缴费工资计发。

九、按照本意见第八条规定被认定为工伤的职业病人员，职业病诊断证明书（或职业病诊断鉴定书）中明确的用人单位，在该职工从业期间依法为其缴纳工伤保险费的，按《条例》的规定，分别由工伤保险基金和用人单位支付工伤保险待遇；未依法为该职工缴纳工伤保险费的，由用人单位按照《条例》规定的相关项目和标准支付待遇。

十、职工在同一用人单位连续工作期间多次发生工伤的，符合《条例》第三十六、第三十七条规定领取相关待遇时，按照其在同一用人单位发生工伤的最高伤残级别，计发一次性伤残就业补助金和一次性工伤医疗补助金。

十一、依据《条例》第四十二条的规定停止支付工伤保险待遇的，在停止支付待遇的情形消失后，自下月起恢复工伤保险待遇，停止支付的工伤保险待遇不予补发。

十二、《条例》第六十二条第三款规定的“新发生的费用”，是指用人单位职工参加工伤保险前发生工伤的，在参加工伤保险后新发生的费用。

十三、由工伤保险基金支付的各项待遇应按《条例》相关规定支付，不得采取将长期待遇改为一次性支付的办法。

十四、核定工伤职工工伤保险待遇时，若上一年度相关数据尚未公布，可暂按前一年度的全国城镇居民人均可支配收入、统筹地区职工月平均工资核定和计发，待相关数据公布后再重新核定，社会保险经办机构或者用人单位予以补发差额部分。

本意见自发文之日起执行，此前有关规定与本意见不一致的，按本意见执行。执行中有重大问题，请及时报告我部。

人力资源社会保障部关于执行《工伤保险条例》若干问题的意见（二）

（2016 年 3 月 28 日　人社部发〔2016〕29 号）

各省、自治区、直辖市及新疆生产建设兵团人力资源社会保障厅（局）：

为更好地贯彻执行新修订的《工伤保险条例》，提高依法行政能力和水平，妥善解决实际工作中的问题，保障职工和用人单位合法权益，现提出如下意见：

一、一级至四级工伤职工死亡，其近亲属同时符合领取工伤保险丧葬补助金、供养亲属抚恤金待遇和职工基本养老保险丧葬补助金、抚恤金待遇条件的，由其近亲属选择领取工伤保险或职工基本养老保险其中一种。

二、达到或超过法定退休年龄，但未办理退休手续或者未依法享受城镇职工基本养老保险待遇，继续在原用人单位工作期间受到事故伤害或患职业病的，用人单位依法承担工伤保险责任。

用人单位招用已经达到、超过法定退休年龄或已经领取城镇职工基本养老保险待遇的人员，在用工期间因工作原因受到事故伤害或患职业病的，如招用单位已按项目参保等方式为其缴纳工伤保险费的，应适用《工伤保险条例》。

三、《工伤保险条例》第六十二条规定的“新发生的费用”，是指用人单位参加工伤保险前发生工伤的职工，在参加工伤保险后新发生的费用。其中由工伤保险基金支付的费用，按不同情况予以处理：

（一）因工受伤的，支付参保后新发生的工伤医疗费、工伤康复费、住院伙食补助费、统筹地区以外就医交通食宿费、辅助器具配置费、生活护理费、一级至四级伤残职工伤残津贴，以及参保后解除劳动合同时的一次性工伤医疗补助金；

（二）因工死亡的，支付参保后新发生的符合条件的供养亲属抚恤金。

四、职工在参加用人单位组织或者受用人单位指派参加其他单位组织的活动中受到事故伤害的，应当视为工作原因，但参加与工作无关的活动除外。

五、职工因工作原因驻外，有固定的住所、有明确的作息时间，工伤认定时按照在驻在地当地正常工作的情形处理。

六、职工以上下班为目的、在合理时间内往返于工作单位和居住地之间的合理路线，视为上下班途中。

七、用人单位注册地与生产经营地不在同一统筹地区的，原则上应在注册地为职工参加工伤保险；未在注册地参加工伤保险的职工，可由用人单位在生产经营地为其参加工伤保险。

劳务派遣单位跨地区派遣劳动者，应根据《劳务派遣暂行规定》参加工伤保险。建筑施工企业按项目参保的，应在施工项目所在地参加工伤保险。

职工受到事故伤害或者患职业病后，在参保地进行工伤认定、劳动能力鉴定，并按照参保地的规定依法享受工伤保险待遇；未参加工伤保险的职工，应当在生产经营地进行工伤认定、劳动能力鉴定，并按照生产经营地的规定依法由用人单位支付工伤保险待遇。

八、有下列情形之一的，被延误的时间不计算在工伤认定申请时限内。

（一）受不可抗力影响的；

（二）职工由于被国家机关依法采取强制措施等人身自由受到限制不能申请工伤认定的；

（三）申请人正式提交了工伤认定申请，但因社会保险机构未登记或者材料遗失等原因造成申请超时限的；

（四）当事人就确认劳动关系申请劳动仲裁或提起民事诉讼的；

（五）其他符合法律法规规定的情形。

九、《工伤保险条例》第六十七条规定的“尚未完成工伤认定的”，是指在《工伤保险条例》施行前遭受事故伤害或被诊断鉴定为职业病，且在工伤认定申请法定时限内（从《工伤保险条例》施行之日起算）提出工伤认定申请，尚未做出工伤认定的情形。

十、因工伤认定申请人或者用人单位隐瞒有关情况或者提供虚假材料，导致工伤认定决定错误的，社会保险行政部门发现后，应当及时予以更正。

本意见自发文之日起执行，此前有关规定与本意见不一致的，按本意见执行。执行中有重大问题，请及时报告我部。

第二部分　经典案例及分析

1. “长期两不找”的劳动关系应如何处理?

案情简介

李某于1983年6月入职某研究院。1987年，李某申请停薪留职，自己创业，先后与该研究院签订了三份停薪留职协议。双方于1993年6月25日签订的第三份协议中约定：停薪留职时间为1993年1月1日至1994年12月31日；李某须于每年6月底支付管理费2147.52元，如果逾期一个月不交，视为自动离职。

1994年2月25日，该研究院以李某未交管理费为由，按期自动离职处理，并限期交回住房，但该处理决定未送达李某本人。2010年，李某不服研究院的上述决定，遂提起仲裁，要求该研究院补发1995年至2003年的工资76156元；补发2004年至2010年的退休金98280元，并自2011年开始正常发放退休金。

审理结果

法院经审理认为：第一，双方签订停薪留职协议系真实意思表示，不违反法律法规的强制性规定，是合法有效的。第二，李某未按约定支付管理费，存在过错。在第三份停薪留职协议签订后至今，李某一直未支付管理费，其知道或者应当知道不支付管理费的违约责任及后果。第三，双方处于“互不找”的状态长达16年，其劳动人事关系基础已不存在很多年。在此期间，李某在停薪留职期满后一直未支付管理费，也未申请回该研究院工作或者申请延期、续签停薪留职协议，更未提出其他劳动人事关系方面的主张，同时李某也在从事其他有报酬的经营活动。故认定双方劳动人事关系实际已经终止，驳回李某全部诉讼请求。

评析意见

“长期两不找”是我们常常会遇到的情况，HR 们该如何应对呢？

1. 能否按自动离职处理？

“自动离职”并非我国劳动法中的法定概念，如用人单位与劳动者“长期两不找”，实际上属于劳动合同的“中止”履行，即双方的劳动关系被按了暂停键，当合适的条件出现时，还存在继续履行的可能性。因此，按“自动离职”处理，会使双方的劳动关系处于一种不确定的状态，也会有很多意外情况发生，给公司的人事工作带来很大的挑战。

本案中，最终某研究院胜诉，但不能忽视的前提是双方已经签订书面协议并明确约定了违约责任，李某知道违反协议的责任和后果，即李某用行为履行了双方的合约，劳动关系按终止处理并无不妥。而在我们遇到的大部分“两不找”案例中，无此案中的前提条件。

2. 及时发送书面通知催劳动者返岗是正解！

首先，如遇劳动者口头“辞职”后即“失联”，或未经任何通知就不回来上班。最好的处理方式是在第一时间发送书面通知，要求员工按时返岗，并就缺勤行为给出合理解释、提供相关证明文件。如达到旷工标准，应按旷工处理。

其次，应当在员工手册中明确哪些行为属于旷工，并明确旷工达到一定天数、次数的，即为严重违反公司规章制度，公司可依法解除劳动关系。

最后，在任何情况下，都要及时给员工发送书面通知。通知发送时，应通过快递寄送，同时可通过邮件、微信等方式，及时把书面文件内容发送给员工。沟通尽量留下书面痕迹，不建议仅进行口头沟通。

2. 排班表与电子考勤记录表不一致时，如何认定加班？

案情简介

2011 年 2 月 12 日，任某与某超市订立书面劳动合同，合同期限为 2011 年 2 月 13 日至 2014 年 3 月 31 日。合同约定实行标准工时制。该超市员工手册约定：原则上每周工作时间不超过 40 小时，每周至少休息一天。各业务单位人力资源部可按照工作性质自行确定排班和考勤时间；员工上下班需自觉打卡；如需加班，必须提前申请，并经上级批准，否则不视为加班。

任某主张，根据排班表，上班时间为早早班时间 5：30—14：00，早班时间6：00—14：30，中班时间10：00—18：30，晚班时间14：00—清场。每天工作时间均达到8小时，每周仅休息一天，应当算作休息日加班，该超市应向其支付加班工资。该超市认为，排班表仅为工作计划，实际出勤应以电子考勤记录表的记录为准，而根据电子考勤记录表，任某入职以来的工作时间并未超出标准工时制的规定，不应当算作加班。

审理结果

法院经审理认定：根据双方在法庭上的陈述，可以确认任某每周工作时间为6天，虽然某超市认为排班表只是工作计划，不能据此认定具体的工作时间，但未否认每个班次的工作时间，排班表系该超市张贴于公告栏内、告知员工上下班时间的书面通知，也是员工上下班的唯一依据。该超市主张的工作时段中包含1.5—2小时的吃饭时间，但排班表上并未标注吃饭时间，电子考勤记录表亦没有吃饭时间的刷卡记录，结合超市工作的实际情况来看，员工是在吃饭时间互相轮换，实际工作量并未减少。该超市主张，任某并未按员工手册规定提交加班申请，不能视为加班，但未提交加班申请并不能否认员工加班的事实，且该工作时间系该超市直接安排，不能要求员工主动提交申请。综上，可以认定任某每周工作6天，每天工作8小时，属于休息日加班，该超市应当支付休息日加班的加班工资。

评析意见

1. 排班表击败电子考勤记录表的原因是什么？

排班表系某超市直接制定并要求员工按此执行的文件，是员工上班的依据。在该超市无法提供证据证明员工在排班表规定的时间里请假、缺勤的情况下，应当认定为员工已按此提供了正常的劳动。而电子考勤记录表属于该超市掌握的资料，如员工对此不予确认，其证明力即存在瑕疵，在无其他相关证据加以佐证的情况下，不能被采信。

这里涉及举证责任的分配问题。在劳动关系中，法律设定用人单位处于强势的一方，大部分的材料均留存在用人单位，而劳动者只能接触到小部分的材料，因此主要的举证责任由用人单位承担。劳动者只要对其主张的内容提供初步证据即可。用人单位如要反驳，则应就其反驳的内容进行充分的举证，达到“高度盖然性”的要求，即虽然不能完全排除其他可能性，但可以让人确信其待证事实发生的可能性是非常高的，否则就要承担不利后果。

2. 规章制度中规定未按程序申请加班的不视为加班，是否合法？

用人单位应当具有用工自主权。为保障用人单位的合法权益，要求劳动者在加班时履行审批手续，是合法合理的规定。本案中，某超市的规定没有被采纳，是因为任某的工作时间是由某超市主动安排的，此时再以任某未提交加班申请为由否定其加班的事实，显失公平。

3. 竞争上岗，企业可以行使用工自主权吗？

案情简介

蒋某在某保险公司担任综合管理部主管，其工作岗位为管理岗。2013年11月，保险公司开展主管岗位人员公开竞聘工作，要求部门主管岗位人员必须参加此次竞聘，而竞聘的岗位只有文秘岗主管和行政岗主管。蒋某报名参加时在《竞聘报名表》中选择服从调剂。同年12月，公司下发通知免去蒋某综合管理部管理岗主管职务，将其工作岗位调整为客户服务中心保单服务岗，该岗位属于操作岗，不属于管理岗，且薪酬相比之前有所降低。蒋某未到新岗位报到上班，要求保险公司支付解除劳动合同的经济补偿17多万元。

审理结果

法院审理认为，用人单位如通过竞岗方式对劳动者岗位进行调整导致劳动者薪酬减少的，应事先对此进行充分、明确的说明。蒋某虽在《竞聘报名表》上确认接受岗位调剂，但保险公司并未提供证据证明将竞岗后可能降低薪酬的后果告知蒋某，故保险公司的调岗行为缺乏合法依据，应支付蒋某解除劳动合同的经济补偿17多万元。

评析意见

用人单位在行使用工自主权的同时，应保障不侵害劳动者的合法权益。用人单位可以通过竞岗方式对劳动者进行岗位调整，但可能因此导致劳动者薪酬减少的，用人单位应事先对此进行充分、明确的说明，否则即使劳动者选择服从岗位调剂，但对降低的薪酬不予认可，用人单位调岗行为的合法性就会被质疑。

本案中，法院判用人单位败诉的关键点在于用人单位没有证据证明已告知劳动者：通过竞岗方式对岗位进行调整可能导致薪酬减少。

但是，纵观全案，该公司竞岗方式存在不合理的地方还有以下两点。

1. 该公司强制要求部门主管岗位人员必须参加此次竞聘。

调整劳动者岗位属于劳资双方应当协商一致的内容范畴，企业通过竞岗方式调岗也应该征得劳动者同意。保险公司强制要求部门主管人员必须参加此次竞聘属于对用工自主权的逾越。正确的做法是：（1）确定竞争岗位和目标人群；（2）制定竞争上岗方案（明确竞争岗位的工作地点、薪酬福利等涉及劳动者切身利益的内容和竞岗失败的处理）；（3）目标人群自愿报名。

2. 竞聘的岗位是管理岗，但是竞岗结果出来后，被调整为操作岗。

保险公司竞聘的岗位只有文秘岗主管和行政岗主管，但是竞岗结果出来后，蒋某的工作岗位调整为客户服务中心保单服务岗，该岗位属于操作岗，不属于管理岗。该调岗没有按照竞岗方案调整，且从管理岗调整为操作岗存在明显的不合理性。正确的做法是：（1）对于未报名人员，维持原状；（2）对于报名人员，签订竞岗方案书并明确同意按方案执行；对于竞岗失败的人员，应安排回原岗位，或者按照竞岗方案书的约定安排其到与原岗位相近的岗位。

4. 电子邮件中附有劳动合同，可以作为书面劳动合同吗？

案情简介

2014 年 6 月 9 日，陈某入职某公司，公司在同日通过电子邮件向陈某发送雇佣合同，雇佣合同具备劳动合同的必备条款，且陈某收到后回复邮件对雇佣合同内容进行确认；此后双方并未签订任何纸质的书面合同。2015 年 1 月 19 日，公司决定终止与陈某的雇佣关系。陈某申请仲裁要求：未签订劳动合同的双倍工资等。

审理结果

一审法院认为：第一，书面形式是劳动合同成立并生效的形式要件。缺乏该形式要件，不能视为已签订劳动合同。第二，用人单位将劳动合同通过电子邮件，以文本附件方式发给劳动者，并签字、盖章，如劳动合同条款已具备《劳动合同法》第十七条第一款规定的劳动合同必备要件，可以视为已向劳动者发出书面劳动合同要约，若劳动者认可劳动合同的条款并签字确认，可视为劳动者已与用人单位签订书面劳动合同。

但在本案中，双方的雇佣合同无合同期限，其本身并不具备《劳动合同法》第十七条第一款规定的必备条款。即便劳动者能够接受履行期限不确定的合同，但公司发出的雇佣合同无公司签字、盖章，仅能视为向陈某发出的要约邀请，陈某对合同条款没有意见，公司应在合同上盖章确认并交由陈某签字方能视为双方已签订书面劳动合同。虽公司抗辩其公司及法定代表人在香港，但双方劳动关系存续近一年，公司有充足的条件将该合同的文本盖章后通过邮寄或其他方式交予陈某签字，或者采取电子签名、电子盖章等方式签订劳动合同，故本院对公司的抗辩理由不予采纳。本院认定，虽然用人单位以电子邮件形式发出劳动合同并经劳动者以电子邮件形式表示接受，但在劳动合同无双方签字、盖章的情形下，不能认定双方已签订书面劳动合同。

二审法院认为：从当事人之间的协商过程来看，雇佣合同的电子邮件是对双方口头约定的内容进行确认，而这种确认形式完全可以将双方的协商条款确定下来，当事人任何一方均可以查看和复制，并作为双方协商一致的证据使用，与纸质的书面合同并无二致。从该电子邮件内容来看，其已具备劳动合同的基本权利义务条款，具有可履行性，虽然未明确约定期限，但双方可于事后另行协商补救或直接依法处理，故未约定合同期限不影响该劳动合同的成立。从相关法律的规定来看，《合同法》第十一条[①]及《电子签名法》第四条对“书面形式”作出解释，电子邮件作为一种电子数据是“书面形式”之一。综上，本院认定当事人之间已签订书面劳动合同，原审法院以该合同无期限以及双方未签字、盖章为由，认定双方未签订书面劳动合同属于认定事实错误，本院予以纠正。

评析意见

实践中，各企业HR对于签订劳动合同环节不能松懈，应当做到以下4点：（1）应当在劳动者入职之日起一个月内签订劳动合同；（2）提供劳动合同文本给劳动者时，劳动者应当签收（如异地用工，在与劳动者确定联系地址后，内容写明是“劳动合同”再邮寄）；（3）建议与劳动者当面签订劳动合同；（4）返还一份劳动合同给劳动者时，劳动者应当再次签收。

5. 互联网“圈子”员工的竞业限制

案情简介

2009年1月，张某入职某知名互联网A公司，担任研发工程师，月薪2

① 现为《民法典》四百六十九条。

万元。2015 年 8 月 15 日，张某提出辞职，双方解除劳动关系。张某离职后，于 8 月 19 日入职广州某科技 B 公司，该公司股东为某软件 C 公司，经营地图业务。根据 A 公司与张某签订的《竞业限制协议》，协议载明：

（1）甲方某知名互联网 A 公司，乙方张某。竞争对手，指与甲方或其关联公司从事竞争业务的经营组织。包括但不限于运营或控制或参股谷歌、雅虎、腾讯、阿里巴巴等和/或其他从事互联网领域（包括但不限于：搜索、门户网站、C2C 业务、即时通讯等）、IT 和通讯类业务的经营组织。

（2）竞业限制期限：1 年。

（3）竞业限制补偿标准：每月 8385.5 元（税后 6708.4 元），离职后按月支付。

（4）违约责任：乙方违反本协议义务的，应承担违约责任，返还甲方已经支付的所有经济补偿金，并支付相当于“甲方应付全部经济补偿”的 3 倍的违约金。

张某离职时，A 公司向他发出《保密、竞业限制义务告知书》，告知了竞业限制期限（2015 年 8 月 15 日至 2016 年 8 月 14 日）、竞业限制补偿金标准（税前）8385.5 元，并重申了竞业限制的公司范围（包括但不限于运营或控制或参股新浪、谷歌、雅虎、腾讯、阿里巴巴、优视、360、某软件 C 公司等）。张某在《签收回执》上签名。

后 A 公司发现张某虽然表面上在 B 公司工作，但实际上为 C 公司提供服务。A 公司遂以张某违反竞业限制约定为由提起仲裁，要求张某继续履行《竞业限制协议》，返还竞业限制经济补偿金以及支付违约金。仲裁委裁决：（1）张某一次性返还竞业限制补偿金 26833.6 元；（2）张某一次性向 A 公司支付违约金 301878 元；（3）双方继续履行《竞业限制协议》。张某不服，向法院提起诉讼。

审理结果

一审法院观点：

1. 关于《竞业限制协议》的效力。

张某与 A 公司签订了《竞业限制协议》，该协议对竞业限制经济补偿金的金额及支付方式、支付周期进行了明确约定，且该约定不违反法律的强制性规定。另外，张某虽主张其是在 A 公司强迫下签订的该协议，但针对该主张，张某并未提供相应的证据加以证明。综上，法院确认《竞业限制协议》合法有效。

2. 关于张某是否违反竞业限制义务。

从法院查明的情况来看，A 公司的关联公司“×××网讯公司”经营××地图业务，而张某入职的广州某科技 B 公司的关联公司“×××软件有限 C 公司”也是经营地图业务。以上两个地图软件在实际经营中存在明显的竞争关系。张某入职广州某科技 B 公司的行为，显然违反了双方约定的竞业限制义务，理应承担违约责任，张某应继续履行《竞业限制协议》，返还已支付的竞业限制经济补偿金，并支付违约金。

现张某主张双方约定的违反竞业限制的违约金数额过高，该抗辩理由合理，法院酌情减少违约金的数额，具体金额由法院酌情予以判定。

一审判决：

1. 张某与 A 公司继续履行《竞业限制协议》至 2016 年 8 月 14 日。

2. 张某于判决生效后 10 日内返还 A 公司竞业限制经济补偿金 20125.2 元。

3. 张某于判决生效后 10 日内支付 A 公司违约金 20 万元。

二审判决：维持原判。

评析意见

1. 本案是一起典型的技术岗位的中层员工跳槽到竞争对手公司而引起的“竞业限制”纠纷，在互联网公司较为普遍，需要引起 HR 们的适当关注。

2. 本案争议的焦点问题在于：

（1）《竞业限制协议》是不是有效？公司支付的竞业限制补偿标准是不是合规？

竞业限制是公司对员工采取的以防止不正当竞争和保护商业秘密为目的的一种法律措施。《劳动合同法》规定了竞业限制制度，为用人单位和劳动者进行竞业限制的约定提供了明确的法律依据。本案中，张某与 A 公司签订的《竞业限制协议》对竞业限制适用范围、期限等的约定不违反法律规定，且张某未能举证证明协议的签订违背其真实意思，所以，双方之间签署的《竞业限制协议》有效。

本案中，张某的月薪为 2 万元，约定的竞业限制补偿金的标准为每月 8385.5 元，不低于月薪的 30%（司法解释有相关规定），也是合法合理的。

（2）张某是否应当承担违约责任？

履行竞业限制义务的劳动者，在解除或终止劳动合同后，不得到与原单位生产或经营同类产品、从事同类业务的有竞争关系的其他用人单位工作。根据A公司、B公司和C公司的“经营范围”“网站和微信介绍”，以及众所周知的情况，两个地图软件公司是同行，业务存在竞争关系。所以，张某的行为违反了《竞业限制协议》约定的竞业限制义务，应当承担违约责任。

3. 实务操作中，建议企业HR要重新审视本公司的《竞业限制协议》，是否已经包含竞业限制的“就业范围”（尽可能详尽地列出竞争对手的名称）、竞业限制期限（不超过2年）、竞业限制补偿金的标准（不低于月薪的30%）、地域（是本省、本市，还是全国范围）、违约金标准（不宜约定过高，把握好“度”）、公司的其他权利（例如，公司有权要求员工定期通报就业情况；如员工违约，公司有权要求员工继续履行竞业限制义务；等等）。另外，HR也要为公司把控整体用工成本，不是所有的员工都有必要受到竞业限制约束，通常情况下，公司高管、技术骨干、负有保密义务的岗位才有约定“竞业限制”的必要。

6. 以“试用期不符合录用条件”为由可以随意解除劳动合同吗？

案情简介

2015年12月9日，小刘应聘至A公司从事区域销售工作，双方未签订书面劳动合同，口头约定试用期工资和试用期期限。2016年1月6日，A公司以小刘不符合录用条件为由单方解除了劳动合同。小刘不服公司该行为，向劳动人事争议仲裁委员会申请劳动仲裁，要求A公司支付违法解除劳动关系的赔偿金。

庭审中，A公司辩称，虽然公司没有书面的录用条件，但公司招聘的是有能力的业务员，小刘入职23天没有任何业绩，不符合公司的录用要求，故公司依据《劳动合同法》第三十九条第一款第（一）项以小刘在试用期不符合录用条件为由口头将其辞退，因此，公司不应向其支付赔偿金。

审理结果

A公司主张系以小刘在试用期不符合录用条件为由口头将其辞退，但未提供相应的证据证实其录用条件及被告不符合录用条件，故对其主张不予支持。

《劳动合同法》第八十七条规定：“用人单位违反本法规定解除或者终止劳动合同的，应当依照本法第四十七条规定的经济补偿标准的二倍向劳动者支付赔偿金。”

故小刘主张赔偿金，本院予以支持。

评析意见

在本案中，A公司辩称，虽然公司没有书面的录用条件，但公司招聘的是有能力的业务员，小刘入职23天没有任何业绩，不符合公司的录用要求。但以上观点并未得到法院的支持，原因是什么？

实际上很多用人单位在操作“试用期不符合录用条件”时，都会混淆录用条件和不胜任工作条件，特别是对于销售型员工的试用期考核。

试用期考核成绩不合格，要看这个考核是对业绩的考核还是对工作能力的考核。如果是对业绩的考核，应该视为不能胜任工作，单位须对员工进行培训或者调整工作岗位，仍无法胜任工作才能解除。

如果是对工作能力的考核，更多的属于录用条件，例如外贸业务人员对外语水平的要求，程序员对编程技能的要求；总之，录用条件应当包括资质条件（如学历、语言等级、注册会计师证等）、工作能力条件（上面已提及）以及职业道德条件（如爱岗敬业、诚实守信、没有竞业限制等）三方面的内容。

举个例子，如果员工外语水平影响了业绩，但公司考核的是员工的业绩，则适用《劳动合同法》第四十条的“不能胜任工作”；如果公司考核的是员工的外语水平，则适用“试用期不符合录用条件”更简便。但是假如员工外语水平影响了业绩，但是公司考核的是员工的业绩，又想适用“试用期不符合录用条件”解除，建议的做法是：给销售型员工设定试用期业绩指标，并将试用期的业绩指标达标作为录用的条件之一。

最后应当注意，即使公司有“试用期不符合录用条件”的“条件”，还应当有一定的程序让员工知晓，例如直接让员工签署《试用期不符合录用条件告知书》，在劳动合同中约定哪些情况属于试用期不符合录用条件等。

下编　广州编

第一部分　法规汇编

一、地方性法规

广东省工资支付条例

（2005 年 1 月 19 日广东省第十届人民代表大会常务委员会第十六次会议通过　根据 2016 年 9 年 29 日广东省第十二届人民代表大会常务委员会第二十八次会议《关于修改〈广东省工资支付条例〉的决定》修正）

第一章　总　　则

第一条　为规范工资支付，保障劳动者取得劳动报酬的权利，建立和谐的劳动关系，促进社会稳定和经济发展，根据《中华人民共和国劳动法》和有关法律、行政法规，结合本省实际，制定本条例。

第二条　本条例适用于本省行政区域内的企业、民办非企业单位、个体经济组织、基金会、会计师事务所、律师事务所等组织（以下统称用人单位）和与之建立劳动关系的劳动者。

国家机关、事业单位、社会团体和与之建立劳动关系的劳动者，依照本条例执行。

第三条　省人民政府按照规定制定最低工资标准，地级以上市人民政府应当在省人民政府公布的最低工资标准中确定本市的最低工资标准。

县级以上人民政府应当定期公布劳动力市场工资指导价位和工资指导线，并为用人单位和劳动者提供指导和服务。

第四条　工资支付实行按时足额、优先支付原则。

劳动者在法定工作时间或者劳动合同约定的工作时间内提供正常劳动的，用人单位确定其工资标准不得低于当地最低工资标准。

第五条 各级人民政府应当建立健全工资支付预警机制、信用监督机制和应急处置机制。

各地级以上市人民政府应当建立欠薪应急周转金制度。

第六条 县级以上人民政府人力资源社会保障部门负责对本行政区域内用人单位的工资支付行为进行指导和监督检查。

工商、住房城乡建设、交通运输、水利、海关、税务等有关部门和银行，应当在各自职责范围内协助人力资源社会保障部门对工资支付行为实施监督。

工会、共产主义青年团、妇女联合会、残疾人联合会等组织依法维护劳动者获得劳动报酬的权利。

任何单位和个人有权检举工资支付的违法行为。

第二章 工资支付

第七条 用人单位应当依法制定本单位的工资支付制度，并书面告知本单位全体劳动者。

工资支付制度包括如下事项：

（一）工资的分配形式、项目、标准及其确定、调整办法；

（二）工资支付的周期和日期；

（三）加班、延长工作时间和特殊情况下的工资及支付办法；

（四）工资的代扣、代缴及扣除事项；

（五）其他有关事项。

劳动者有权向用人单位查询有关工资支付制度的内容。

第八条 用人单位与劳动者应当在劳动合同中依法约定正常工作时间工资，约定的工资不得低于所在地政府公布的本年度最低工资标准。

未约定的或者约定不明确的，以用人单位所在地县级人民政府公布的上年度职工月平均工资作为正常工作时间工资；实际支付的工资高于当地政府公布的上年度职工月平均工资的，实际支付的工资视为与劳动者约定的正常工作时间工资。

第九条 用人单位可以依法与本单位工会或者职工代表就工资支付有关事项进行集体协商，签订集体协议。

第十条 用人单位应当以货币形式按照确定的工资支付周期足额支付工资，不得拖欠或者克扣。

实行月、周、日、小时工资制的，工资支付周期可以按月、周、日、小时确定。

实行计件工资制或者以完成一定任务计发工资的，工资支付周期可以按计件或者完成工作任务情况约定，但支付周期超过一个月的，用人单位应当按照约定每月支付工资。

实行年薪制或者按考核周期支付工资的，用人单位应当按照约定每月支付工资，年终或者考核周期届满时应当结算并付清工资。

第十一条 用人单位应当将工资直接支付给劳动者本人。劳动者本人因故不能领取工资时，可以委托他人代领，但应当出具委托书。

用人单位委托银行代发工资的，应当在约定的工资支付日将劳动者的工资足额存入其本人账户。

第十二条 用人单位与劳动者应当在劳动合同中明确约定工资支付周期和支付日期。

用人单位应当按照约定的日期支付劳动者工资；遇法定休假日或者休息日，应当提前在最近的工作日支付。

第十三条 用人单位与劳动者依法终止或者解除劳动关系的，应当在终止或者解除劳动关系当日结清并一次性支付劳动者工资。

第十四条 用人单位按照有关规定从劳动者工资中代扣下列款项：

（一）劳动者应当缴纳的个人所得税；

（二）劳动者个人应当缴纳的各项社会保险费和住房公积金；

（三）人民法院判决、裁定代扣的抚养费、赡养费、扶养费；

（四）法律、法规规定或者双方约定应当代扣的其他款项。

第十五条 因劳动者过错造成用人单位直接经济损失，依法应当承担赔偿责任的，用人单位可以从其工资中扣除赔偿费，但应当提前书面告知扣除原因及数额；未书面告知的不得扣除。扣除赔偿费后的月工资余额不得低于当地最低工资标准。

第十六条 用人单位应当按照工资支付周期如实编制工资支付台账。工资支付台账应当至少保存二年。

工资支付台账应当包括支付日期、支付周期、支付对象姓名、工作时间、应发工资项目及数额，代扣、代缴、扣除项目和数额，实发工资数额，银行代发工资凭证或者劳动者签名等内容。

第十七条 用人单位支付工资时，应当向劳动者提供其本人的工资清单。

用人单位延长劳动者工作时间或者在休息日、法定休假日安排劳动者工作的，应当在工资清单中列明相应的工资报酬；未列明且无法举证已支付的，视为未支付相应的工资报酬。

工资清单项目及数额应当与工资支付台账相一致。

劳动者有权查询和核对本人工资清单。

第十八条 日工资按照劳动者月工资额除以国家规定的月平均工作天数确定；小时工资以日工资除以日工作时间确定，日工作时间不得超过八小时。

第十九条 劳动者依法享受法定休假日、年休假、探亲假、婚假、丧假、产假、看护假、计划生育假等假期期间，用人单位应当视同其正常劳动并支付正常工作时间的工资。

第二十条 用人单位安排劳动者加班或者延长工作时间，应当按照下列标准支付劳动者加班或者延长工作时间的工资报酬：

（一）工作日安排劳动者延长工作时间的，支付不低于劳动者本人日或者小时正常工作时间工资的百分之一百五十的工资报酬；

（二）休息日安排劳动者工作又不能安排补休的，支付不低于劳动者本人日或者小时正常工作时间工资的百分之二百的工资报酬；

（三）法定休假日安排劳动者工作的，支付不低于劳动者本人日或者小时正常工作时间工资的百分之三百的工资报酬。

第二十一条 实行计件工资的，用人单位应当科学合理确定劳动定额和计件单价，并予以公布。

确定的劳动定额原则上应当使本单位同岗位百分之七十以上的劳动者在法定劳动时间内能够完成。

用人单位在劳动者完成劳动定额后，安排劳动者在正常工作时间以外工作的，应当依照本条例第二十条规定支付加班或者延长工作时间的工资。

第二十二条 经人力资源社会保障部门批准实行综合计算工时工作制的，劳动者在综合计算周期内实际工作时间超过该周期内累计法定工作时间的部分，视为延长工作时间，用人单位应当依照本条例第二十条第（一）项的规定支付工资。在法定休假日安排劳动者工作的，用人单位应当依照本条例第二十条第（三）项的规定支付工资。

第二十三条　经人力资源社会保障部门批准实行不定时工作制的，不适用本条例第二十条的规定。

第二十四条　劳动者因病或者非因工负伤停止工作进行治疗，在国家规定医疗期内，用人单位应当依照劳动合同、集体合同的约定或者国家有关规定支付病伤假期工资。

用人单位支付的病伤假期工资不得低于当地最低工资标准的百分之八十。法律、法规另有规定的，从其规定。

第二十五条　劳动者因事假未提供劳动期间，用人单位可以不支付工资。

第二十六条　劳动者在正常工作时间内依法参加下列社会活动的，用人单位应当支付正常工作时间工资：

（一）依法行使选举权或者被选举权；

（二）人大代表、政协委员依法履行职责；

（三）当选代表出席乡（镇）以上政府、党派以及工会、共青团、妇联等组织召开的会议；

（四）人民陪审员参加审判活动；

（五）不脱产工会基层委员会委员依法参加工会活动；

（六）职工代表参加集体合同协商活动；

（七）法律、法规规定的其他情形。

第二十七条　劳动者被人民法院判处管制、拘役适用缓刑或者有期徒刑适用缓刑，被假释、取保候审、监外执行期间，为用人单位提供正常劳动的，用人单位应当支付工资。

第二十八条　劳动者因涉嫌违法犯罪被采取司法强制措施或者被行政拘留期间，未提供劳动的，用人单位可以不支付工资。

第二十九条　用人单位解除劳动关系的决定被裁决撤销或者判决无效的，应当支付劳动者在被违法解除劳动关系期间的工资，其工资标准为劳动者本人前十二个月的平均正常工作时间工资；劳动者已领取失业保险金的，应当全部退回社会保险经办机构。

对前款规定的期间有争议的，可以由劳动人事争议仲裁委员会或者人民法院予以裁决。

第三十条　合伙企业拖欠劳动者工资的，应当先以其全部财产进行清偿；

合伙企业财产不足清偿的，各合伙人应当承担无限连带清偿责任。

第三十一条 租用场地、厂房的用人单位的经营者拖欠工资逃匿的，当地政府和有关部门应当采取有效措施，及时组织相关单位和人员处理垫付临时生活费及追偿等事宜。

第三十二条 建设工程领域实行用工实名管理制度。施工总承包单位应当建立施工人员进出场登记制度，加强对分包单位劳动用工和工资发放的监督管理。施工总承包单位、分包单位应当建立用工管理台账，并保存至工程竣工且工资全部结清后至少两年。

第三十三条 建设工程领域劳动者工资支付实行专户管理制度，施工总承包单位和分包单位应当将建设项目工程款中的劳动者工资与其他款项分开银行账户管理。工资支付专用账户内的资金除发放工资外，不得用于其他用途，不得提取现金。

建设单位与施工总承包单位、施工总承包单位与分包单位签订工程承包合同时，应当对工程款中的人工费比例和支付期限作出明确约定，建设单位应当按照合同约定的比例按月将应付工程款中的人工费单独足额拨付到施工总承包单位开设的工资支付专用账户，施工总承包单位应当按照合同约定的比例按月将应付工程款中的人工费单独足额拨付到分包单位开设的工资支付专用账户。

工资支付专用账户内资金少于应发劳动者工资总额的，开户单位应当按时补足。工程竣工且工资全部结清后，工资支付专用账户可以注销，账户内余额归开户单位所有。

第三十四条 建设工程领域用工实名管理和工资支付专户管理的具体办法由省人民政府在一年内另行制定。

第三十五条 对建设资金来源不落实的政府投资工程项目不予批准。

建设单位申请施工许可证时，应当提供工资支付专用账户的开立等建设资金落实情况。负责建设项目审批的部门应当将工资支付专用账户的开立作为建设资金落实的具体要求进行审查，不符合法定条件的，不予颁发施工许可证。

第三十六条 不具备本条例第二条规定的用人单位资格的承包人拖欠或者克扣劳动者工资，作为发包方的用人单位应当先支付工资，再依法向承包人追偿。

第三十七条 建设单位（业主）未按照合同约定拨付或者结清工程款，

致使施工单位拖欠劳动者工资的，人力资源社会保障部门可以责令建设单位（业主）先行垫付劳动者工资，先行垫付的工资数额以未结清的工程款为限。

分包建设工程的承包人拖欠或者克扣劳动者工资的，分包建设工程的发包人在未结清的工程款额度内先行垫付劳动者工资，垫付部分抵扣工程款。

分包建设工程的发包人违法分包、转包或者违法允许他人以本企业名义承揽工程发生拖欠工资的，由分包建设工程的发包人垫付劳动者工资。

第三十八条　用人单位合并或者分立前拖欠劳动者工资的，应当在合并或者分立时清偿拖欠的工资；不能清偿的，由合并或者分立后的用人单位清偿拖欠工资。

第三十九条　非因劳动者原因造成用人单位停工、停产，未超过一个工资支付周期（最长三十日）的，用人单位应当按照正常工作时间支付工资。超过一个工资支付周期的，可以根据劳动者提供的劳动，按照双方新约定的标准支付工资；用人单位没有安排劳动者工作的，应当按照不低于当地最低工资标准的百分之八十支付劳动者生活费，生活费发放至企业复工、复产或者解除劳动关系。

第四十条　用人单位破产、解散或者撤销的，经依法清算后的财产应当用于优先支付劳动者工资、社会保险费。

第三章　监督检查

第四十一条　县级以上人民政府根据本行政区域内工资支付的实际情况，建立工资支付预警制度。

人力资源社会保障部门可以对连续拖欠劳动者工资二个月以上或者累计拖欠达三个月以上的用人单位实施工资支付重点监察；情节严重的，可以向社会公布。

纳入工资支付重点监察的用人单位，付清原拖欠的劳动者工资，且在六个月期限内未再发生新的拖欠的，人力资源社会保障部门应当解除其重点监察；已向社会公布的，应当在原公布范围内公示解除重点监察。

第四十二条　县级以上人民政府应当制定工资支付应急预案。因拖欠、克扣劳动者工资引发群体性事件的，人力资源社会保障部门应当根据应急预案，迅速会同有关部门处理，有关部门应当配合。

第四十三条　人力资源社会保障部门应当建立健全对用人单位工资支付

行为的监督检查制度，规范监督检查程序，依法对用人单位工资支付情况进行监察，对违法行为进行处理。

人力资源社会保障部门依法对用人单位工资支付情况进行执法检查时，用人单位应当如实报告情况，提供相关资料和证明，不得弄虚作假、阻碍、拒绝。

第四十四条 人力资源社会保障部门应当建立健全对工资支付违法行为的举报投诉制度，设立举报投诉信箱，公布举报投诉电话，为劳动者举报投诉提供便利条件，并为举报人保密。

第四十五条 人力资源社会保障部门应当建立健全包括工资支付情况在内的用人单位劳动守法诚信档案，推行劳动守法诚信评价制度；建立拖欠、克扣工资单位黑名单制度，对拖欠、克扣劳动者工资情况严重的用人单位，通过传播媒体或者在职业介绍场所、用人单位工作场所等地点予以公布，并将有关情况向人民银行分支机构、工商、住房城乡建设、交通运输、水利、发展改革、经济信息化、财政等有关部门和单位通报。

被列入拖欠、克扣工资黑名单的用人单位，其失信记录纳入人民银行企业征信系统、企业信用信息公示系统以及行业诚信信息平台；属于政府投资工程项目的，同时纳入政府工程项目投资审批系统。有关部门在政府资金支持、政府采购、招投标、生产许可、履约担保、资质审核、融资贷款、市场准入、评优评先等方面，应当对其予以严格限制。

第四十六条 县级以上人民政府应当加强对人力资源社会保障部门工资支付执法情况的监督检查。上级人力资源社会保障部门应当加强对下级人力资源社会保障部门工资支付执法情况的监督检查，发现下级人力资源社会保障部门对用人单位工资支付的违法行为不作为或者作出的行政处理决定违法、不当的，应当责令其限期改正。

第四十七条 用人单位有下列情形之一的，劳动者有权向人力资源社会保障部门举报投诉：

（一）拖欠或者克扣劳动者工资的；

（二）支付劳动者工资低于当地最低工资标准的；

（三）拒不支付或者不按规定支付劳动者加班或者延长工作时间工资的；

（四）其他侵害劳动者合法工资报酬权益的行为。

第四十八条 因工资支付发生争议，用人单位负有举证责任。用人单位拒绝提供或者在规定时间内不能提供有关工资支付凭证等证据材料的，人力资源社会保障部门、劳动人事争议仲裁委员会或者人民法院可以按照劳动者提供的工资数额及其他有关证据作出认定。

用人单位和劳动者都不能对工资数额举证的，由劳动争议仲裁委员会或者人民法院参照本单位同岗位的平均工资或者当地在岗职工平均工资水平，按照有利于劳动者的原则计算确定。

第四十九条　在用人单位与劳动者约定的工资支付日期前，有证据证明用人单位法定代表人、实际经营者或者主要负责人采取逃匿、转移财产等方式逃避支付工资义务的，由人力资源社会保障部门责令其限期支付。

第五十条　人力资源社会保障部门在办理拒不支付劳动报酬案件过程中，发现涉案人员有拒绝调查、逃匿或者转移、隐藏、销毁证据等行为，依法可以要求公安机关提前介入调查，公安机关应当予以配合。有关行为涉嫌犯罪的，人力资源社会保障部门应当依法向公安机关移送案件。

第五十一条　工会组织对用人单位遵守工资支付法律、法规的情况依法进行监督，发现违法行为的，有权要求用人单位改正，并及时向人力资源社会保障部门通报。用人单位拒不改正或者经营者逃匿的，工会组织可以代表职工请求当地人力资源社会保障部门依法处理，劳动者申请劳动仲裁或者提起诉讼的，工会组织应当依法予以支持和帮助。

第五十二条　用人单位拖欠或者克扣工资，劳动者要求工会组织协助解决的，工会组织应当代表职工与用人单位进行协商，并协助用人单位维护正常的生产、工作秩序。

第四章　法律责任

第五十三条　用人单位连续拖欠或者克扣劳动者工资二个月以上或者情节特别严重的，人力资源社会保障部门应当责令其改正并作出行政处理决定。用人单位在规定的期限内拒不执行行政处理决定的，人力资源社会保障部门可以依法申请人民法院强制执行。

第五十四条　用人单位有下列情形之一的，由县级以上人力资源社会保障部门责令限期改正；逾期未改正的，可以对用人单位处以五千元以上一万元以下的罚款，并可以对其法定代表人处以一千元以上五千元以下的罚款：

（一）未依法制定工资支付制度并告知本单位全体劳动者的；

（二）未以货币形式支付劳动者工资的；

（三）未在终止或者解除劳动关系当日结清并一次性支付劳动者工资的；

（四）未如实编制工资支付台账的；

（五）未向劳动者本人提供其工资清单的。

第五十五条 施工总承包单位、分包单位违反本条例规定，未实行用工实名管理、工资支付专户管理等制度的，由人力资源社会保障部门责令限期改正；逾期不改正的，处以五万元以上十万元以下的罚款。

第五十六条 用人单位有下列情形之一的，由人力资源社会保障部门分别责令限期支付劳动者的工资报酬、劳动者工资低于当地最低工资标准的差额、加班或者延长工作时间的工资。逾期不支付的，责令用人单位按照应付金额百分之五十以上一倍以下的标准计算，向劳动者加付赔偿金：（一）拖欠或者克扣劳动者工资的；（二）支付劳动者工资低于当地最低工资标准的；（三）拒不支付或者不按照规定支付劳动者加班或者延长工作时间工资的。

第五十七条 用人单位有下列行为之一的，由人力资源社会保障部门视情节轻重，处以二千元以上二万元以下的罚款：

（一）拒绝、阻碍劳动保障行政执法人员依法执行公务的；

（二）不按照人力资源社会保障部门的要求报送书面材料、隐瞒事实真相、出具伪证或者隐匿、毁灭证据的；

（三）经人力资源社会保障部门责令改正拒不改正，或者拒不履行人力资源社会保障部门的行政处理决定的。

第五十八条 对采取逃匿等方式拖欠工资，致使劳动者难以追偿其工资而引发严重影响公共秩序事件的用人单位的法定代表人或者经营者，由公安机关依法处理；构成犯罪的，依法追究刑事责任。

因用人单位拖欠、克扣工资而引发严重影响公共秩序事件的，用人单位法定代表人或者主要经营者应当在二十四小时内到现场协助人力资源社会保障部门处理事件；未到现场的，由人力资源社会保障部门处以一万元以上五万元以下的罚款。

第五十九条 政府投资工程项目因拖欠工程款引发拖欠、克扣劳动者工资的，追究项目负责人的责任。

第六十条 人力资源社会保障部门及其工作人员违反本条例规定，有下列行为之一的，由其上级行政机关或者监察机关责令改正；情节严重的，对直接负责的主管人员和其他直接责任人员依法给予行政处分：

（一）未建立用人单位工资支付违法行为举报制度的；

（二）未为举报人保密的；

（三）未依法及时处理劳动者举报或者工会组织按照本条例第五十一条规定提出的处理建议的；

（四）发生群体性事件，未启动应急预案的。

第六十一条　人力资源社会保障部门及其工作人员有下列行为之一的，可以根据情节轻重，给予主要负责人及直接责任人员行政处分；构成犯罪的，由司法机关依法追究刑事责任：

（一）玩忽职守、滥用职权的；

（二）利用职权谋取私利的；

（三）泄露用人单位的商业秘密的。

第五章　附　　则

第六十二条　本条例中下列用语的含义是：

（一）工资，是指用人单位基于劳动关系，按照劳动者提供劳动的数量和质量，以货币形式支付给劳动者本人的全部劳动报酬。一般包括：各种形式的工资（计时工资、计件工资、岗位工资、职务工资、技能工资等）、奖金、津贴、补贴、延长工作时间及特殊情况下支付的属于劳动报酬性的工资收入等；但不包括用人单位按照规定负担的各项社会保险费、住房公积金，人力资源社会保障部门和安全生产监察行政部门规定的劳动保护费用，按照规定标准支付的独生子女补贴、计划生育奖，丧葬费、抚恤金等国家规定的福利费用和属于非劳动报酬性的收入。

（二）正常工作时间工资，是指劳动者在法定工作时间内提供了正常劳动，用人单位依法应当支付的劳动报酬。正常工作时间工资不包括下列各项：

1. 延长工作时间工资；

2. 中班、夜班、高温、低温、井下、有毒有害等特殊工作环境、条件下的津贴；

3. 法律、法规和国家规定的劳动者福利待遇等。

（三）最低工资，是指按照前项规定劳动者在法定工作时间内提供了正常劳动，用人单位依法应当支付的最低劳动报酬。

（四）拖欠工资，是指用人单位无法定理由逾期未支付或者未足额支付劳动者应得工资的行为。

（五）克扣工资，是指用人单位无法定理由扣减劳动者应得工资的行为。

（六）民办非企业单位，是指企业事业单位、社会团体和其他社会力量以及公民个人利用非国有资产举办的，从事非营利性社会服务活动的社会组织。

第六十三条 劳动者与用人单位因工资支付数额发生争议的，应当按照劳动争议处理规定处理。

第六十四条 本条例自 2005 年 5 月 1 日起施行。

广东省社会养老保险条例

（1998 年 9 月 18 日广东省第九届人民代表大会常务委员会第五次会议通过 根据 2012 年 1 月 9 日广东省第十一届人民代表大会常务委员会第三十一次会议《广东省人民代表大会常务委员会关于修改〈广东省固体废物污染环境防治条例〉等七项法规中有关行政强制条款的决定》第一次修正 根据 2014 年 11 月 26 日广东省第十二届人民代表大会常务委员会第十二次会议《关于修改〈广东省促进科学技术进步条例〉等十项地方性法规的决定》第二次修正）

第一章 总 则

第一条 为保障劳动者年老退休后的基本生活，维护社会安定，根据《中华人民共和国宪法》和有关法律、法规，结合我省实际，制定本条例。

第二条 本条例适用于我省行政区域内下列单位和人员（以下统称被保险人）：

（一）所有企业、城镇个体经济组织和与之形成劳动关系的劳动者；

（二）国家机关、事业单位、社会团体和与之建立劳动合同关系的劳动者。

国家机关、财政拨款的事业单位、社会团体工作人员的养老保险基金计征和发放办法由省人民政府另行制定。

第三条 社会养老保险实行法定基本养老保险、地方补充保险和单位补充保险等多层次的保险。政府鼓励有条件的地方、单位为被保险人建立补充保险。

第四条　社会保险行政部门主管社会养老保险工作，实行系统管理。

第五条　社会养老保险实行社会统筹和个人帐户相结合方式，养老保险费用由国家、单位和个人三方合理负担。养老保险待遇同被保险人的缴费工资和缴费年限挂钩，并建立合理调节机制，使之与国民经济发展和人民生活水平相适应。

第六条　人民政府必须保证养老保险基金的征集和待遇的给付。

养老保险基金及其收益、各项养老保险待遇按国家规定免征税费。

第二章　养老保险基金的征集

第七条　社会养老保险以中华人民共和国居民身份证号作为被保险人唯一和终身的社会保障号。

第八条　养老保险基金的来源：

（一）单位和被保险人缴纳的养老保险费；

（二）养老保险基金的银行存款利息；

（三）基金收益；

（四）滞纳金；

（五）地方财政拨款；

（六）社会捐赠；

（七）其他收入。

第九条　单位和被保险人必须按规定的标准逐月缴纳养老保险费。被保险人缴纳的养老保险费全部计入个人帐户；单位缴纳的养老保险费计入社会养老保险统筹基金。

第十条　被保险人按本人上年度月平均工资的一定比例缴纳养老保险费，缴费比例由省人民政府根据职工工资收入水平和个人帐户积累的情况决定。单位按照国家与省规定的本单位职工工资总额的一定比例缴纳养老保险费，具体比例由社会保险行政部门会同财政部门测定，经上级社会保险行政部门审核后报同级人民政府批准执行。

被保险人上年度月平均工资高于或者低于省政府规定标准的，按照省政府规定执行。

第十一条　单位缴纳养老保险费按财税法规规定列支。个人缴纳养老保险费在征收个人所得税前扣缴。

第十二条 单位应缴纳的养老保险费，由开户银行凭社会保险费征收机构开具的托收单向单位扣缴，任何单位不得拒付。被保险人应缴纳的养老保险费由单位在工资中代扣缴。

第十三条 欠缴养老保险费、又没有能力补缴的单位，可用固定资产或实物变现抵缴

第十四条 单位破产、终止或因其他原因中止经营清产核资时，清算人、单位必须分别通知单位所在地的社会保险经办机构，养老保险费应按工资同等顺序清偿。

分立、合并（兼并）单位要承担原单位的养老保险责任。

第三章 养老保险待遇

第十五条 被保险人经社会保险经办机构资格审查，达到法定退休年龄时累计缴费满十五年的，按月领取基本养老金。被保险人达到法定退休年龄时累计缴费不足十五年的，可以缴费至满十五年，按月领取基本养老金；也可以转入城乡居民社会养老保险，按照规定享受相应的养老保险待遇。

按月领取养老金的被保险人（含出境定居人员），必须每年提供生存证明。

第十六条 养老保险缴费年限指单位和被保险人都按规定标准缴费的年限。缴费年限按实际缴纳养老保险费的月份累计计算。

1998 年 7 月 1 日前（不含本日），被保险人已参加社会养老保险的年限计算为缴费年限。国有和县以上集体所有制单位的原干部和固定职工，在当地实施《广东省职工社会养老保险暂行规定》前，按照国家原规定计算的连续工龄视同缴费年限。

第十七条 符合本条例第十五条规定的被保险人，基本养老金由基础养老金、过渡性养老金和个人帐户养老金组成，具体计发办法按照省政府规定执行。

基础养老金和过渡性养老金从社会养老保险统筹基金中支付，个人帐户养老金从个人帐户中支付。基本养老金每年按照国家和省的规定调整。

第十八条 1998 年 7 月 1 日前（不含本日）已经离退休的被保险人，保持原养老金水平，统一按基础养老金和过渡性养老金调整。

第十九条　职工基本养老保险个人账户不得提前支取。个人在达到法定的领取基本养老金条件前离境定居的，其个人账户予以保留，达到法定领取条件时，按照国家规定享受相应的养老保险待遇。其中，丧失中华人民共和国国籍的，可以在其离境时或者离境后书面申请终止职工基本养老保险关系。

被保险人死亡，个人帐户储存额退还给其法定继承人，无法定继承人的，转入社会养老保险统筹基金。

第二十条　被保险人退休后死亡的丧葬费、供养直系亲属救济费、生活困难补助费由社会保险经办机构按国家和省有关规定发给。

第四章　养老保险管理

第二十一条　养老保险基金管理按国家规定执行。

养老保险基金按照国家规定的城乡居民储蓄存款同期利率计息，利息全部转入养老保险基金。

第二十二条　单位在取得营业执照或获准成立后的三十日内，必须向社会保险经办机构办理养老保险申报手续；单位变更、终止或人员增减、变动时，必须在十五日内向社会保险经办机构办理变更、终结养老保险关系手续。

第二十三条　社会保险经办机构必须为单位和被保险人建立社会养老保险档案。被保险人跨统筹范围变换工作单位时，必须办理养老保险关系和基金转移手续。

第二十四条　养老保险基金必须实行全额征收、全额拨付，任何单位不得挪用、截留。

基本养老金实行社会化发放。

第二十五条　养老保险基金实行全省统一核算。

在养老保险基金实行全省统一核算前，各市（地级及地级以上的市，下同）、县（含县级市、区，下同）按养老保险基金征收总额的一定比例上缴调剂金，用于对养老金发放困难地区和企业进行调剂。

第五章　监督检查

第二十六条　社会保险监督委员会是养老保险基金的监督组织，由人民政府代表、单位代表、被保险人代表三方等额组成，依法对养老保险行政执法与基金管理、使用进行社会监督。社会保险监督委员会的活动方式由章程规定，其章程须报同级人民政府批准。

第二十七条 国家审计机关依法对养老保险基金收支和单位缴纳养老保险费情况进行审计监督。各级社会保险部门应当建立健全养老保险基金预、决算和会计、统计及内部审计制度。

第二十八条 社会保险经办机构实行公开办事制度，向单位和被保险人公布基本养老金发放情况，提供个人帐户有关信息和社会养老保险的咨询、查询服务。

第二十九条 单位必须向被保险人如实公布养老保险缴费情况。被保险人和工会组织有权监督单位按规定缴纳养老保险费，监督社会保险经办机构按规定发放养老金。

第三十条 社会保险部门有权对单位和被保险人参加社会养老保险、缴费及基本养老金发放等有关情况进行稽查。

第六章 法律责任

第三十一条 社会保险经办机构和社会保险费征收机构及其工作人员违反本条例规定，有下列行为之一的，由同级人民政府或上级机关责令其改正，情节严重的，对主管人员和直接责任人员给予行政处分；构成犯罪的，由司法机关依法追究刑事责任：

（一）违反养老保险基金的管理规定，未将养老保险基金及利息全部存入养老保险基金帐户或未按规定向被保险人计发基本养老金的；

（二）擅自更改被保险人养老保险档案，利用职权营私舞弊的；

（三）挪用、贪污养老保险基金的；

（四）违反基金管理规定，造成基金损失的；

（五）擅自增加或减免应缴纳的养老保险费和滞纳金的。

拖欠被保险人基本养老金的，应将拖欠期间的利息连同本金一起补发。

第三十二条 人民政府及其部门、单位挪用、截留养老保险基金的，应责令其改正，并由其上级机关对主管人员和直接责任人员分别追究行政责任，对单位法定代表人，可由社会保险行政部门处以二千元至五千元的罚款；构成犯罪的，由司法机关依法追究刑事责任。

第三十三条 单位未按时足额缴纳养老保险费的，由社会保险费征收机构责令限期缴纳或者补足，并自欠缴之日起，按日加收应缴额万分之五的滞纳金；逾期仍不缴纳的，由有关行政部门处欠缴数额一倍以上三倍以下的罚款。

第三十四条　被保险人或其供养直系亲属在享受养老保险待遇条件变更或者失去领取条件时，应立即向社会保险经办机构报告。被保险人或其亲属以非法手段获取养老保险待遇的，应追回其全部非法所得，并可处以非法所得三倍罚款；构成犯罪的，由司法机关依法追究刑事责任。

第七章　争议处理

第三十五条　个人与所在用人单位发生社会保险争议的，可以依法申请调解、仲裁，提起诉讼。用人单位侵害个人社会保险权益的，个人也可以要求社会保险行政部门或者社会保险费征收机构依法处理。

第三十六条　用人单位或者个人认为社会保险费征收机构的行为侵害自己合法权益的，可以依法申请行政复议或者提起行政诉讼。

用人单位或者个人对社会保险经办机构不依法办理社会保险登记、核定社会保险费、支付社会保险待遇、办理社会保险转移接续手续或者侵害其他社会保险权益的行为，可以依法申请行政复议或者提起行政诉讼。

第八章　附　　则

第三十七条　社会养老保险由单位所在地社会保险经办机构统一管理。中央、省属和军队驻穗单位由省社会保险经办机构直接管理；驻其他市、县的，可委托所在市的社会保险经办机构管理。

第三十八条　省、市、县补充养老保险办法由省、市、县人民政府制订。单位补充养老保险办法由单位根据有关规定制订。本条例除特指补充保险的条款外均为法定基本养老保险条款。

第三十九条　省人民政府根据本条例制定实施细则。

第四十条　本条例自 1998 年 11 月 1 日起施行。

广东省工伤保险条例

（1998 年 9 月 18 日广东省第九届人民代表大会常务委员会第五次会议通过　2004 年 1 月 14 日广东省第十届人民代表大会常务委员会第八次会议第一次修订　2011 年 9 月 29 日广东省第十一届人民代表大会常务委员会第二十八次会议第二次修订　根据 2019 年 5 月 21 日广东省第十三届人民代表大会常务委员会第十二次会议《关于修改〈广东省工伤保险条例〉的决定》修正）

第一章　总　　则

第一条　为了保障因工作遭受事故伤害或者患职业病的职工获得医疗救治和经济补偿，促进工伤预防和职业康复，分散用人单位的工伤风险，根据《中华人民共和国社会保险法》、《工伤保险条例》，结合本省实际，制定本条例。

第二条　职工有依法享受工伤保险待遇的权利。本省行政区域内的企业、事业单位、社会团体、民办非企业单位、基金会、律师事务所、会计师事务所等组织和有雇工的个体工商户（以下称用人单位）应当在生产经营所在地依法参加工伤保险，为本单位全部职工或者雇工（以下称职工）缴纳工伤保险费。

国家机关和与其建立劳动关系的职工，依照本条例执行。

第三条　工伤保险工作应当坚持预防、救治、补偿和康复相结合的原则。

第四条　用人单位和职工应当遵守有关安全生产和职业病防治的法律法规，执行安全卫生规程和标准，预防工伤事故，减少职业病危害。

第五条　省人民政府社会保险行政部门负责全省的工伤保险工作，组织实施本条例。

市、县（区）人民政府社会保险行政部门负责本行政区域内的工伤保险工作。

各级社会保险经办机构具体承办工伤保险事务。

第六条　各级人民政府应当发展工伤康复事业，帮助因工致残者得到康复和从事适合身体状况的劳动。

第七条 各级人民政府应当保证工伤保险基金的征集和工伤保险待遇的给付。遇有特殊情况，工伤保险基金不敷使用时，依照《中华人民共和国社会保险法》的有关规定处理。

工伤保险基金、享受工伤保险待遇的收入按照国家规定不征收税、费。

第八条 工伤保险费由税务部门征收。

第二章 工伤认定

第九条 职工有下列情形之一的，应当认定为工伤：

（一）在工作时间和工作场所内，因工作原因受到事故伤害的；

（二）工作时间前后在工作场所内，从事与工作有关的预备性或者收尾性工作受到事故伤害的；

（三）在工作时间和工作场所内，因履行工作职责受到暴力等意外伤害的；

（四）患职业病的；

（五）因工外出期间，由于工作原因受到伤害或者发生事故下落不明的；

（六）在上下班途中，受到非本人主要责任的交通事故或者城市轨道交通、客运轮渡、火车事故伤害的；

（七）法律、行政法规规定应当认定为工伤的其他情形。

第十条 职工有下列情形之一的，视同工伤：

（一）在工作时间和工作岗位，突发疾病死亡或者在四十八小时之内经抢救无效死亡的；

（二）在抢险救灾等维护国家利益、公共利益活动中受到伤害的；

（三）因工作环境存在有毒有害物质或者在用人单位食堂就餐造成急性中毒而住院抢救治疗，并经县级以上卫生防疫部门验证的；

（四）由用人单位指派前往依法宣布为疫区的地方工作而感染疫病的；

（五）职工原在军队服役，因战、因公负伤致残，已取得残疾军人证，到用人单位后旧伤复发的。

职工有前款第一、二、三、四项情形的，按照本条例的有关规定享受工伤保险待遇；职工有前款第五项情形的，按照本条例的有关规定享受除一次性伤残补助金以外的工伤保险待遇。

第十一条 职工符合本条例第九条、第十条的规定，但是有下列情形之一的，不得认定为工伤或者视同工伤：

（一）故意犯罪的；

（二）醉酒或者吸毒的；

（三）自残或者自杀的；

（四）法律、行政法规规定的其他情形。

第十二条 用人单位应当在职工发生事故伤害或者按照职业病防治法规定被诊断、鉴定为职业病后的第一个工作日，通知参加工伤保险所在地市、县（区）社会保险行政部门及社会保险经办机构，并自事故伤害发生之日或者按照职业病防治法规定被诊断、鉴定为职业病之日起三十日内，向参加工伤保险所在地市、县（区）社会保险行政部门提出工伤认定申请。遇有特殊情况，经报社会保险行政部门同意，申请时限可以适当延长。

用人单位未按照前款规定提出工伤认定申请的，该职工或者其近亲属、工会组织自事故伤害发生之日或者按照职业病防治法规定被诊断、鉴定为职业病之日起一年内，可以直接向用人单位参加工伤保险所在地市、县（区）社会保险行政部门提出工伤认定申请；未参加工伤保险的，向用人单位生产经营所在地市、县（区）社会保险行政部门提出工伤认定申请。

用人单位未在本条第一款规定的时限内提交工伤认定申请的，在提出工伤认定申请之前发生的符合本条例规定的工伤待遇等有关费用由用人单位承担。

第十三条 提出工伤认定申请应当提交下列材料：

（一）工伤认定申请表；

（二）用人单位与劳动者存在劳动关系（包括事实劳动关系）的证明材料；

（三）医疗诊断证明或者职业病诊断证明书（或者职业病诊断鉴定书）。

工伤认定申请表应当包括事故发生的时间、地点、原因以及职工伤害程度等基本情况。

工伤认定申请人提供材料不完整的，社会保险行政部门应当一次性书面告知工伤认定申请人需要补正的全部材料。申请人按照书面告知要求补正材料后，社会保险行政部门应当受理。

第十四条 社会保险行政部门受理工伤认定申请后，根据审核需要可以对事故伤害进行调查核实，用人单位、职工、工会组织、医疗机构以及有关部门有协助工伤调查和提供证据的义务。

职业病诊断和诊断争议的鉴定，依照职业病防治法的有关规定执行。对依法取得的职业病诊断证明书或者职业病诊断鉴定书，社会保险行政部门不再进行调查核实。

职工或者其近亲属、工会组织认为是工伤，用人单位不认为是工伤的，由用人单位承担举证责任。

第十五条 社会保险行政部门应当自受理工伤认定申请之日起六十日内作出工伤认定的决定，并书面通知申请工伤认定的职工或者其近亲属以及该职工所在单位。

社会保险行政部门对受理的事实清楚、权利义务明确的工伤认定申请，应当自受理工伤认定申请之日起十五日内作出工伤认定的决定。

作出工伤认定决定需要以司法机关或者有关行政主管部门的结论为依据的，在司法机关或者有关行政主管部门尚未作出结论期间，作出工伤认定决定的时限中止。

社会保险行政部门工作人员与工伤认定申请人或者利害关系人有利害关系的，应当回避。

第三章 劳动能力鉴定

第十六条 职工发生工伤，经治疗伤情相对稳定（医疗终结期满）后存在残疾、影响劳动能力的，应当进行劳动能力鉴定。

用人单位、工伤职工或者其近亲属应当在工伤职工医疗终结期满三十日内向地级以上市劳动能力鉴定委员会提出劳动能力鉴定申请，并提供工伤认定决定和职工工伤医疗的有关资料。

医疗终结期的确认由劳动能力鉴定委员会按照国家和省的有关规定执行。医疗终结期需要延长的，由劳动能力鉴定委员会按照国家和省的有关规定批准。

第十七条 劳动能力鉴定是指劳动功能障碍程度和生活自理障碍程度的等级鉴定。

劳动功能障碍分为十个伤残等级，最重的为一级，最轻的为十级。

生活自理障碍等级根据进食、翻身、大小便、穿衣及洗漱、自主行动五项条件确定。五项条件均需要护理者为一级，五项中四项需要护理者为二级，五项中三项需要护理者为三级，五项中一至二项需要护理者为四级。

劳动能力鉴定及职工工伤与职业病致残等级标准按照国家有关规定执行。

第十八条 省、地级以上市人民政府设立劳动能力鉴定委员会，由社会保险行政部门、卫生行政部门、工会组织、社会保险经办机构以及用人单位代表组成。

劳动能力鉴定委员会办公室设在社会保险行政部门。

劳动能力鉴定委员会负责劳动能力障碍程度和生活自理障碍程度鉴定，以及工伤医疗终结期和停工留薪期确认、工伤复发确认、辅助器具配置确认、工伤康复确认等工作。

第十九条 劳动能力鉴定委员会收到劳动能力鉴定申请后，应当从其建立的医疗卫生专家库中随机抽取三名或者五名相关专家组成专家组，由专家组提出鉴定意见。劳动能力鉴定委员会根据专家组的鉴定意见作出工伤职工劳动能力鉴定结论，必要时，可以委托具备资格的医疗机构协助进行有关的诊断。

劳动能力鉴定委员会应当自收到劳动能力鉴定申请书之日起六十日内作出劳动能力鉴定结论，必要时，作出劳动能力鉴定结论的期限可以延长三十日。劳动能力鉴定结论应当及时送达申请鉴定的单位和个人。

劳动能力鉴定工作应当客观、公正。劳动能力鉴定委员会组成人员或者参加鉴定的专家与当事人有利害关系的，应当回避。

医疗卫生专家库的设置办法及劳动能力鉴定工作程序由省劳动能力鉴定委员会另行制定。

第二十条 工伤职工及其近亲属或者用人单位对劳动能力鉴定委员会作出的劳动能力鉴定结论不服的，可以自收到鉴定结论之日起十五日内申请复查，对复查结论不服的，可以自收到复查结论之日起十五日内向上一级劳动能力鉴定委员会申请再次鉴定；也可以自收到鉴定结论之日起十五日内向上一级劳动能力鉴定委员会申请再次鉴定。

省级劳动能力鉴定委员会作出的劳动能力鉴定结论为最终结论。

第四章 工伤保险待遇

第二十一条 职工发生工伤时，用人单位应当采取措施及时救治工伤职工。

职工治疗工伤应当在签订服务协议的医疗机构就医，情况紧急时可以先到就近的医疗机构急救；疑似职业病或者患职业病的，用人单位应当及时送依法承担职业病诊断的医疗卫生机构诊断，并及时送签订服务协议的医疗机构治疗。

职工经治疗伤情稳定，需要工伤康复的，用人单位、工伤职工或者其近亲属可以向地级以上市劳动能力鉴定委员会提出工伤康复申请。经劳动能力鉴定委员会确认，工伤职工可以在签订服务协议的康复机构进行康复。

工伤职工在认定工伤前已由基本医疗保险基金按照规定支付的医疗费用，在认定工伤后由工伤保险基金按照规定向基本医疗保险基金结算。

第二十二条 工伤职工因医疗条件所限需要转院治疗的，应当由签订服务协议的医疗机构提出，经报社会保险经办机构同意；因康复条件所限需要转院康复的，应当由工伤职工、用人单位或者签订服务协议的康复机构提出，经报社会保险经办机构同意。

第二十三条 社会保险经办机构与医疗机构、康复机构签订服务协议，应当事先征求同级总工会、有关企业协会的意见。签订服务协议的医疗机构、康复机构名单应当向社会公布。

第二十四条 治疗工伤所需费用符合工伤保险诊疗项目目录、工伤保险药品目录、工伤保险住院服务标准的，从工伤保险基金支付。工伤保险诊疗项目目录、工伤保险药品目录、工伤保险住院服务标准按照国家和省的有关规定执行。

职工住院治疗工伤、康复的伙食补助费，以及经批准转地级以上市以外门诊、康复及住院治疗、康复的，其在城市间往返一次的交通费用及在转入地所需的市内交通、食宿费用，由工伤保险基金按照省人民政府规定的标准支付。

第二十五条 职工因工伤需要暂停工作接受工伤医疗的，在停工留薪期内，原工资福利待遇不变，由所在单位按月支付。停工留薪期根据医疗终结期确定，由劳动能力鉴定委员会确认，最长不超过二十四个月。

工伤职工鉴定伤残等级后，停发原待遇，按照本章的有关规定享受伤残待遇。工伤职工在鉴定伤残等级后仍需治疗的，经劳动能力鉴定委员会批准，一级至四级伤残，享受伤残津贴和工伤医疗待遇；五级至十级伤残，享受工伤医疗和停工留薪期待遇。

经劳动能力鉴定委员会确认可以进行康复的，工伤职工在签订服务协议的康复机构发生的符合规定的工伤康复费用，从工伤保险基金支付。

工伤职工在停工留薪期间生活不能自理需要护理的，由所在单位负责。所在单位未派人护理的，应当参照当地护工从事同等级别护理的劳务报酬标准向工伤职工支付护理费。

第二十六条 工伤职工已经被鉴定为一级至四级伤残等级并经劳动能力鉴定委员会确认需要生活护理的，由工伤保险基金按照工伤职工生活自理障碍等级支付生活护理费。

生活护理费以全省上年度职工月平均工资的一定比例按月计发，标准为：一级为百分之六十，二级为百分之五十，三级为百分之四十，四级为百分之三十。

生活护理费每年按照全省上年度职工平均工资增长比例同步调整，全省上年度职工平均工资负增长时不调整。

第二十七条 工伤职工因日常生活或者就业需要，必须安装假肢、矫形器、假眼、假牙和配置轮椅、拐杖等辅助器具，或者辅助器具需要维修、更换的，由签订服务协议的医疗、康复机构提出意见，经劳动能力鉴定委员会确认，所需费用按照国家规定的标准从工伤保险基金支付。

辅助器具应当限于辅助日常生活及生产劳动之必需，并采用国内市场的普及型产品。工伤职工选择其他型号产品，费用高出普及型的部分，由个人自付。

第二十八条 职工因工致残被鉴定为一级至四级伤残，本人要求退出工作岗位、终止劳动关系的，办理伤残退休手续，享受以下待遇：

（一）一次性伤残补助金。由工伤保险基金按伤残等级支付，标准为：一级伤残为二十七个月的本人工资，二级伤残为二十五个月的本人工资，三级伤残为二十三个月的本人工资，四级伤残为二十一个月的本人工资。

（二）伤残津贴。由工伤保险基金按月支付，直至本人死亡，标准为：一级伤残为本人工资的百分之九十，二级伤残为本人工资的百分之八十五，三级伤残为本人工资的百分之八十，四级伤残为本人工资的百分之七十五。伤残津贴实际金额低于当地最低工资标准的，由工伤保险基金补足差额。

办理伤残退休手续的工伤职工应当按照规定参加职工基本医疗保险。按照规定应当由用人单位缴纳的基本医疗保险费，由工伤保险基金承担。

一级至四级伤残职工与原单位保留劳动关系，退出工作岗位的，按照《工伤保险条例》的有关规定执行。

伤残津贴每年按照省人民政府的规定进行调整。

第二十九条　一级至四级伤残职工户籍从单位所在地迁回原籍的，其伤残津贴可以由社会保险经办机构按照标准每半年发放一次。用人单位应当按照全省上年度职工月平均工资为基数发给六个月的安家补助费。所需交通费、住宿费、行李搬运费和伙食补助费等，由用人单位按照因公出差标准报销。

第三十条　职工因工致残被鉴定为五级、六级伤残的，享受以下待遇：

（一）一次性伤残补助金。由工伤保险基金支付，标准为：五级伤残为十八个月的本人工资，六级伤残为十六个月的本人工资。

（二）保留与用人单位的劳动关系，由用人单位安排适当工作。难以安排工作的，由用人单位按月发给伤残津贴，标准为：五级伤残为本人工资的百分之七十，六级伤残为本人工资的百分之六十，并由用人单位按照规定为其缴纳应缴纳的各项社会保险费。伤残津贴实际金额低于当地最低工资标准的，由用人单位补足差额。

第三十一条　五级、六级伤残职工本人提出与用人单位解除或者终止劳动关系的，由工伤保险基金支付一次性工伤医疗补助金，由用人单位支付一次性伤残就业补助金，终结工伤保险关系：

（一）一次性工伤医疗补助金。标准为：五级伤残为十个月的本人工资，六级伤残为八个月的本人工资。

（二）一次性伤残就业补助金。标准为：五级伤残为五十个月的本人工资，六级伤残为四十个月的本人工资。

第三十二条　职工因工致残被鉴定为七级至十级伤残的，由工伤保险基金支付一次性伤残补助金，标准为：七级伤残为十三个月的本人工资，八级伤残为十一个月的本人工资，九级伤残为九个月的本人工资，十级伤残为七个月的本人工资。

七级至十级伤残职工劳动、聘用合同终止或者依法与用人单位解除劳动关系的，除享受基本养老保险待遇或者死亡情形之外，由工伤保险基金支付一次性工伤医疗补助金，由用人单位支付一次性伤残就业补助金，终结工伤保险关系。补助金标准如下：

（一）一次性工伤医疗补助金：七级伤残为六个月的本人工资，八级伤残为四个月的本人工资，九级伤残为二个月的本人工资，十级伤残为一个月的本人工资。

（二）一次性伤残就业补助金：七级伤残为二十五个月的本人工资，八级伤残为十五个月的本人工资，九级伤残为八个月的本人工资，十级伤残为四个月的本人工资。

第三十三条 计发本条例第三十一条、第三十二条规定的一次性工伤医疗补助金和一次性伤残就业补助金，本人工资低于工伤职工与用人单位解除或者终止劳动关系前本人十二个月平均月缴费工资的，按照解除或者终止劳动关系前本人十二个月平均月缴费工资为基数计发。缴费工资不足十二个月的，以实际缴费月数计算本人平均月缴费工资。本人平均月缴费工资高于全省上年度职工月平均工资百分之三百的，按照全省上年度职工月平均工资的百分之三百计算；低于全省上年度职工月平均工资百分之六十的，按照全省上年度职工月平均工资的百分之六十计算。

第三十四条 工伤职工工伤复发，确认需要治疗的，享受本条例第二十四条、第二十五条和第二十七条规定的工伤待遇。

第三十五条 职工因工死亡，其近亲属按照下列规定从工伤保险基金领取丧葬补助金、供养亲属抚恤金和一次性工亡补助金：

（一）丧葬补助金为六个月的全省上年度职工月平均工资。

（二）供养亲属抚恤金按照职工本人工资的一定比例发给由因工死亡职工生前提供主要生活来源、无劳动能力的亲属。标准为：配偶每月百分之四十，其他亲属每人每月百分之三十，孤寡老人或者孤儿每人每月在上述标准的基础上增加百分之十。核定的各供养亲属的抚恤金之和不应当高于因工死亡职工生前的工资。供养亲属的具体范围按照国务院社会保险行政部门的规定执行。

（三）一次性工亡补助金标准为上年度全国城镇居民人均可支配收入的二十倍。

伤残职工在停工留薪期内因工伤导致死亡的，其近亲属享受本条第一款规定的待遇。

一级至四级伤残职工在停工留薪期满后死亡的，其近亲属可以享受本条第一款第一项、第二项规定的待遇。

供养亲属抚恤金每年按照省人民政府的规定进行调整。

第三十六条　职工因工外出期间发生事故或者在抢险救灾中下落不明的，按照《工伤保险条例》的有关规定处理。被宣告死亡后重新出现的，应当退还已发的供养亲属抚恤金和一次性工亡补助金。

第三十七条　定期领取伤残津贴的人员或者领取供养亲属抚恤金的供养亲属，应当每年通过领取待遇资格认证，方可继续领取。有关人员丧失领取待遇资格的，应当及时报告社会保险经办机构，因未及时报告导致多发相关待遇费用的，应当及时退还；存在骗取工伤保险待遇情形的，依照本条例第五十七条的规定处理。

第三十八条　工伤职工有下列情形之一的，停止享受工伤保险待遇：

（一）丧失享受待遇条件的；

（二）拒不接受劳动能力鉴定的；

（三）拒绝治疗的。

第三十九条　用人单位分立、合并、转让的，承继单位应当承担原用人单位的工伤保险责任；原用人单位已经参加工伤保险的，承继单位应当到当地社会保险经办机构办理工伤保险变更登记。

企业破产，因分立、合并之外的原因解散，或者终止的，在清算时依法拨付应当由用人单位支付的工伤保险待遇费用，清偿欠缴的工伤保险费及其利息和滞纳金。

第四十条　用人单位实行承包经营的，工伤保险责任由职工劳动关系所在单位承担。

用人单位实行承包经营，使用劳动者的承包方不具备用人单位资格的，由具备用人单位资格的发包方承担工伤保险责任。

非法承包建筑工程发生工伤事故，劳动者的工伤待遇应当由分包方或者承包方承担，分包方或者承包方承担工伤保险责任后有权向发包方追偿。职工被借调期间受到工伤事故伤害的，由原用人单位承担工伤保险责任，但原用人单位与借调单位可以约定补偿办法。

第四十一条　职工所在用人单位未依法缴纳工伤保险费，发生工伤事故的，由用人单位支付工伤保险待遇。

用人单位不支付工伤保险待遇，工伤职工或者其近亲属可以提出先行支付的申请，经审核符合规定的，从工伤保险基金中先行支付工伤保险待遇项目中应当由工伤保险基金支付的项目。

从工伤保险基金中先行支付的工伤保险待遇应当由用人单位偿还。用人单位不偿还的，由社会保险经办机构依法向用人单位追偿。

第五章　工伤保险基金

第四十二条　工伤保险基金的构成：

（一）用人单位缴纳的工伤保险费；

（二）工伤保险基金的利息；

（三）滞纳金；

（四）财政补贴；

（五）法律、法规规定的其他收入。

第四十三条　工伤保险基金根据以支定收、收支平衡的原则筹集。

社会保险经办机构每年根据用人单位工伤保险费使用、工伤发生率等情况，按照行业差别费率及行业内费率档次确定单位缴费费率。

第四十四条　工伤保险费由用人单位承担，职工个人不缴纳工伤保险费。

用人单位缴纳工伤保险费的数额为本单位职工工资总额乘以单位缴费费率之积。

难以按照工资总额缴纳工伤保险费的行业，其缴纳工伤保险费的具体方式按照国家有关规定执行。

第四十五条　工伤保险基金按照国家和省的规定实行省级统筹。

工伤保险基金按照国家和省的规定建立储备金，用于重大事故的工伤保险待遇支付和基金不敷使用时的调剂。

第四十六条　工伤保险基金存入社会保障基金财政专户并按照同期城乡居民储蓄存款利率计息，所得利息全部转入工伤保险基金。

第四十七条　工伤保险基金用于下列支出项目：

（一）工伤保险待遇；

（二）职业康复费用；

（三）工伤取证费和劳动能力鉴定费；

（四）工伤预防费。

前款第二项按照不超过上年度结存的工伤保险基金三分之一的比例，第三项按照不超过上年度工伤保险基金实际收缴总额百分之二的比例，由社会保险经办机构于每年九月提出下年度的用款支出计划，报同级社会保险行政部门和财政部门审核，按照社会保险基金预算编制相关程序报批后，列入下年度工伤保险基金支出预算，下年度据实列支。

在保证储备金足额留存和本条第一款第一项至第三项规定的费用足额支付的前提下，可以按照不超过上年度工伤保险基金实际收缴总额百分之三的比例，安排使用工伤预防费。工伤预防费用的安排使用计划由社会保险行政部门会同卫生健康、应急管理等部门制定，按照社会保险基金预算编制相关程序报批后列入下年度工伤保险基金支出预算，下年度据实列支。

工伤预防费、工伤取证费和劳动能力鉴定费作为专项经费管理使用，专项经费管理使用按照国家和省的有关规定执行。

任何单位或者个人不得将工伤保险基金用于投资运营、兴建或者改建办公场所、发放奖金，或者挪作其他用途。

第六章　监督管理

第四十八条　县级以上人民政府社会保险行政部门、财政部门和审计机关按照各自职责依法对工伤保险基金的收支、管理等情况进行监督。

各级社会保险经办机构应当建立健全内部审计制度。

社会保险监督委员会依法对工伤保险基金的收支、管理情况实施社会监督。

第四十九条　工会组织依法维护工伤职工的合法权益，对用人单位的工伤保险工作实行监督。

第五十条　职工有权监督用人单位参加工伤保险及缴费情况。用人单位应当向职工如实通告因工伤亡、参加工伤保险和缴费情况。

第五十一条　用人单位和职工有权向税务部门和社会保险经办机构查询本单位工伤保险缴费和工伤保险待遇支付情况。税务部门和社会保险经办机构应当提供相应的查询、咨询服务。

第五十二条　职工与用人单位发生工伤待遇方面的争议，按照处理劳动争议的有关规定处理。

第五十三条　有下列情形之一的，有关单位或者个人可以依法申请行政复议，也可以依法向人民法院提起诉讼：

（一）申请工伤认定的职工或者其近亲属、该职工所在单位对工伤认定申请不予受理的决定不服的；

（二）申请工伤认定的职工或者其近亲属、该职工所在单位对工伤认定结论不服的；

（三）用人单位对社会保险经办机构确定的单位缴费费率不服的；

（四）签订服务协议的医疗机构、康复机构、辅助器具配置机构认为社会保险经办机构未履行有关协议或者规定的；

（五）工伤职工或者其近亲属对社会保险经办机构核定的工伤保险待遇有异议的。

第七章　法律责任

第五十四条　用人单位依照本条例规定应当参加工伤保险而未参加或者未按时足额缴纳工伤保险费的，由税务部门会同相关部门责令限期改正，并自欠缴之日起，按日加收万分之五的滞纳金；逾期仍不缴纳的，由税务部门处欠缴数额一倍以上三倍以下的罚款；对其直接负责的主管人员和其他直接责任人员依法给予处罚。

第五十五条　用人单位依照本条例规定应当参加工伤保险而未参加或者未按时缴纳工伤保险费，职工发生工伤的，由该用人单位按照本条例规定的工伤保险待遇项目和标准向职工支付费用。

用人单位按照规定补缴应当缴纳的工伤保险费和滞纳金后，由工伤保险基金和用人单位按照本条例的规定支付新发生的费用。

第五十六条　用人单位少报职工工资，未足额缴纳工伤保险费，造成工伤职工享受的工伤保险待遇降低的，工伤保险待遇差额部分由用人单位向工伤职工补足。

第五十七条　用人单位、工伤职工或者其近亲属骗取工伤保险待遇，医疗机构、康复机构、辅助器具配置机构骗取工伤保险基金支出的，由社会保险行政部门责令退还，处骗取金额二倍以上五倍以下的罚款；构成犯罪的，依法追究刑事责任。

第五十八条　用人单位未按照本条例第十四条第一款规定提供证据，或者提供虚假资料的，由社会保险行政部门对其处以二千元以上二万元以下的罚款。

第五十九条　各级人民政府、有关行政管理部门和社会保险经办机构及其工作人员违反本条例，有下列行为之一的，上级机关应当责令其改正，追回挪用流失款项；有违法所得的，没收违法所得；对直接负责的主管人员和其他直接责任人员依法给予处分；构成犯罪的，依法追究刑事责任：

（一）擅自增加或者减免应当缴纳的工伤保险费及其利息或者滞纳金的；

（二）未按照规定将工伤保险费及其利息或者滞纳金全部存入工伤保险基金专户的；

（三）挪用工伤保险基金的；

（四）未按照规定核定各项工伤保险待遇标准或者领取期限的；

（五）未按照规定上解工伤保险储备金的。

第六十条　社会保险行政部门工作人员有下列情形之一的，依法给予处分；构成犯罪的，依法追究刑事责任：

（一）无正当理由不受理工伤认定申请，或者弄虚作假将不符合工伤条件的人员认定为工伤职工的；

（二）未妥善保管申请工伤认定的证据材料，致使有关证据灭失的；

（三）收受当事人财物的。

第六十一条　从事劳动能力鉴定的组织或者个人有下列情形之一的，由社会保险行政部门责令改正，处二千元以上一万元以下的罚款；构成犯罪的，依法追究刑事责任：

（一）提供虚假鉴定意见的；

（二）提供虚假诊断证明的；

（三）收受当事人财物的。

第八章　附　　则

第六十二条　中央、省属和军队驻穗单位适用本条例，工伤保险工作按照国家和省的有关规定执行。

公务员和参照公务员法管理的事业单位、社会团体的工作人员参加工伤保险，按照工伤保险有关法律法规及国家和省的有关规定执行。

第六十三条　劳动者达到法定退休年龄或者已经依法享受基本养老保险待遇的，不适用本条例。

前款规定的劳动者受聘到用人单位工作期间，因工作原因受到人身伤害的，可以要求用人单位参照本条例规定的工伤保险待遇支付有关费用。双方对损害赔偿存在争议的，可以依法通过民事诉讼方式解决。

第六十四条 本条例中下列用语的含义：

（一）本人工资，是指工伤职工在本单位因工作遭受事故伤害或者患职业病前十二个月平均月缴费工资。本单位为工伤职工缴纳工伤保险费不足十二个月的，以实际月数计算平均月缴费工资。本人工资高于全省上年度职工月平均工资百分之三百的，按照全省上年度职工月平均工资的百分之三百计算；本人工资低于全省上年度职工月平均工资百分之六十的，按照全省上年度职工月平均工资的百分之六十计算。

（二）原工资福利待遇，是指工伤职工在本单位受工伤前十二个月的平均工资福利待遇。工伤职工在本单位工作不足十二个月的，以实际月数计算平均工资福利待遇。

用人单位所在地地级以上市职工月平均工资高于全省职工月平均工资的，计算相关工伤保险待遇使用的全省职工月平均工资按照该地级以上市职工月平均工资执行。

第六十五条 用人单位为职工办理工伤保险参保手续次日起，在规定的缴费周期内缴纳工伤保险费的，该参保职工发生工伤，由工伤保险基金按照本条例规定的工伤保险待遇项目和标准支付费用。

第六十六条 本条例自2012年1月1日起施行。本条例施行前已受到事故伤害或者患职业病的职工尚未完成工伤认定的，按照本条例的规定执行；本条例施行前已完成工伤认定的，本条例施行后发生的工伤保险待遇依照本条例的规定执行。

广东省失业保险条例

（2002年7月25日广东省第九届人民代表大会常务委员会第三十五次会议通过 2013年11月21日广东省第十二届人民代表大会常务委员会第五次会议修订）

第一章 总 则

第一条 为了保障失业人员的基本生活，预防失业，促进就业，根据

《中华人民共和国社会保险法》等有关法律、法规，结合本省实际，制定本条例。

第二条　本省行政区域内下列单位和人员应当参加失业保险：

（一）企业、非参照公务员法管理的事业单位和社会团体、民办非企业单位、基金会、律师事务所、会计师事务所等组织及其职工；

（二）与劳动者建立劳动关系的国家机关、参照公务员法管理的事业单位和社会团体及与其建立劳动关系的劳动者；

（三）有非军籍职工的军队、武警部队所属用人单位及其非军籍职工；

（四）有雇工的个体经济组织及其雇工；

（五）法律、法规、规章规定的其他单位和人员。

前款所列单位，以下统称用人单位；前款所列人员，以下统称职工。

第三条　用人单位和职工应当在用人单位注册登记地参加失业保险，依法按月缴纳失业保险费。

第四条　县级以上人民政府应当依法保证失业保险基金的征集和失业保险待遇的支付，在失业保险基金出现支付不足时给予补贴。

失业保险基金、失业保险待遇按照国家规定不计征税、费。

第五条　县级以上人民政府社会保险行政部门负责本行政区域的失业保险管理工作，其他有关部门在各自的职责范围内负责有关的失业保险工作。

社会保险费征收机构负责失业保险费的征收工作。

社会保险经办机构应当依照国家和省的规定具体承办失业保险事务，建立、健全失业保险业务、财务、安全和风险管理制度。

第六条　失业保险基金按照国家规定逐步实行省级统筹。

实行省级统筹前，失业保险基金由各地级以上市统筹。各统筹地区应当按照省人民政府规定的比例向省上缴调剂金，用于失业保险基金不敷使用时的调剂和省人民政府批准的预防失业、促进就业支出。

各统筹地区按时足额上缴调剂金后，失业保险基金不敷使用时，由省级调剂金调剂、地方财政补贴。

第二章　失业保险基金

第七条　失业保险基金由下列各项构成：

（一）失业保险费；

（二）失业保险基金的利息；

（三）滞纳金；

（四）财政补贴；

（五）依法纳入失业保险基金的其他资金。

第八条 用人单位以应当参加失业保险的职工的缴费工资之和为基数，按照国家和省规定的费率缴纳失业保险费。

职工以本人工资为基数，按照国家和省规定的费率缴纳失业保险费。

职工缴费工资不得低于失业保险关系所在地级以上市最低工资标准。本人工资高于失业保险关系所在地级以上市上年度在岗职工月平均工资三倍的，以失业保险关系所在地级以上市上年度在岗职工月平均工资的三倍为基数计算缴费。

第九条 省人民政府根据国家规定，可以结合本省经济社会发展形势、失业人员数量、失业保险基金数额等情况，合理调整失业保险费的费率。

统筹地区人民政府可以按照省人民政府的规定实行浮动费率，对稳定就业的用人单位适当下调费率。

第十条 用人单位应当自行申报、按时足额缴纳失业保险费，职工应当缴纳的失业保险费由用人单位代扣代缴。

社会保险费征收机构应当依法按时足额征收失业保险费，并提供失业保险缴费记录供用人单位和职工免费查询。

第十一条 用人单位破产、解散的，管理人、清算组应当通知统筹地区社会保险费征收机构和社会保险经办机构，并依法清偿失业保险费及其利息、滞纳金。

用人单位分立、合并的，承继单位享有原用人单位的失业保险权利并承担相应义务。

第十二条 失业保险基金用于下列支出：

（一）失业保险金；

（二）失业人员领取失业保险金期间的职工基本医疗保险费；

（三）失业人员在领取失业保险金期间死亡的，其遗属领取的丧葬补助金和抚恤金；

（四）失业人员领取失业保险金期间的求职补贴和接受职业介绍、职业培训的补贴；

（五）省人民政府按照国家有关规定批准的职业技能鉴定补贴等预防失业、促进就业支出；

（六）国务院规定或者批准的与失业保险有关的其他费用。

第十三条 失业保险基金应当列入预算管理。

社会保险费征收机构、社会保险经办机构所需经费列入预算，由财政拨付，不得从失业保险基金中提取任何费用。

第三章 失业保险待遇

第十四条 在法定劳动年龄内、有劳动能力、有就业意愿、处于无业状态的人员，可以到公共就业服务机构依法办理失业登记。

劳动者申请办理失业登记时，应当如实填写失业登记申请表，并提供本人身份证件和证明原身份的有关证明，以及与原单位解除或者终止劳动关系的证明。

第十五条 失业人员同时符合下列条件的，可以领取失业保险金，并按照规定享受其他失业保险待遇：

（一）失业前用人单位和本人已经缴纳失业保险费累计满一年，或者不满一年但本人有失业保险金领取期限的；

（二）非因本人意愿中断就业的；

（三）已经办理失业登记，并有求职要求的。

第十六条 非因本人意愿中断就业包括下列情形：

（一）依照《中华人民共和国劳动合同法》第四十四条第一项、第四项、第五项规定终止劳动合同的；

（二）用人单位依照《中华人民共和国劳动合同法》第三十九条、第四十条、第四十一条规定解除劳动合同的；

（三）用人单位依照《中华人民共和国劳动合同法》第三十六条规定向劳动者提出解除劳动合同并与劳动者协商一致解除劳动合同的；

（四）用人单位提出解除聘用合同或者被用人单位辞退、除名、开除的；

（五）劳动者本人依照《中华人民共和国劳动合同法》第三十八条规定解除劳动合同的；

（六）法律、法规、规章规定的其他情形。

第十七条 失业人员缴费时间一至四年的，每满一年，失业保险金领取期限为一个月；四年以上的，超过四年的部分，每满半年，失业保险金领取期限增加一个月。失业保险金领取期限最长为二十四个月。

第十八条 失业人员领取失业保险金后重新就业并参加失业保险的，缴费时间重新计算；再次失业的，失业保险金领取期限与前次失业应当领取而尚未领取的期限合并计算，最长不超过二十四个月。

失业人员未领取失业保险金的，原缴费时间予以保留，重新就业并参加失业保险的，缴费时间累计计算。

已经参加失业保险的国有和县以上集体所有制单位原干部和固定工，在当地实施失业保险制度前按照国家规定计算的连续工龄视同缴费时间。

第十九条 失业保险金由社会保险经办机构按照失业保险关系所在地级以上市最低工资标准的百分之八十按月计发，省人民政府根据国家规定，可以结合居民基本生活费用价格指数变动情况，适当调整失业保险金标准。

失业保险金标准不得低于当地城市居民最低生活保障标准。

第二十条 失业人员在领取失业保险金期间可以领取求职补贴，标准为本人失业前十二个月平均缴费工资的百分之十五，不足十二个月的，按照实际月数的平均缴费工资计算，领取期限最长不超过六个月。求职补贴随失业保险金按月发放。

失业人员在领取失业保险金期间达到法定退休年龄的，从次月开始，不再发放求职补贴。

第二十一条 女性失业人员在领取失业保险金期间生育的，可以向失业保险关系所在地社会保险经办机构申请一次性加发失业保险金，标准为生育当月本人失业保险金的三倍。

第二十二条 失业人员在失业保险金领取期限未满前重新就业，就业后签订一年以上劳动合同并参加失业保险满三个月的，可以向原失业保险金领取地社会保险经办机构申请一次性领取已经核定而尚未领取期限一半的失业保险金，不足一个月的部分按照一个月计算，并相应计算为领取期限。剩余的尚未领取期限与再次失业时的领取期限合并计算。

第二十三条 失业人员在失业保险金领取期限未满前开办企业、民办非企业单位或者从事个体经营的，凭营业执照或者登记证书及纳税证明，可以向原失业保险金领取地社会保险经办机构申请一次性领取已经核定而尚未领取期限的失业保险金，并相应计算为领取期限。

第二十四条 失业人员领取失业保险金期间在失业保险关系所在地参加职工基本医疗保险，享受基本医疗保险待遇。

失业人员应当缴纳的基本医疗保险费从失业保险关系所在地失业保险基金中支付，个人不缴纳基本医疗保险费。

第二十五条 失业人员在领取失业保险金期间死亡的，其遗属可以一次性领取丧葬补助金和抚恤金以及当月尚未领取的失业保险金。

丧葬补助金按照失业人员死亡时失业保险关系所在地级以上市上年度在岗职工月平均工资的三倍计发，抚恤金按照失业人员死亡时失业保险关系所在地级以上市上年度在岗职工月平均工资的六倍计发。

失业人员的遗属应当在失业人员死亡或者收到宣告失业人员死亡判决书之日起六个月内，凭本人身份证明、与失业人员的关系证明和失业人员的死亡证明，到社会保险经办机构办理领取丧葬补助金、抚恤金和失业保险金的手续。

失业人员死亡同时符合领取失业保险丧葬补助金、基本养老保险丧葬补助金和工伤保险丧葬补助金条件的，其遗属只能选择领取其中的一项。

第二十六条 参加失业保险的失业人员可以按照省人民政府的规定，享受免费的职业介绍和减免费的职业培训。

第二十七条 失业人员领取失业保险金期间在本省参加职业技能鉴定的，在取得相应国家职业资格证书后可以领取职业技能鉴定补贴。失业人员在每一次领取失业保险金期间，领取职业技能鉴定补贴的次数不超过两次。

失业人员申请领取职业技能鉴定补贴的，应当在证书颁发之日起九十日内向失业保险关系所在地社会保险经办机构提出。超过时限申请的，不予受理。

职业技能鉴定补贴的标准为当次职业技能鉴定费。同一次职业技能鉴定已经享受就业专项资金、农村劳动力培训转移就业补贴资金等财政性资金补贴的，不再享受本条规定的补贴。

第二十八条 失业人员在领取失业保险金期间有下列情形之一的，停止领取失业保险金，并同时停止享受其他失业保险待遇：

（一）重新就业的；

（二）应征服兵役的；

（三）移居境外的；

（四）按月享受基本养老保险待遇的；

（五）无正当理由，累计三次拒不接受当地人民政府指定部门或者机构介绍的适当工作或者提供的培训的。

失业人员在领取失业保险金期间被判刑收监执行或者被强制隔离戒毒的，中断领取失业保险金，其失业保险金领取期间中断计算。中断原因消除后，失业人员可以继续申领失业保险金。

第四章　失业保险关系转移

第二十九条　失业人员领取失业保险金期间在本省行政区域内跨统筹地区重新就业并参加失业保险的，失业保险关系随本人转移，转移前的尚未领取期限与再次失业时的领取期限合并计算。

职工、未领取失业保险金的失业人员在本省行政区域内跨统筹地区就业并参加失业保险的，失业保险关系随本人转移，缴费时间累计计算。

第三十条　职工、失业人员按照本条例第二十九条规定转移失业保险关系的，应当凭本人身份证明及失业保险参保凭证，向转入地社会保险经办机构提出书面转移申请。

转入地社会保险经办机构应当在受理申请之日起七个工作日内进行审核，对符合本条例第二十九条规定条件的，向转出地社会保险经办机构发出同意接收函；对不符合本条例第二十九条规定条件的，书面说明理由并告知申请人。

转出地社会保险经办机构应当在收到同意接收函之日起七个工作日内，向转入地社会保险经办机构转移参保人员的失业保险缴费记录、缴费工资记录、享受待遇记录等材料。

转入地社会保险经办机构应当在收齐失业保险关系转移材料之日起七个工作日内办结转移手续，并书面告知申请人。

第三十一条　户籍在本省行政区域内、统筹地区外的失业人员，符合失业保险金领取条件的，可以选择在统筹地区或者户籍所在地享受失业保险待遇。选择在户籍所在地享受失业保险待遇的，应当办理失业保险关系转移手续，失业保险待遇按照户籍所在地标准执行，由户籍所在地社会保险经办机构支付。

第三十二条　失业人员按照本条例第三十一条规定选择在户籍所在地享受失业保险待遇的，应当在办理失业登记后，凭本人身份证明、户籍证明、就业失业登记凭证到统筹地区社会保险经办机构开具失业保险关系转移凭证。

失业人员在取得失业保险关系转移凭证后，凭本人身份证明、失业保险关系转移凭证，向户籍所在地社会保险经办机构书面申请享受失业保险待遇。

户籍所在地社会保险经办机构应当在受理申请之日起七个工作日内进行审核，对符合本条例第三十一条规定条件的，向统筹地区社会保险经办机构发出同意接收函；对不符合本条例第三十一条规定条件的，书面说明理由并告知申请人。

统筹地区社会保险经办机构应当在收到同意接收函之日起七个工作日内，向户籍所在地社会保险经办机构转移参保人员的失业保险缴费记录、缴费工资记录、享受待遇记录等材料和失业保险基金。

户籍所在地社会保险经办机构应当在收齐失业保险关系转移材料和失业保险基金之日起七个工作日内办结转移手续，并作出书面支付决定，送达申请人，次月起发放失业保险金。失业保险金领取期限自户籍所在地社会保险经办机构作出书面支付决定之日起计算。

第三十三条　职工、失业人员按照本条例第二十九条规定转移失业保险关系的，失业保险基金不转移。失业人员按照本条例第三十一条规定选择在户籍所在地享受失业保险待遇的，社会保险经办机构应当办理失业保险基金转移手续，转移的基金数额为按照统筹地区标准核定的失业人员的失业保险金总额的一点五倍。

第三十四条　跨省、自治区、直辖市转移失业保险关系或者享受失业保险待遇的，按照国家有关规定执行。

符合失业保险金领取条件但不具有本省户籍的失业人员，要求不在参保地按月享受失业保险待遇且不转移失业保险关系的，可以向失业保险关系所在地社会保险经办机构申请领取一次性失业保险金。领取一次性失业保险金的，不再享受按月领取失业保险金以及其他失业保险待遇，同时终止失业保险关系。一次性失业保险金标准由省人民政府制定。

第五章　监督管理

第三十五条　社会保险行政部门依法对用人单位和个人遵守社会保险法律、法规情况，以及社会保险基金的收支、管理和投资运营情况进行监督检查。

财政部门和审计机关依法对失业保险基金的收支、管理情况进行监督。

社会保险监督委员会依法对失业保险基金的收支、管理情况实施社会监督。

第三十六条 任何组织或者个人有权对违反失业保险法律、法规的行为进行举报、投诉。

社会保险行政部门、社会保险经办机构、社会保险费征收机构和财政部门、审计机关对属于本部门、本机构职责范围的举报、投诉，应当依法处理；对不属于本部门、本机构职责范围的举报、投诉，应当按照规定书面告知举报人、投诉人，并移交有权处理的部门、机构处理。

第三十七条 社会保险经办机构提供失业保险服务，负责失业保险登记、失业保险费核定、失业保险待遇支付、失业保险关系转移、出具失业保险参保凭证等工作，每年向社会公布失业保险基金的收入、支出、结余和收益等情况，并建立失业保险缴费和享受待遇记录供用人单位和职工免费查询、核对。

公共就业服务机构负责办理失业登记工作，依法发放就业失业登记凭证，为失业人员提供就业服务和出具相关证明，并将失业人员就业、失业的相关信息告知失业保险关系所在地社会保险经办机构。

社会保险经办机构和公共就业服务机构应当公开失业保险的有关规定和办事制度，严格审核有关情况，加强信息交换网络和设施建设，完善就业、失业等相关信息的交换机制。

第三十八条 用人单位应当在终止或者解除劳动合同时为失业人员出具终止或者解除劳动关系证明，据实写明终止或者解除劳动关系的原因，告知其享有按照规定享受失业保险待遇的权利，并自终止或者解除劳动关系之日起十五日内将失业人员名单告知社会保险经办机构。

第三十九条 失业人员申请领取失业保险金，应当向最后参保地社会保险经办机构提出申请，并提供本人身份证明、就业失业登记凭证。需要办理失业保险关系转移的，应当办结转移手续后再提出申请。社会保险经办机构可以委托公共就业服务机构在办理失业登记的同时接受领取失业保险金的申请。

社会保险经办机构应当自受理申请之日起七个工作日内进行审核，对符合失业保险金领取条件的，作出书面支付决定，送达申请人，次月起发放失业保险金；对不符合失业保险金领取条件的，书面说明理由并告知申请人。

失业人员在办理失业登记之日起七个工作日内申请领取失业保险金的，失业保险金领取期限自失业登记之日起计算；超过时限申请的，失业保险金领取期限自申请领取失业保险金之日起计算。

第四十条 失业人员应当凭本人身份证明、就业失业登记凭证按月到社会保险经办机构办理领取失业保险金手续，说明求职和接受职业指导、职业培训情况。

失业人员有停止享受失业保险待遇情形的，应当及时告知社会保险经办机构。

失业人员无正当理由连续两个月不按照规定办理领取手续或者说明求职等情况的，视同重新就业。

第四十一条 用人单位或者个人认为社会保险费征收机构、社会保险经办机构的具体行政行为侵害自己合法权益的，可以依法申请行政复议或者提起行政诉讼。

第六章 法律责任

第四十二条 用人单位有下列行为之一的，由社会保险行政部门或者社会保险费征收机构依法处理；致使失业人员不能享受或者不能完全享受失业保险待遇的，用人单位依法承担赔偿责任：

（一）未参加失业保险的；

（二）未如实出具终止或者解除劳动关系证明的；

（三）未如实申报职工缴费工资的；

（四）未按时足额缴纳失业保险费的；

（五）违反失业保险法律、法规的其他行为。

对赔偿发生争议的，按照劳动争议处理程序处理。

第四十三条 以欺诈、伪造证明材料或者其他手段骗取失业保险待遇或者失业保险基金支出的，由社会保险行政部门责令退还，处骗取金额二倍以上五倍以下的罚款。

第四十四条 侵占、挪用或者违规投资运营失业保险基金的，由有权机关依法责令追回；有违法所得的，没收违法所得；对直接负责的主管人员和其他直接责任人员依法给予处分。

第四十五条 社会保险经办机构及其工作人员有下列行为之一的，由社会保险行政部门责令改正；给失业保险基金、用人单位或者个人造成损失的，依法承担赔偿责任；对直接负责的主管人员和其他直接责任人员依法给予处分：

（一）未履行失业保险法定职责的；

（二）未将失业保险基金存入财政专户的；

（三）克扣或者未按时支付失业保险待遇的；

（四）丢失或者篡改缴费记录、享受失业保险待遇记录等失业保险数据、个人权益记录的；

（五）违反失业保险法律、法规的其他行为。

第四十六条 社会保险费征收机构擅自更改失业保险费缴费基数、费率，导致少收或者多收失业保险费的，由有关行政部门责令其追缴少收的失业保险费或者退还多收的失业保险费；对直接负责的主管人员和其他直接责任人员依法给予处分。

第七章 附 则

第四十七条 本条例规定的缴费时间按月计算。

本条例规定的领取失业保险金期间，是指自失业保险金领取期限开始计算之日起至领取失业保险金最后一个自然月的最后一日。

本条例规定的正当理由包括失业人员在住院治疗期间、女性失业人员在怀孕期间、女性失业人员子女未满一周岁等情形。

第四十八条 失业人员在本条例施行时处于领取失业保险金期间的，失业保险待遇按照本条例执行。

第四十九条 本条例施行前按照原农民合同制工人办法参加失业保险的职工，在本条例施行前失业的，失业保险待遇按照原规定执行；在本条例施行时处于参保状态，本条例施行后失业的，失业保险待遇按照以下规定处理：

（一）在本条例施行前的连续缴费时间不满十二个月的，本条例施行前的连续缴费时间与本条例施行后的累计缴费时间合并计算，失业保险待遇按照本条例执行。

（二）在本条例施行前的连续缴费时间满十二个月的，其中的十二个月缴费时间与施行后的累计缴费时间合并计算，失业保险待遇按照本条例执行；施行前缴费时间超出十二个月的部分，每满一个月按照失业前十二个月平均缴费工资的百分之二的标准计发一次性生活补助。

第五十条 本条例自2014年7月1日起施行。

广东省人口与计划生育条例

（1980年2月2日广东省第五届人民代表大会常务委员会第二次会议通过　根据1986年5月17日广东省第六届人民代表大会常务委员会第二十次会议《关于修改〈广东省计划生育条例〉的若干规定的决议》第一次修正　1992年11月28日广东省第七届人民代表大会常务委员会第二十九次会议第一次修订　根据1997年12月1日广东省第八届人民代表大会常务委员会第三十二次会议《关于修改〈广东省计划生育条例〉有关条文的决定》第二次修正　1998年9月18日广东省第九届人民代表大会常务委员会第五次会议第二次修订　根据1999年5月21日广东省第九届人民代表大会常务委员会第十次会议《关于修改〈广东省计划生育条例〉第十条的决定》第三次修正　2002年7月25日广东省第九届人民代表大会常务委员会第三十五次会议第三次修订　2008年11月28日广东省第十一届人民代表大会常务委员会第七次会议第四次修订　根据2014年3月27日广东省第十二届人民代表大会常务委员会第七次会议《关于修改〈广东省人口与计划生育条例〉的决定》第四次修正　2015年12月30日广东省第十二届人民代表大会常务委员会第二十二次会议第五次修订　根据2016年9月29日广东省第十二届人民代表大会常务委员会第二十八次会议《关于修改〈广东省人口与计划生育条例〉的决定》第五次修正　根据2018年5月31日广东省第十三届人民代表大会常务委员会第三次会议《关于修改〈广东省人口与计划生育条例〉的决定》第六次修正　根据2019年11月29日广东省第十三届人民代表大会常务委员会第十五次会议《关于修改〈广东省水利工程管理条例〉等十六项地方性法规的决定》第七次修正　根据2020年11月27日广东省第十三届人民代表大会常务委员会第二十六次会议《关于修改〈广东省促进科学技术进步条例〉等九项地方性法规的决定》第八次修正）

第一章　总　　则

第一条　为了实现人口与经济、社会、资源、环境的协调发展，控制人口数量，提高人口素质，维护公民的合法权益，促进社会进步，根据《中华人民共和国人口与计划生育法》及有关法律法规，结合本省实际，制定本条例。

第二条 居住在本省行政区域内的中国公民和户籍在本省而居住在省外的公民，以及本省行政区域内的一切国家机关、社会团体、企业事业单位和群众自治组织应当遵守本条例。

第三条 人口与计划生育工作应当以宣传教育为主、避孕为主、经常性工作为主，实行依法管理、村（居）民自治、优质服务、政策推动、综合治理。

人口与计划生育工作应当与发展经济相结合、与帮助群众劳动致富相结合、与建设文明幸福家庭相结合。

人口与计划生育工作应当与增加妇女受教育和就业机会、增进妇女健康、提高妇女地位相结合。

第四条 夫妻双方有依法实行计划生育的义务，实行计划生育的合法权益受法律保护。不实行计划生育是违法行为。

第五条 各级人民政府统一领导本行政区域内人口与计划生育工作，实行人口与计划生育目标管理责任制。

各级人民政府的主要负责人是执行本地区人口与计划生育工作任务的第一责任人。做好人口与计划生育工作是考核各级人民政府及其负责人工作实绩的一项重要内容。

第六条 县级以上人民政府卫生健康行政部门主管计划生育工作，在本行政区域内负责本条例的具体实施和监督检查。

县级以上人民政府其他有关工作部门应当结合各自的职责，做好有关的人口与计划生育工作。

第七条 村民委员会、居民委员会应当依法做好人口与计划生育工作。

第八条 工会、共产主义青年团、妇女联合会、个体劳动者协会、私营企业协会、计划生育协会、人口学会等社会团体、企业事业单位和公民应当协助人民政府开展人口与计划生育工作。

第九条 各级人民政府应当将人口与计划生育经费列入财政预算，保障人口与计划生育工作必要的经费，逐年提高人口与计划生育经费投入的总体水平。

各企业事业单位应当安排必要的经费，保证人口与计划生育工作的开展。

第二章 组织实施

第十条 县级以上人民政府根据全国人口发展规划及上一级人民政府人口发展规划，结合当地实际情况，编制本行政区域的人口发展规划，将其纳入国民经济和社会发展计划，根据人口发展规划，制定人口与计划生育实施方案并组织实施。

第十一条 省实行卫生健康委员会兼职委员单位制度，市、县（区）实行卫生健康机构兼职单位制度。兼职委员单位和兼职单位应当根据人口与计划生育职责分工，制定实施的具体措施。

第十二条 乡镇人民政府、街道办事处设立卫生健康工作机构，按人口规模配备人口与计划生育工作专职管理人员，负责本辖区内人口与计划生育的管理工作。

村（居）民委员会设立计划生育委员会，按人口规模配备专职计划生育工作管理人员，负责计划生育的具体管理工作。

国家机关、社会团体、企业事业单位应当根据需要，设立计划生育工作机构或者配备计划生育工作专（兼）职人员，负责本系统、本单位计划生育的具体管理工作。

第十三条 城市人口与计划生育工作实行属地管理、单位负责、居民自治、社区服务。

国家机关、社会团体、企业事业单位应当做好本单位的人口与计划生育管理工作，实行单位法定代表人责任制，接受所在地乡镇、街道卫生健康工作机构的业务指导和监督检查。

第十四条 村（居）民委员会、大型厂矿、企业事业单位及流动人口聚居的地方可以建立计划生育协会，组织群众开展计划生育自我教育、自我管理、自我服务。

第十五条 村（居）民委员会应当依法制定计划生育自治章程，报乡镇人民政府或者街道办事处备案。

计划生育自治章程不得与宪法、法律、法规和国家的政策相抵触。

第十六条 流动人口的计划生育工作由其户籍所在地和现居住地的卫生健康工作机构共同负责，以现居住地为主，纳入现居住地的日常管理。

第十七条 全社会都要积极支持人口与计划生育工作。各级宣传、文化、新闻出版、广播电视等部门应当组织开展人口与计划生育宣传教育。报刊、影视、广播、文艺等大众媒体，负有开展人口与计划生育的社会公益性宣传工作的义务。

第三章 生育调节

第十八条 提倡一对夫妻生育两个子女。

不符合法律、法规规定多生育子女的，属于超生。

第十九条 有下列情形之一的，由夫妻双方共同申请，经乡镇人民政府、街道办事处或者县级以上直属农林场审批，可再生育：

（一）已生育两个子女的夫妻，经地级以上市病残儿医学鉴定组织鉴定，其中一个或者两个子女均为残疾儿，不能成长为正常劳动力，且医学上认为可以再生育的，可再生育一胎子女；

（二）再婚夫妻，再婚前一方未生育，另一方生育一个子女，再婚后生育一个子女的，可再生育一胎子女；

（三）再婚夫妻，再婚前一方未生育，另一方生育两个或者以上子女的，可再生育一胎子女；

（四）再婚夫妻，再婚前一方生育一个子女，另一方生育一个或者两个子女的，可再生育一胎子女；

（五）再婚夫妻经批准再生育的子女，经地级以上市病残儿医学鉴定组织鉴定为残疾儿，不能成长为正常劳动力，且医学上认为可以再生育的，可再生育一胎子女；

（六）因子女死亡无子女的，可再生育两个子女；

（七）因子女死亡只有一个子女的，可再生育一胎子女。

除前款规定的条件外，因特殊情况可以再生育的条件，由省人民政府另行规定，报经省人民代表大会常务委员会批准后施行。

按照本条第一款、第二款规定对再生育子女的申请作出的批准，应当报上一级卫生健康行政部门备案。

夫妻一方为本省户籍，另一方为其他省、自治区、直辖市户籍的，按照有利于当事人的原则适用。

第二十条 归侨、侨眷的生育，户籍在本省但居住在境外的公民的生育，以及配偶是香港特别行政区居民、澳门特别行政区居民、台湾同胞、外国人在本省生育的，除国家另有规定外，按本条例执行。

第二十一条 实行计划生育，以避孕为主。

育龄夫妻自主选择计划生育避孕节育措施，预防和减少非意愿妊娠。

实施避孕节育手术，应当保证受术者的安全。

第二十二条 禁止歧视、虐待生育女婴的妇女和不育的妇女。

禁止歧视、虐待、遗弃女婴。

第四章 计划生育技术服务

第二十三条 各级人民政府应当采取措施，保障公民享有计划生育技术服务的权利，提高公民的生殖健康水平。

第二十四条 计划生育技术服务网络由计划生育技术服务机构（包括计划生育药具管理站）和从事计划生育技术服务的医疗、保健机构组成，纳入区域卫生计生规划。

计划生育技术服务机构取得计划生育技术服务机构执业许可证、从事计划生育技术服务的医疗、保健机构取得医疗机构执业许可证后，方可在批准的范围内各自开展计划生育技术服务工作。

禁止个体医疗机构和不符合国家有关规定的人员施行计划生育手术。

第二十五条 计划生育技术服务机构和从事计划生育技术服务的医疗、保健机构应当向育龄人员提供安全、有效、适宜的避孕节育服务，承担优生优育和生殖保健咨询以及技术服务。计划生育技术服务机构还应当承担人口与计划生育基础知识宣传教育、药具发放、管理人员培训等任务。

第二十六条 实行计划生育的育龄夫妻免费享受国家规定的基本项目的计划生育技术服务。具体办法按省有关规定执行。

不符合法律、法规规定生育后落实节育措施的，节育手术费用由本人支付。

第二十七条 县级以上人民政府成立节育手术并发症医学鉴定组织，负责节育手术并发症鉴定工作。

地级以上市人民政府成立病残儿医学鉴定组织，负责病残儿医学鉴定工作。

第二十八条 因接受国家规定基本项目的节育手术出现并发症的，由县级以上节育手术并发症医学鉴定组织鉴定，并由县级以上卫生健康行政部门审核确定后，指定医疗、保健机构或者计划生育技术服务机构治疗。医疗费按第二十六条第一款的规定执行。

职工因接受国家规定基本项目的节育手术出现并发症而丧失劳动能力的，参照工伤事故处理；职工以外的其他人员因此而导致生活困难的，由当地人民政府给予适当补助。因节育手术或者治疗节育手术并发症而出现医疗事故的，按国家有关医疗事故处理规定执行。

第二十九条 县级以上人民政府卫生健康、食品药品监督等行政部门，应当按照各自职责，制定胚胎、胎儿性别鉴定，终止妊娠手术和终止妊娠药品的管理制度，并对本行政区域内胚胎、胎儿性别鉴定，终止妊娠手术和终止妊娠药品等实施监督管理。

严禁进行非医学需要的胚胎、胎儿性别鉴定，严禁非医学需要的选择性别的人工终止妊娠。

第五章 优待奖励与社会保障

第三十条 符合法律、法规规定生育子女的夫妻，女方享受八十日的奖励假，男方享受十五日的陪产假。在规定假期内照发工资，不影响福利待遇和全勤评奖。

第三十一条 职工接受节育手术的，享受国家规定的假期。同时施行两种节育手术的，合并计算假期。在规定假期内照发工资，不影响福利待遇和全勤评奖。

第三十二条 在国家提倡一对夫妻生育一个子女期间，自愿终身只生育一个子女的本省户籍夫妻，享受以下优待奖励补助：

（一）属于职工和城镇居民的，从领取独生子女父母光荣证之日起至子女十四周岁止，每月发给独生子女保健费十元，并可给予适当奖励。独生子女保健费和奖励金由夫妻双方所在单位各负担百分之五十。职工以外的其他人员由当地人民政府统筹解决。对于城镇居民中的独生子女父母，男性满60周岁，女性满55周岁始，按一定标准发放计划生育奖励金；

（二）属于农村居民的，由当地人民政府给予奖励或者办理养老保险；

（三）独生子女死亡、伤残后未再生育的夫妻，由人民政府给予一定的扶助金；

（四）就业、住房、扶贫救济及子女入托、入学、医疗等方面，在同等条件下优先照顾。

第三十三条　各级人民政府对在国家提倡一对夫妻生育一个子女期间的农村独生子女户和纯生二女结扎户，应当根据本地实际情况制定优待奖励补助办法。在就业、安排宅基地、生产扶助、扶贫救济、入托、入学和医疗等方面给予优先照顾。

积极发展多种形式的农村养老保障事业，建立和健全人口与计划生育基金会，优先解决农村独生子女户和纯生二女结扎户的基本养老问题。

第三十四条　农村男方到独生女方家结婚落户，以及独生女户、纯生二女结扎户的夫妻户籍随女儿迁入女婿所在村并居住的，享有与所在村居民同等待遇，任何人不得阻挠和歧视。

第三十五条　对模范实行计划生育和在计划生育工作中做出显著成绩的单位和在职人员，给予表彰和物质奖励。

行政、事业单位的计划生育奖励金，按单位所在地县（市、区）上年职工年平均工资的百分之五计算，在单位年度预算内列支。企业的计划生育奖励金，可在当年计税所得额的千分之二以内提取。

第六章　监督管理

第三十六条　实行生育登记和再生育审批制度。

乡镇、街道卫生健康工作机构或者县级以上直属农林场负责生育登记和再生育审批具体工作。

生育第一个和第二个子女的夫妻，应当办理生育登记。

第三十七条　流动人口成年育龄妇女在离开户籍所在地前，应当到户籍所在地乡镇或者街道卫生健康工作机构办理婚育证明。

流动人口成年育龄妇女到现居住地后，应当向现居住地乡镇或者街道卫生健康工作机构提交婚育证明。

第三十八条　有关行政部门办理流动人口成年育龄妇女的居住证、就业证等证件时，应当核查其婚育证明，没有婚育证明的，应及时通报给现居住地乡镇或者街道卫生健康工作机构。

用人单位和房屋租赁中介机构、房屋出租（借）人、物业服务企业等有关组织和个人，应当配合当地做好已婚育龄流动人口计划生育服务管理工作。

第三十九条 对不符合法律、法规规定生育子女的，应当征收社会抚养费。社会抚养费由县级或者不设区的地级市人民政府卫生健康行政部门委托乡镇人民政府，街道办事处或者县级以上直属农林场作出征收决定，具体工作由所属卫生健康工作机构执行，村（居）民委员会和有关单位应当协助执行。

当事人一次缴纳社会抚养费确有实际困难的，应当按规定向作出征收决定的单位提出分期缴纳申请，分期缴纳期限不得超过三年。

流动人口不符合法律、法规规定生育子女的，其社会抚养费的征收办法按照国家有关规定执行。

社会抚养费和滞纳金上缴国库，实行收支两条线管理，任何单位和个人不得截留、挪用、贪污和私分。

第四十条 按照法律、法规规定缴纳社会抚养费的人员，是国家工作人员的，还应当依法给予处分；其他人员还应当由其所在单位或者组织给予纪律处分。

第四十一条 对不符合法律、法规规定生育子女的，在评选先进、授予个人荣誉称号和确定综合性奖励以及国家机关工作人员、企业事业单位工作人员的考核、任用等方面予以否决。

第四十二条 任何单位和个人必须依法执行人口与计划生育统计的有关规定，不得虚报、瞒报、伪造、篡改、拒报、迟报人口与计划生育统计资料。

第四十三条 实行人口与计划生育民主管理。乡镇、街道卫生健康工作机构以及村（居）民委员会应当对有关计划生育政策和人口出生计划的落实情况，人口与计划生育统计情况以及社会抚养费征收等情况定期公布，接受群众监督。

第四十四条 各级人民政府将公民计划生育情况纳入社会信用体系。

第四十五条 各级人民政府及其工作人员在推行人口与计划生育工作中应当严格依法行政，文明执法，不得侵犯公民的合法权益。

卫生健康行政部门及其工作人员依法执行公务受法律保护。卫生健康工作人员在依法执行公务过程中，各有关部门、单位和公民应当予以配合，不得拒绝、阻碍人口和计划生育工作人员进入相关场所开展工作。

第七章 法律责任

第四十六条 对不符合法律、法规规定生育子女的，应当按下列规定征收社会抚养费：

（一）城镇居民超生一个子女的，对夫妻双方分别按当地县（市、区）或不设区的地级市上年城镇居民（常住居民）人均可支配收入额为基数，一次性征收三倍的社会抚养费，本人上年实际收入高于当地县（市、区）上年城镇居民（常住居民）人均可支配收入的，对其超过部分还应当按照一倍以上二倍以下加收社会抚养费；超生二个以上子女的，以超生一个子女应征收的社会抚养费为基数，按超生子女数为倍数征收社会抚养费；

（二）农村居民超生一个子女的，对夫妻双方分别按当地县（市、区）或不设区的地级市上年农村居民（常住居民）人均可支配收入为基数，一次性征收三倍的社会抚养费，本人实际上年收入高于当地上年农村居民（常住居民）人均可支配收入的，对其超过部分还应当按照一倍以上二倍以下加收社会抚养费；超生二个以上子女的，以超生一个子女应征收的社会抚养费为基数，按超生子女数为倍数征收社会抚养费；

（三）未办理结婚登记生育第一胎子女，告知其依法办理结婚登记；未办理结婚登记生育第二胎子女，按本条第（一）项或者第（二）项规定的计算基数征收二倍的社会抚养费；未办理结婚登记生育第三胎以上子女的，按本条第（一）项或者第（二）项规定的计算基数征收三倍的社会抚养费；

（四）有配偶又与他人生育的，按本条第（一）项或者第（二）项规定的计算基数征收六倍的社会抚养费。

第四十七条 有下列行为之一的，由县级以上人民政府卫生健康行政部门依据职权责令改正，并给予处分，没收违法所得；属国家工作人员的，给予开除处分；违法所得一万元以上的，处违法所得二倍以上六倍以下的罚款；没有违法所得或者违法所得不足一万元的，处一万元以上三万元以下的罚款；情节严重的，由原发证机关吊销执业证书；构成犯罪的，依法追究刑事责任：

（一）非法为他人施行计划生育手术的；

（二）利用超声技术和其他技术手段为他人进行非医学需要的胚胎、胎儿性别鉴定或者选择性别的人工终止妊娠的；

（三）进行假医学鉴定、出具虚假计划生育证明的。

第四十八条 伪造、变造、买卖计划生育证明的，由县级以上人民政府卫生健康行政部门没收违法所得，违法所得五千元以上的，处违法所得二倍以上十倍以下的罚款；没有违法所得或者违法所得不足五千元的，处五千元以上二万元以下的罚款；构成犯罪的，依法追究刑事责任。

使用虚假计划生育证明的，由县级以上人民政府卫生健康行政部门处五百元以上二千元以下的罚款。

以不正当手段取得计划生育证明的，由县级以上人民政府卫生健康行政部门取消其计划生育证明；出具证明的单位有过错的，对直接负责的主管人员和其他直接责任人员依法给予处分。

第四十九条 组织进行非医学需要的胚胎、胎儿性别鉴定或者选择性别的人工终止妊娠的，由县级以上人民政府卫生健康行政部门没收违法所得，并处二万元以上三万元以下罚款；属国家工作人员的，给予开除处分。

自报新生儿死亡但不能提供合法证明的，由县级以上人民政府卫生健康行政部门对当事人处五千元以上一万元以下的罚款；构成犯罪的，依法追究刑事责任。

第五十条 计划生育技术服务人员违章操作或者延误抢救、诊治，造成严重后果的，依照有关法律、法规的规定承担相应的法律责任。

第五十一条 国家机关工作人员在计划生育工作中，有下列行为之一，构成犯罪的，依法追究刑事责任；尚不构成犯罪的，给予处分；有违法所得的，没收违法所得：

（一）侵犯公民人身权、财产权和其他合法权益的；

（二）滥用职权、玩忽职守、徇私舞弊的；

（三）索取、收受贿赂的；

（四）截留、克扣、挪用、贪污计划生育经费或者社会抚养费的；

（五）虚报、瞒报、伪造、篡改或者拒报人口与计划生育统计数据的。

第五十二条 对不能完成人口与计划生育目标管理责任制的人民政府的主要负责人，追究其领导责任。

对不履行计划生育综合治理职责分工的有关部门和计划生育兼职委员单位以及兼职单位，追究其负责人责任，情节严重的依法给予处分。

第五十三条 有关部门和单位不履行有关协助计划生育管理义务的，由当地人民政府责令改正，并给予通报批评；对直接负责的主管人员和其他直接责任人员依法给予处分。

第五十四条 拒绝、阻碍卫生健康部门及其工作人员依法执行公务，有下列行为之一的，由县级以上人民政府卫生健康行政部门或者乡镇、街道卫生健康工作机构给予批评教育并予以制止；属职工的，由所在单位给予处分。违反《中华人民共和国治安管理处罚法》的，由公安机关依法处罚；构成犯罪的，依法追究刑事责任：

（一）威胁、殴打计划生育工作人员或者毁坏其财产、严重干扰其家庭正常生活和生产的；

（二）造谣惑众、煽动闹事，扰乱计划生育工作秩序，毁坏计划生育部门财物的；

（三）藏匿违反计划生育对象的。

第五十五条 生育第一个和第二个子女未按规定办理生育登记手续生育的，由乡镇、街道卫生健康工作机构责令限期补办。

符合法律、法规规定再生育条件，但未经审批而怀孕的，应当补办审批手续；生育时仍未补办审批手续的，由县级以上人民政府卫生健康行政部门按照本条例第四十六条规定的计算基数征收百分之二社会抚养费。

第五十六条 当事人未在规定期限内足额缴纳应当缴纳的社会抚养费的，自欠缴之日起，按照国家有关规定加收滞纳金，仍不缴纳的，由作出征收决定的县级以上人民政府卫生健康行政部门依法申请人民法院强制执行。

第五十七条 公民、法人和其他组织认为行政机关在实施计划生育管理过程中侵犯其合法权益的，可以依法申请行政复议或者提起行政诉讼。

第五十八条 当事人在法定期限内不申请复议或者起诉，又不执行处罚决定的，作出处罚决定的机关可以申请人民法院依法强制执行。

第八章 附 则

第五十九条 本条例自 2016 年 1 月 1 日起施行。

广州市社会医疗保险条例

（2013 年 4 月 24 日广州市第十四届人民代表大会常务委员会第十四次会议通过 2013 年 7 月 31 日广东省第十二届人民代表大会常务委员会第三次会议批准　根据 2015 年 5 月 20 日广州市第十四届人民代表大会常务委员会第三十九次会议通过并经 2015 年 12 月 3 日广东省第十二届人民代表大会常务委员会第二十一次会议批准的《广州市人民代表大会常务委员会关于因行政区划调整修改〈广州市建筑条例〉等六十六件地方性法规的决定》第一次修正　根据 2018 年 9 月 29 日广州市第十五届人民代表大会常务委员会第十七次会议通过并经 2018 年 11 月 29 日广东省第十三届人民代表大会常务委员会第七次会议批准的《广州市人民代表大会常务委员会关于修改〈广州市水务管理条例〉等六项地方性法规的决定》第二次修正）

第一章　总　　则

第一条　为规范社会医疗保险关系，维护参保人员享受社会医疗保险待遇的合法权益，促进社会医疗保险事业的健康发展，根据《中华人民共和国社会保险法》等法律的有关规定，结合本市实际，制定本条例。

第二条　本条例适用于本市行政区域内社会医疗保险的参保、服务及其监督管理等活动。

第三条　本市建立与经济社会发展水平及参保人员基本医疗需求相适应、资金来源多渠道、待遇水平多层次、城乡一体化、可持续的社会医疗保险制度。

第四条　本市建立、完善包括大病医疗保险在内的补充医疗保险制度，满足参保人员多层次的医疗保障需求。

第五条　市、区、县级市人民政府应当将社会医疗保险事业纳入国民经济和社会发展规划，保障并逐步加大对社会医疗保险事业的投入，提高参保人员的社会医疗保障水平。

市、区、县级市人民政府应当扩大社会保险经办机构服务网点的覆盖面，建立功能完善、运行高效、安全可靠的社会医疗保险信息系统。

第六条 市社会保险行政部门主管本市社会医疗保险工作，并组织实施本条例。

市发展改革、财政、卫生、民政、税务、教育、科技和信息化、公安、物价、食品药品、审计等有关行政管理部门应当按照各自职责协同实施本条例。

第七条 本市社会保险经办机构负责社会医疗保险的参保登记、权益记录、待遇支付、咨询等日常服务和对定点医疗机构、定点零售药店的监督管理及业务指导等工作。

本市社会保险费征收机构负责社会医疗保险费的征收工作。

第八条 街道办事处、镇人民政府、各类学校应当按照本条例第二十五条第二款和第三款的规定，协助社会保险经办机构和社会保险费征收机构办理本辖区城乡居民、在校学生社会医疗保险的有关事务。

第九条 各级人民政府、社会保险行政主管部门、社会保险经办机构、街道办事处、村民委员会、居民委员会应当加强对社会医疗保险知识的宣传，提高全民参加社会医疗保险的积极性，逐步实现社会医疗保险全覆盖。

本市报纸、广播、电视、互联网等媒体应当配合社会保险行政主管部门和社会保险经办机构开展社会医疗保险的公益宣传。

第十条 本市社会保险监督委员会下设社会医疗保险公众咨询监督委员会，由人大代表、政协委员、医疗卫生专家、社会保险专家和参保人员、用人单位、工会组织的代表组成，运作经费由市财政予以保障。

市社会保险行政主管部门组织拟订本市社会医疗保险政策、规章时，应当征求社会医疗保险公众咨询监督委员会的意见，采纳其提出的合理意见。

社会医疗保险公众咨询监督委员会及其组成人员有权对社会保险行政主管部门、社会保险经办机构、社会保险费征收机构、社会医疗保险基金财政专户管理机构、定点医疗机构和定点零售药店等单位执行社会医疗保险法律、法规和规章的情况进行监督，并有权向有关行政管理部门提出工作建议。

第二章 社会医疗保险待遇

第十一条 本市职工应当参加本市职工社会医疗保险，享受相应的职工社会医疗保险待遇。其他符合国家规定条件的人员可以选择参加职工社会医疗保险。

退休人员在达到法定退休年龄时参加职工社会医疗保险累计达到本条例第十九条规定年限的，按照规定享受相应的职工社会医疗保险待遇；未达到规定年限的，可以在缴费至规定年限后，享受相应的职工社会医疗保险待遇；未缴费至规定年限，但是具有本市户籍的，可以参加本市城乡居民社会医疗保险。

第十二条 下列人员参加本市城乡居民社会医疗保险，享受相应的城乡居民社会医疗保险待遇：

（一）本市各类学校全日制在校学生；

（二）具有本市户籍的学龄前儿童、灵活就业人员、非从业人员、农村居民以及其他人员。

第十三条 参保人员就医发生的医疗费用，由社会医疗保险基金和个人按照规定的比例共同分担。

前款规定的由社会医疗保险基金支付参保人员的医疗费用范围，应当符合下列规定：

（一）国家和省关于基本医疗保险用药范围、诊疗项目范围、医疗服务设施范围和支付标准的规定；

（二）本市根据国家、省有关规定制定的医疗服务设施范围和支付标准；

（三）社会医疗保险法律、法规的有关规定。

第十四条 参保人员不得同时参加本统筹地区的职工社会医疗保险和城乡居民社会医疗保险，也不得同时参加本统筹地区和其他统筹地区的社会医疗保险。

第十五条 按时足额缴纳职工社会医疗保险费的参保人员，从缴费次月开始享受相应的职工社会医疗保险待遇。

第十六条 参加职工社会医疗保险的人员建立的个人账户，其资金来源包括：

（一）按照规定的比例划入个人账户的社会医疗保险费；

（二）个人账户存储额的利息；

（三）其他依法纳入个人账户的资金。

第十七条 参加职工社会医疗保险的人员可以使用个人账户的资金支付本人或者其直系亲属的下列费用：

（一）在本市定点医疗机构就医发生的应当由个人负担的医疗费用；

（二）在本市定点医疗机构预防接种和体检的费用；

（三）在本市定点零售药店购买药品的费用；

（四）个人需补交的社会医疗保险费用；

（五）其他符合国家、省、本市规定的医药费用。

参加职工社会医疗保险的人员在本市社会医疗保险关系存续期间，不得提取个人账户的资金，不得用于支付前款规定以外的费用。

第十八条 职工社会医疗保险的个人账户余额可以移转。在本市参加职工社会医疗保险的人员离开本市到其他统筹地区就业的，可以申请将其个人账户内的余额转移至就业所在地的社会医疗保险账户。

职工社会医疗保险的个人账户余额可以继承。参加职工社会医疗保险的人员死亡的，由社会保险经办机构在规定的期限内将其个人帐户余额交付给其继承人。

第十九条 在职职工应当按规定参保缴费至法定退休年龄。

本条例实施后首次参加本市职工社会医疗保险的职工，达到法定退休年龄时，累计缴纳职工社会医疗保险费满十五年且在本市累计缴费满十年的，可以不再缴纳职工社会医疗保险费，享受相应的职工社会医疗保险待遇；累计缴纳职工社会医疗保险费未满十五年的，继续参保缴费满十五年且在本市累计缴费满十年后，可以不再缴纳职工社会医疗保险费，享受相应的职工社会医疗保险待遇。

本条例实施前已参加本市职工社会医疗保险的职工，累计缴纳职工社会医疗保险费满十年且在本市累计缴费满十年的，达到法定退休年龄后，可以不再缴纳职工社会医疗保险费，享受相应的职工社会医疗保险待遇。

第二十条 参加城乡居民社会医疗保险的人员，由各级人民政府按照规定的比例补贴社会医疗保险费，享受相应的城乡居民社会医疗保险待遇，但不建立个人账户。

参加城乡居民社会医疗保险的人员，应当在规定的缴费时段内按保险年度缴纳城乡居民社会医疗保险费，享受已缴费年度的社会医疗保险待遇。因特殊情况无法在规定的缴费时段内参保缴费的人员，在按保险年度缴纳社会医疗保险费后，从缴费次月开始享受社会医疗保险待遇，之前发生的有关医疗费用由其本人承担。

社会保险经办机构和社会保险费征收机构应当采取适当方式告知参保人员缴费的具体时间，并提醒参保人员在规定时间内缴费。

第二十一条 鼓励本市参加城乡居民社会医疗保险的人员按年度持续参保缴费。

市人民政府应当根据参保人员持续缴费的年限，采用提高社会医疗保险统筹基金支付比例或者最高支付限额等方式，分梯次适度提高其社会医疗保险待遇。

第二十二条 鼓励参保人员到基层医疗卫生服务机构就诊。

社会医疗保险统筹基金对参保人员在定点基层医疗卫生服务机构就医发生的医疗费用的支付比例，应当高于在其他定点医疗机构就医的支付比例。

市卫生行政管理部门应当采取措施提高基层医疗卫生服务机构的医疗服务水平，依法扩大其配备药品、医疗服务设施的范围。

第二十三条 市社会保险行政主管部门应当会同市财政、卫生行政管理部门，根据参保人员参加社会医疗保险的种类、档次、病种、就医的医疗机构等级和社会医疗保险基金收支等情况，适时提出社会医疗保险统筹基金起付标准、支付比例和年（月）度最高支付限额的调整方案，报市人民政府批准后施行。

前款规定的调整方案在报市人民政府批准前，应当征求社会医疗保险公众咨询监督委员会的意见，应当采取论证会、听证会等方式广泛征求社会公众和专家的意见，并通过本市主要媒体向社会公示，说明调整理由和依据，公示期不少于十五天。

第三章 社会医疗保险费征缴

第二十四条 用人单位和个人应当缴纳的社会医疗保险费，由社会保险经办机构核定。

社会保险费征收机构应当按照核定的数额征收社会医疗保险费，并及时缴入社会保障基金财政专户。

市、区、县级市人民政府应当将社会医疗保险的政府补贴资金纳入财政年度预算，并按时足额划拨到社会保障基金财政专户。

第二十五条 用人单位应当为其职工统一申请办理社会医疗保险参保登记或者变更手续，代扣代缴职工个人应当缴纳的社会医疗保险费。职工退休时，用人单位应当按照规定为其办理有关社会医疗保险手续。

街道办事处、镇人民政府应当为其辖区内属于本条例第十二条第（二）项规定的人员，统一办理社会医疗保险参保登记或者变更手续，代收代缴个人应当缴纳的社会医疗保险费。

各类学校应当为其在校学生统一向社会保险经办机构申请办理社会医疗保险参保登记或者变更手续，代收代缴在校学生个人应当缴纳的社会医疗保险费。

社会保险经办机构和社会保险费征收机构应当为街道办事处、镇人民政府和学校办理社会医疗保险有关事务提供业务指导、工作便利和经费保障。

第二十六条　用人单位应当如实申报职工社会医疗保险费。用人单位和职工应当按时足额缴纳社会医疗保险费，非因不可抗力等法定事由不得缓缴、减免。

用人单位依法转让、分立、合并时，承继单位应当履行原用人单位的社会医疗保险缴费义务。用人单位关闭、破产时，应当依法清偿欠缴的社会医疗保险费用。

第二十七条　用人单位的职工应当缴纳的职工社会医疗保险费由用人单位和个人按规定比例分担。

城乡居民社会医疗保险费由参保人员按照规定数额缴交，各级人民政府按照规定的数额予以补贴。各级人民政府补贴的保险费应当视财力情况逐步增加。

第二十八条　本市无劳动能力、无生活来源和无法定赡养人的城镇居民，享受最低生活保障的人员，持证的重度残疾人，低收入困难家庭成员，农村五保供养人员，社会福利机构收养的政府供养人员和享受抚恤补助的优抚对象等医疗救助对象参加城乡居民社会医疗保险的，其保险费由医疗救助金全额支付；参加职工社会医疗保险的，其保险费由医疗救助金按照参加城乡居民社会医疗保险的有关缴费标准予以补贴。

失业人员在本市按月领取失业保险金期间参加本市职工社会医疗保险，应当缴纳的社会医疗保险费从失业保险基金中支付。

第二十九条　用人单位缴纳的社会医疗保险费，按规定在费用列支和企业所得税前扣除。参保人员缴纳的社会医疗保险费，在个人所得税应纳税所得额中扣除。

用人单位或者参保人员依法缴纳的社会医疗保险费一经缴纳，不予退还，多缴、错缴的除外。

第三十条 用人单位欠缴职工社会医疗保险费的，社会保险费征收机构应当要求用人单位及时补缴，并将有关情况通知职工本人。职工有权要求用人单位及时补缴，或者向本条例第四十七条第一款规定的部门或者机构投诉，受理投诉的部门或者机构应当及时依法予以处理。

用人单位在欠缴之日起三个月内补缴欠缴费用、利息和滞纳金的，给予参保人员计算缴费年限，参保人员可予追溯享受欠缴期间的社会医疗保险待遇。用人单位超过三个月补缴欠缴费用、利息和滞纳金的，给予参保人员计算缴费年限，欠缴期间参保人员发生的有关医疗费用由负有缴费义务的用人单位负担。

第三十一条 市社会保险行政主管部门应当会同市财政部门，根据国家和省的有关规定、本市经济社会发展水平、居民年龄构成、收入状况、医疗消费水平和社会医疗保险基金收支等情况，适时提出社会医疗保险缴费标准调整方案，报市人民政府批准后实施。

前款规定的调整方案在报市人民政府批准前，应当征求社会医疗保险公众咨询监督委员会的意见，应当采取论证会、听证会等方式广泛征求社会公众和专家的意见，并通过本市主要媒体向社会公示，说明调整理由和依据，公示期不少于十五天。

第三十二条 跨统筹地区社会医疗保险关系转移接续人员的缴费年限计算办法，按照国家和省的有关规定执行。

第四章 社会医疗保险管理

第三十三条 社会保险经办机构应当根据社会医疗保险服务管理和事业发展需要，合理规划布局分支机构和服务网点。

经市社会保险行政主管部门和机构编制管理机关批准后，社会保险经办机构可以在本市行政区域内设立分支机构和服务网点。

社会保险经办机构所需经费，由各级人民政府列入年度财政预算予以保障，不得从社会医疗保险基金中提取。

第三十四条 本市社会医疗保险实行定点医疗机构和定点零售药店协议管理制度。

市社会保险行政主管部门应当会同市卫生、食品药品行政管理部门，根据国家和省有关规定制定定点医疗机构和定点零售药店的具体条件和规程并向社会公布。

制定定点医疗机构和定点零售药店的具体条件，应当采取论证会、听证会等方式广泛征求社会公众、专家、医疗机构和零售药店的意见。

第三十五条 医疗机构和零售药店申请成为定点单位的，市社会保险经办机构应当按照国家、省和市有关规定对其进行条件评估，符合条件的，签订服务协议，规范其服务行为，对其实施日常监督管理与考核。

第三十六条 市社会保险行政主管部门应当制定定点医疗机构和定点零售药店考核管理办法，建立健全定点医疗机构和定点零售药店退出机制，对社会保险经办机构、定点医疗机构和定点零售药店进行经常性监督检查。

第三十七条 定点医疗机构应当按照医疗卫生和社会医疗保险的规定为参保人员提供医疗服务，并按照物价行政管理部门的有关规定收费。为参保人员提供社会医疗保险范围之外的服务，定点医疗机构应当事先征得参保人员或者其直系亲属同意。

定点医疗机构不得有下列行为：

（一）无正当理由拒绝为参保人员提供医疗服务；

（二）采取减少医疗服务数量、要求参保人员自购药品或医疗用品等违规方式，降低参保人员应当享受的社会医疗保险待遇；

（三）违反疾病诊疗常规、技术操作规程等，采取过度检查、用药、治疗等违规方式，造成医疗资源浪费和社会医疗保险基金损失；

（四）将属于社会医疗保险统筹基金支付的医疗费用转由参保人员个人支付；

（五）采取伪造病历挂床住院、虚假住院或者以欺诈、伪造证明材料等违法手段骗取社会医疗保险金；

（六）使用社会医疗保险统筹基金支付非参保人员的医疗费用，或者将社会医疗保险结算信息系统提供给非定点机构使用；

（七）将不符合出入院或者转院标准的病人安排出入院或者转院，分解住院次数或者故意延长病人住院时间，造成社会医疗保险基金损失；

（八）将应当由个人负担的医疗费用由社会医疗保险基金支付；

（九）其他损害参保人员合法权益、骗取社会医疗保险金或者造成社会医疗保险基金损失的行为。

第三十八条 定点零售药店应当按照药品监督和社会医疗保险有关规定为参保人员提供药品销售服务。

定点零售药店不得有下列行为：

（一）以欺诈、伪造证明材料或者其他手段骗取社会医疗保险金；

（二）使用参保人员个人账户资金支付日用品、食品等非医疗用品费用或套取现金；

（三）将社会医疗保险结算信息系统提供给非定点机构使用；

（四）违反社会医疗保险规定范围和标准使用社会医疗保险基金，不按外配处方的药品、剂量配药，或者更换药品；

（五）其他损害参保人员合法权益、骗取社会医疗保险金或者造成社会医疗保险基金损失的行为。

第三十九条 用人单位或者个人不得有下列骗取社会医疗保险待遇的行为：

（一）伪造劳动关系或者冒用他人个人资料参加社会医疗保险；

（二）冒用、伪造参保人员身份或者社会医疗保险有关凭证在定点医疗机构和定点零售药店就医购药；

（三）伪造、变造票据或者有关证明材料，骗取社会医疗保险待遇；

（四）将个人社会医疗保险凭证出借给他人使用，或者通过有偿转让诊疗凭证、结算单据，进行社会医疗保险费用结算；

（五）变卖使用社会医疗保险基金所得药品或者医用材料；

（六）使用个人账户资金支付非医疗费用或者套取个人账户中的现金；

（七）以其他手段骗取社会医疗保险待遇的行为。

第四十条 定点医疗机构和定点零售药店应当根据社会医疗保险联网结算的要求，配备必要的联网设备，遵守社会医疗保险信息技术规范和信息安全相关规定，及时上传社会医疗保险结算费用等相关信息。

定点医疗机构和定点零售药店应当建立健全社会医疗保险管理制度，配备必要的管理机构和人员。定点的三级医疗机构应当内设社会医疗保险专职管理机构，并配备专职人员。

第四十一条 参保人员到定点医疗机构就医或者定点零售药店购药的，应当遵守社会医疗保险的有关规定。

参保人员不按照有关规定就医、购药发生的医药费用，社会医疗保险基金不予支付。

第四十二条 参保人员发生的医药费用中应当由社会医疗保险基金支付的部分，由社会保险经办机构与定点医疗机构和定点零售药店直接结算；应当由参保人员支付的部分，由参保人员与定点医疗机构和定点零售药店直接结算。

第四十三条 参保人员在境内异地居住、异地工作、外出学习或者学生寒暑假期间就医，以及在境内因公出差或者探亲、旅游期间急诊就医，在异地医疗保险的定点医疗机构发生的属于本市社会医疗保险统筹基金支付范围的医疗费用，由本市社会保险经办机构按照规定予以报销。

市社会保险行政主管部门应当逐步扩大异地就医直接结算的地区，方便参保人员异地就医直接结算。

第四十四条 市社会保险行政主管部门、社会保险经办机构有权调阅有关病历和收费资料，卫生、食品药品和物价等行政管理部门应当予以协助。定点医疗机构、定点零售药店、参保人或者其他相关单位、人员应当如实提供有关资料，不得伪造、变造或者隐匿。

第四十五条 社会保险经办机构应当按照国家规定建立用人单位和个人参保登记、缴费和享受社会医疗保险待遇情况的业务档案，妥善保管登记、申报的原始凭证和支付结算的会计凭证，加强对参保人员个人权益记录的管理，保证相关信息的完整。

用人单位和个人可以免费向社会保险经办机构查询其缴费和享受社会医疗保险待遇记录。社会保险经办机构应当通过服务网点、自助终端、电话或者网络等方式提供社会医疗保险咨询、查询等相关服务。

第四十六条 工商、民政、教育行政管理部门和机构编制管理机关、公安机关应当按照市人民政府信息共享要求，及时向全市统一的信息共享平台提供与社会医疗保险有关的下列信息：

（一）用人单位成立、终止的信息；

（二）个人出生、死亡的信息；

（三）个人户口登记、迁移、注销的信息；

（四）在校学生入学、毕业的信息；

（五）法律、法规规定的其他信息。

第四十七条 社会保险行政主管部门、社会保险经办机构、社会保险费征收机构应当向社会公布统一的社会医疗保险监督电话，接受举报和投诉，并依法及时处理。

社会保险行政主管部门接到涉及本条例第三十七条第二款规定行为的投诉，情况复杂的，应当组织医疗卫生、社会保险等方面的专家进行论证，听取专家的意见。

属于实名举报或者投诉的，社会保险行政主管部门、社会保险经办机构、社会保险费征收机构应当自收到举报或者投诉之日起三十日内将处理情况书面答复举报人或者投诉人。

举报、投诉的违法行为经查证属实后，社会保险行政主管部门可以根据实际情况对实名举报人或者投诉人予以奖励。社会医疗保险违法行为举报奖励办法由市社会保险行政主管部门制定，报市人民政府批准后施行。

第五章 社会医疗保险基金

第四十八条 社会医疗保险基金来源包括：

（一）用人单位和个人缴纳的社会医疗保险费；

（二）各级人民政府的补贴；

（三）按规定收取的滞纳金；

（四）基金的利息；

（五）其他合法收入。

第四十九条 社会医疗保险基金实行统一筹集、统一管理。职工社会医疗保险和城乡居民社会医疗保险基金分别建账，独立核算。

社会医疗保险统筹基金出现收不抵支时，由各级人民政府给予补贴。

第五十条 市社会保险行政主管部门负责对社会医疗保险费的征缴和社会医疗保险基金的收支、管理和运营情况进行监督检查。

市财政部门负责对社会医疗保险有关财务会计管理进行监督检查，负责社会医疗保险基金的财政监督和社会保险经办机构编制的预算、决算草案的审核。

市审计部门依法对社会医疗保险基金收入、支出和结余的情况进行审计监督。

第五十一条 市社会保险行政主管部门对社会医疗保险基金的收支和管

理情况进行监督检查时，被检查的单位和个人应当如实提供有关资料，不得拒绝检查、谎报或者瞒报情况。

市社会保险行政主管部门应当及时将监督检查结果定期向社会公布。

第五十二条　社会保险经办机构应当每年定期将社会医疗保险基金征缴、使用、管理和运营等情况向社会公布，接受社会监督。

第五十三条　社会医疗保险公众咨询监督委员会可以通过下列方式对社会医疗保险基金进行监督：

（一）每年听取社会保险经办机构和社会保险费征收机构关于社会医疗保险基金的征缴、使用和管理等情况的报告；

（二）定期检查社会医疗保险基金的财务预决算、会计报表、统计报表和其他有关文件、资料；

（三）聘请会计师事务所对社会医疗保险基金的收支、管理和运营情况进行年度审计和专项审计，并将审计结果向社会公布；

（四）要求有关单位就社会医疗保险基金的有关事项作说明。

社会医疗保险公众咨询监督委员会发现社会医疗保险基金收支、管理或者运营存在问题的，有权向有关单位提出整改建议；发现社会保险行政主管部门、社会保险经办机构或者社会保险费征收机构及其工作人员有违法行为的，有权向有关行政管理部门或者监察机关提出处理建议。

第五十四条　市人民政府应当编制年度社会医疗保险基金预算，报市人民代表大会审查批准。

市人民代表大会常务委员会应当按照法律、法规的规定，通过听取专项工作报告、开展执法检查等方式，加强对社会医疗保险基金收支、管理和运营情况的监督。

第六章　法律责任

第五十五条　用人单位违反本条例第二十六条规定，未按时足额缴纳职工社会医疗保险费的，由社会保险费征收机构责令限期补缴，并自欠缴之日起，按日加收万分之五的滞纳金；逾期仍不缴纳的，由社会保险费征收机构处以欠缴数额一倍以上三倍以下罚款。

第五十六条　定点医疗机构有本条例第三十七条第二款第（一）（二）（三）（四）项行为之一的，由社会保险行政主管部门责令限期改正，处以五千元以上五万元以下罚款，由社会保险经办机构按照服务协议予以处理，情节严重的，解除服务协议。

定点医疗机构有本条例第三十七条第二款第（五）（六）（七）（八）项行为之一的，由社会保险行政主管部门责令限期改正，责令退回骗取的社会医疗保险金，并处以违法行为涉及金额二倍以上五倍以下罚款，由社会保险经办机构按照服务协议予以处理，情节严重的，解除服务协议，由相关行政管理部门依法吊销其直接负责的主管人员和直接责任人员的执业资格。

第五十七条 定点零售药店有本条例第三十八条第二款所列行为之一的，由社会保险行政主管部门责令限期改正，退回骗取的社会医疗保险金，并处以违法行为涉及金额二倍以上五倍以下罚款，由社会保险经办机构按解除服务协议予以处理，情节严重的，解除服务协议，由相关行政管理部门依法吊销其直接负责的主管人员和直接责任人员的执业资格。

第五十八条 用人单位或者个人有本条例第三十九条所列行为之一的，由社会保险行政主管部门责令退回骗取的社会医疗保险金，处以违法行为涉及金额二倍以上五倍以下罚款；构成犯罪的，依法追究刑事责任。

第五十九条 社会保险经办机构以欺诈、伪造证明材料或者其他手段骗取社会医疗保险基金的，由社会保险行政主管部门责令退回骗取的社会医疗保险金，处以违法行为涉及金额的二倍以上五倍以下罚款，由任免机关或者监察机关按照管理权限依法对其直接负责的主管人员和其他直接责任人员给予处分；构成犯罪的，依法追究刑事责任。

第六十条 社会保险经办机构及其工作人员有下列行为之一的，由社会保险行政主管部门责令限期改正；由任免机关或者监察机关按照管理权限依法对直接负责的主管人员和其他直接责任人员给予处分；构成犯罪的，依法追究刑事责任：

（一）违反本条例第七条第一款的规定，未履行社会医疗保险法定职责的；

（二）违反本条例第十三条第二款规定，违法使用社会医疗保险基金的；

（三）违反本条例第二十四条第一款的规定，不按规定审核用人单位和个人的缴费金额或者减免用人单位和个人应当缴纳的社会医疗保险费的；

（四）违反本条例第四十二条、第四十三条的规定，克扣或者拒不按时支付应由社会医疗保险基金支付的医疗费用的；

（五）违反本条例第四十五条的规定，不按照国家规定建立社会医疗保险业务档案，丢失或者篡改缴费记录、享受社会医疗保险待遇记录等社会医疗保险数据或者未按照规定向用人单位、个人免费提供查询服务的；

（六）其他违反社会医疗保险法律、法规的行为。

前款规定的行为造成社会医疗保险基金、用人单位或者个人损失的，社会保险经办机构应当依法承担赔偿责任。

第六十一条 社会保险费征收机构及其工作人员违反本条例第二十四条第二款规定，未按照核定的数额征收社会医疗保险费，或者未及时将社会医疗保险费缴入社会医疗保险基金财政专户，或者有其他违法行为的，由社会保险行政主管部门责令限期改正，由任免机关或者监察机关按照管理权限依法对直接负责的主管人员和其他直接责任人员给予处分；构成犯罪的，依法追究刑事责任。

前款规定的行为造成社会医疗保险基金、用人单位或者个人损失的，社会保险费征收机构应当依法承担赔偿责任。

第六十二条 社会保险行政主管部门及其工作人员有下列行为之一的，由任免机关或者监察机关责令改正，对社会保险行政主管部门给予通报批评，对直接负责的主管人员和其他直接责任人员给予处分；构成犯罪的，依法追究刑事责任：

（一）违反本条例第十条第二款、第二十三条第二款、第三十一条第二款的规定，未按照规定征求社会医疗保险公众咨询监督委员会意见的；

（二）违反本条例第二十三条、第三十一条规定，未按照规定程序调整社会医疗保险基金起付标准、支付比例和年（月）度最高支付限额或者缴费标准的；

（三）违反本条例第三十五条第一款规定，未按照规定的条件或者程序授予定点医疗机构或者定点零售药店资格的；

（四）违反本条例第三十六条规定，未依法对社会保险经办机构、定点医疗机构或者定点零售药店进行经常性监督检查，情节严重的；

（五）违反本条例第五十条第一款规定，未对社会医疗保险费的征缴或者社会医疗保险基金的收支、管理和运营情况进行监督检查，情节严重的；

（六）违反本条例规定，未依法对违法行为进行查处，情节严重的；

（七）徇私舞弊、滥用职权、玩忽职守的其他违法行为。

第六十三条 有关行政管理部门及其工作人员有下列行为之一的，由任免机关或者监察机关责令改正，对有关行政管理部门给予通报批评，对直接负责的主管人员和其他直接责任人员给予处分；构成犯罪的，依法追究刑事责任：

（一）工商、民政、教育行政管理部门和机构编制管理机关、公安机关违反本条例第四十六条规定，拒绝信息共享的；

（二）市财政部门违反本条例第五十条第二款规定，未依法行使监督职责，情节严重的；

（三）市审计部门违反本条例第五十条第三款规定，未依法行使监督职责，情节严重的；

（四）徇私舞弊、滥用职权、玩忽职守的其他违法行为。

第七章 附 则

第六十四条 市人民政府应当在本条例实施之日起十个月内，根据本条例的规定制定实施办法。

补充医疗保险的管理规定，由市人民政府制定。

第六十五条 本条例自 2014 年 1 月 1 日起施行。

广州市实施《中华人民共和国工会法》办法

（2007 年 12 月 7 日广州市第十三届人民代表大会常务委员会第七次会议通过　2008 年 3 月 27 日广东省第十一届人民代表大会常务委员会第一次会议批准　根据 2015 年 5 月 20 日广州市第十四届人民代表大会常务委员会第三十九次会议通过并经 2015 年 12 月 3 日广东省第十二届人民代表大会常务委员会第二十一次会议批准的《广州市人民代表大会常务委员会关于因行政区划调整修改〈广州市建筑条例〉等六十六件地方性法规的决定》修正　2019 年 3 月 27 日广州市第十五届人民代表大会常务委员会第二十三次会议修订　2019 年 5 月 21 日广东省第十三届人民代表大会常务委员会第十二次会议批准）

第一条　为贯彻实施《中华人民共和国工会法》，结合本市实际，制定本办法。

第二条　本市行政区域内的企业、事业单位、机关、社会团体、个体经济组织、民办非企业单位等组织（以下统称单位）中以工资收入为主要生活来源的体力劳动者和脑力劳动者，不分民族、种族、性别、职业、宗教信仰、教育程度，都有依法参加和组织工会的权利，任何组织和个人不得阻挠和限制。

第三条　未建立工会组织的单位，其职工可以向单位所在地的街道或者镇总工会申请加入工会组织。

第四条　任何单位和个人不得以下列方式或者手段，阻挠上级工会帮助、指导职工组建工会：

（一）拒绝为上级工会派员到本单位开展工作提供必要的场所；

（二）编造虚假情况误导职工或者以不续签劳动合同、变更或者解除劳动合同、降低工资福利待遇等威胁职工；

（三）阻挠上级工会帮助、指导职工组建工会的其他方式、手段。

第五条　市、区人民政府应当定期或者不定期召开与同级工会的联席会议，向同级工会通报当地国民经济和社会发展计划等政府的重要工作部署和涉及职工利益的行政措施，研究解决涉及职工群众切身利益的突出问题、工会工作中需要政府支持帮助的问题和工会反映的职工的意见和要求。

市、区人民政府人力资源和社会保障行政部门应当会同同级工会和企业联合会、工商业联合会等企业代表组织，健全协调劳动关系三方机制，共同研究解决劳动关系方面的重大问题。

第六条 企业、事业单位应当建立职工代表大会或者其他形式的民主管理制度。

社区、产业园区、商业街区、商务楼宇等同一区域内的企业可以联合建立区域性职工代表大会。生产经营业务相同或者相近的企业可以联合建立行业性职工代表大会。

第七条 下列事项应当提交职工代表大会或者全体职工讨论通过：

（一）涉及劳动报酬、工作时间、休息休假、劳动安全与卫生、保险福利等事项的集体合同草案，工资调整机制专项集体合同草案、为解决因劳动关系变更方案引发群体性劳动纠纷形成的专项集体合同草案；

（二）国有及国有控股企业、国有实际控制企业的福利制度，合并、分立、改制、解散、破产实施方案中职工的裁减、分流和安置方案等涉及职工切身利益的重要事项；

（三）法律、法规规定或者企业、事业单位与工会协商确定应当提交职工代表大会或者全体职工讨论通过的其他事项。

前款规定之外涉及职工切身利益的其他重大事项，应当听取职工代表大会或者全体职工的意见和建议。

第八条 单位职工代表大会中的一线职工代表人数一般不得少于职工代表总数的百分之五十，女职工代表的比例应当与本单位女职工占职工总数的比例相适应。

职工代表大会应当有全体职工代表三分之二以上参加、职工大会应当有全体职工三分之二以上参加方可召开。

职工代表大会或者职工大会进行选举和作出决议、决定，应当采用无记名投票方式进行表决，经全体职工代表或者全体职工过半数通过。

第九条 企业人力资源部门的负责人不得作为本单位工会主席、副主席的人选。

第十条 职工二百人以上的企业、事业单位和民办非企业单位的工会，应当配备工会专职工作人员。职工不足二百人的，配备专职或者兼职的工会工作人员。

企业工会专职工作人员一般按不低于企业职工人数的千分之三配备，具体人数由上级工会、企业工会与企业协商确定。街道、镇的总工会应当配备一定数量的工会专职工作人员。

第十一条 基层工会委员会任期届满前一个月内应当完成换届选举。因特殊情况需要提前或者延期换届选举的，须报上级工会批准。延期换届选举的期限最长不得超过半年。

工会委员会成员、经费审查委员会成员缺位时应当自缺位之日起三个月内补选。

第十二条 企业改制、转制的，企业工会应当自企业改制、转制完成之日起三个月内选举产生新的工会委员会。

第十三条 工会有权就涉及职工切身利益的重要事项，代表职工与单位进行集体协商。单位收到工会书面提出的集体协商要求的，应当自收到之日起二十日内与工会进行协商，无正当理由不得拖延或者拒绝对方的协商要求。协商内容以及协商结果应当及时对职工公开。

区域性、行业性工会组织代表职工与相应的企业代表组织或者企业建立区域性、行业性集体协商机制，签订集体合同。

工会代表职工与企业签订的集体合同中的劳动报酬和劳动条件等标准不得低于当地区域性、行业性集体合同的标准。

第十四条 工会对单位侵犯职工民主决策权利、民主管理权利和民主监督权利的行为，应当要求单位纠正。单位不予纠正的，工会应当提请市、区人民政府及其有关部门作出处理。

第十五条 工会对单位裁减人员实施监督。单位裁减人员的，应当向工会或者全体职工说明理由。单位违法裁减人员的，工会应当要求单位改正；单位不予改正的，工会应当提请单位的主管部门或者人力资源和社会保障行政部门作出处理。

第十六条 企业工会应当建立劳动保护监督检查委员会，并在生产班组中设立工会小组劳动保护检查员，依法对劳动安全卫生工作实施监督。

第十七条 工会对单位执行法定的工作时间、休息休假、劳动安全卫生、社会保险、福利以及女职工和未成年工特殊保护等规定实施监督。单位违反规定的，工会应当要求单位改正。单位不予改正的，工会应当提请人力资源和社会保障行政部门依法查处。

第十八条 工会有权对企业、事业单位侵犯职工合法权益的问题进行调查，有权查阅、复制与侵犯职工合法权益问题有关的资料，询问相关人员，有关单位及相关人员应当予以协助。

第十九条 职工与单位发生劳动纠纷时，工会及其工作人员应当履行下列职责：

（一）代表职工向单位反映职工的意见和要求，并对职工的合理要求提出解决的意见、建议；

（二）依法参加劳动争议调解；

（三）支持和帮助职工申请劳动争议仲裁或者提起诉讼。

第二十条 职工在其合法劳动权益受到侵害时，可以向单位工会反映，要求处理。单位工会应当自收到职工要求之日起五日内与单位交涉。单位工会认为单位侵害职工合法劳动权益的，应当要求单位采取措施予以改正。

单位工会不作处理的，职工可以向单位工会的上级工会反映。上级工会认为单位侵害职工合法劳动权益的，应当责成职工所在单位工会依法履行职责或者自行受理。

第二十一条 单位应当于每月十五日前，按照有关规定拨缴工会经费。

各级工会应当按照规定比例留成和上缴工会经费，加大工会经费向基层工会倾斜的保障力度。

第二十二条 单位逾期未拨缴或少拨缴工会经费的，应当及时补缴。对未拨缴或者少拨缴工会经费的单位，单位工会应当及时催缴。

单位无正当理由拖延或者拒不拨缴工会经费的，单位工会或者上级工会可以向当地人民法院申请支付令；拒不执行支付令的，工会可以依法申请人民法院强制执行。

第二十三条 破产企业在清算、处理破产财产时，企业工会或者上级工会可以对其欠缴的工会经费提出清偿要求。

第二十四条 单位单方面解除工会主席、副主席劳动合同的，应当事先征求单位工会的上一级工会的意见，上一级工会认为单位违反法律、法规和有关合同，要求重新研究处理时，单位应当进行研究处理，并将处理结果书面答复上一级工会。

第二十五条　违反本办法第四条规定，阻挠上级工会帮助、指导职工组建工会的，或者违反本办法第二十四条规定，未征求单位工会的上一级工会的意见或者未将处理结果书面答复上一级工会的，由人力资源和社会保障行政部门责令限期改正；拒不改正的，由人力资源和社会保障行政部门依法处理；构成犯罪的，依法追究刑事责任。

第二十六条　无正当理由拒绝或者拖延进行集体协商，阻挠上级工会帮助、指导下级工会进行集体协商或者不签订、不履行集体合同或者擅自变更集体合同内容的，由区级以上总工会提请同级人民政府及其相关部门责令改正，依法处理。同级人民政府及其相关部门应当将处理结果书面通知工会。

第二十七条　工会工作人员因依法履行工会工作职责而被单位解除劳动合同，或者职工因参加工会活动而被单位解除劳动合同的，由人力资源和社会保障行政部门责令单位恢复其工作，继续履行劳动合同，并补发被解除劳动合同期间应得的报酬和福利待遇；未恢复工作继续履行劳动合同的，由人力资源和社会保障行政部门责令单位给予职工本人上年年收入二倍的赔偿，并依法支付解除劳动合同的经济补偿金。

第二十八条　单位违反本办法第四条、第十五条、第十七条、第二十四条规定，单位工会或者上级工会向人力资源和社会保障行政部门报告的，人力资源和社会保障行政部门应当自立案之日起四十五个工作日内依法作出处理；对情况复杂的，经人力资源和社会保障行政部门负责人批准，可以延长三十个工作日。

第二十九条　本办法自 2019 年 9 月 1 日起施行。

二、地方政府规章

广东省社会养老保险实施细则

（2000年2月17日广东省人民政府第九届39次常务会议通过 2000年3月30日广东省人民政府令第57号公布 自发布之日起施行）

第一条 根据《广东省社会养老保险条例》（以下简称条例），制定本实施细则。

第二条 条例所列单位均应依法参加单位所在地的社会养老保险。单位所在地原则上为工商营业执照上登记的住所所在地。有异地分支机构的，分支机构应作为独立的缴费单位参加所在地的社会养老保险。原实行行业统筹的中央部属企业由省社会保险经办机构直接管理。

条例第二条第（一）、（二）项所列被保险人，包括固定职工、合同制职工、临时工、农民轮换工、城镇个体经济组织的业主和从业人员、劳务输出人员、港澳台商投资企业中内地户籍员工及外商投资企业中的中国籍员工，均应在单位所在地参加社会养老保险。实行企业化管理和经费自收自支或差额结算的事业单位及其所属全部职工，国家机关中的合同制职工、临时工，按本实施细则参加企业的养老保险统筹。国家机关公务员、财政全额拨款的事业单位、社会团体工作人员的养老保险基金计征和发放办法另行规定。

第三条 社会保险经办机构可根据需要在镇（乡）、街道、行业、大型企业设立办事处或代办点。

第四条 单位要向所在地社会保险经办机构办理社会保险登记，领取《社会保险登记证》。登记事项包括：单位名称、住所或地址、单位类型、组织机构统一代码、主管部门、隶属关系、法定代表人或负责人、开户银行及帐号、在职和离退休人员名册、社会保障号等。新开办的单位，要在批准开办或领取营业执照 30 日内到当地社会保险经办机构办理登记，从单位开办之月起计缴养老保险费。单位登记事项发生变更或终止，要在 15 日内到当地社会保险经办机构办理变更或注销社会保险登记。

第五条　单位应在每年 6 月底前向社会保险经办机构申报缴费工资。职工的缴费工资按本人上年度月平均工资收入如实申报，单位的缴费工资按全部职工缴费工资之和申报。职工月平均工资收入按国家统计部门规定的工资总额项目计算，包括工资、奖金、津贴、补贴等货币工资收入。每年 7 月至次年 6 月为一个缴费年度，缴费工资经社会保险部门核定后全年不变。

第六条　单位缴纳养老保险费的比例，由各地社会保险经办机构测定，经同级社会保险行政主管部门会同财政部门审核后，报同级人民政府批准后执行，并报省社会保险行政主管部门和财政部门备案。养老保险基金不得搞赤字预算。养老保险测算期为 3 年。

第七条　单位和被保险人均应逐月按规定的缴费工资和缴费比例缴纳养老保险费。养老保险费由地方税务机关征收。

第八条　从 1998 年 7 月 1 日起，全省统一按被保险人月缴费工资的 11% 建立个人帐户（原行业统筹的中央部属企业从 1998 年 1 月 1 日起，按被保险人月缴费工资的 11% 建立个人帐户）。其中，被保险人缴费全部计入个人帐户，其余不足部分从单位缴费中划入；随着个人缴费比例的提高，单位缴费划入比例相应降低。个人缴费的具体比例和调整由省人民政府统一规定。条例实施前的个人帐户，与条例实施后的个人帐户合并计算。被保险人中断社会养老保险关系时，其个人帐户继续保留并计息，与重新参加后的个人帐户合并计算。个人帐户基金只用于本人养老，一般不得提前支取。农民合同制职工在终止或解除劳动合同后，社会保险经办机构可以将养老保险个人帐户中的资金一次性发给本人，同时终结养老保险关系。个人帐户记帐利率由省社会保险经办机构参考银行同期城乡居民储蓄存款利率统一规定及调整。

第九条　下岗职工、劳务输出人员、挂靠在人才交流机构的人员的养老保险费，由再就业服务中心、劳务输出管理机构、人才交流机构代扣代缴，或由本人直接缴纳。

第十条　过渡性养老金按以下办法计发：

（一）缴费年限累计满 10 年不满 15 年的被保险人，按其 1998 年 6 月 30 日前的缴费年限，每满一年计发本人指数化月平均缴费工资的 1%；缴费年限累计满15年及以上的被保险人，按其1998年6月30日前的缴费年限，每满一年计发本人指数化月平均缴费工资的1.2%；

从事过井下、高温、低温和有毒有害等特殊工种的被保险人退休，按其1998年6月30日前在特殊工种岗位工作的缴费年限，每满一年增发本人指数化月平均缴费工资0.2%。

（二）调节金按1997年度所在市、县职工月平均工资的10%计发。

第十一条 养老金每年7月进行调整。基础养老金每年7月按所在市上年度职工月平均工资的增长率同步调整；平均工资负增长时，基础养老金按负增长前的职工月平均工资计发。过渡性养老金和个人帐户养老金按所在市上年度平均缴费工资增长率的40%至60%调整，负增长时不调整，具体比例由各市确定。

第十二条 被保险人达到条例第十五条规定缴费年限，因病完全丧失劳动能力需提前退休的，相应减发过渡性养老金，每提前一年，减发本人指数化月平均缴费工资的1%。从事特殊工种的被保险人提前退休的，其过渡性养老金不减发。

第十三条 被保险人在中断社会养老保险关系后又重新参加的，其缴费年限（含视同缴费年限的连续工龄，下同）前后合并计算；未能重新参加的，在达到退休条件时，可按中断关系前的缴费年限享受相应的养老保险待遇。

第十四条 一次性老年津贴的标准为：按1998年6月30日前的缴费年限，每满一年计发两个月本人指数化平均缴费工资。

第十五条 社会保险经办机构必须为参加养老保险的单位和被保险人建立档案，实行规范管理。

第十六条 养老保险待遇由被保险人退休前最后缴费单位所在地的社会保险经办机构负责给付。被保险人达到法定退休年龄，由所在缴费单位（失业期间达到法定退休年龄由本人）提前两个月向所在地的社会保险经办机构办理养老待遇申报手续。

本人在异地就业，其养老保险关系已转移至户籍所在地的，养老保险待遇由户籍所在地的社会保险经办机构负责给付。被保险人达到法定退休年龄，由本人提前两个月向户籍所在地社会保险经办机构办理养老待遇申报手续。

按月领取养老保险待遇的被保险人或其亲属，应于每年6月底前向社会保险经办机构提供由居住地户籍管理部门或有关单位出具的生存证明，逾期没有提供的，7 月份起暂停发放养老金。经证实生存者，可予补发。

第十七条　养老金实行社会化发放。社会保险经办机构根据就近、安全和方便原则，采取委托银行、邮局、社区等多种渠道将养老金直接发给被保险人。

第十八条　参加了社会工伤保险的被保险人，因工致残领取残疾退休金或因工死亡，其个人帐户养老基金退还给本人或其法定继承人，同时终结养老保险关系。

第十九条　被保险人跨统筹范围变换工作单位时，应向社会保险经办机构申报办理暂停缴纳养老保险费手续。由社会保险经办机构将养老保险关系连同个人帐户基金转移到迁入地的社会保险经办机构。迁入地的社会保险部门必须承认单位和被保险人在迁出地已按规定缴纳的养老保险费和办理了基金转移的缴费年限，不得要求单位或被保险人补缴。

第二十条　转移的养老保险关系包括以下内容：

（一）本人基本情况：社会保障号、姓名、性别、出生年月、参加工作时间、工作单位、职务、工资等级、工资额。

（二）缴费情况：临界指数、缴费年限、视同缴费年限、各年度缴费工资。

（三）个人帐户情况：单位缴费记入个人帐户累计总额、个人缴费累计总额、累计利息。养老保险关系转移的格式由省社会保险行政主管部门统一制定。转移的个人帐户基金包括：单位缴费记入个人帐户累计总额、个人缴费累计总额、累计利息。

第二十一条　养老保险关系跨省转移的，按照国家统一规定转移个人帐户基金，个人帐户从 1998 年 7 月 1 日（原行业统筹的中央部属企业从 1998 年 1 月 1 日）开始按缴费工资 11% 的额度转移。

第二十二条　养老保险基金实行全省统筹前，各市、县按养老保险基金单位缴费征收总额的一定比例向省、市社会保险经办机构上缴调剂金，具体比例由省人民政府统一确定和调整。不按规定上缴调剂金的，由财政部门相应扣减该地区的税收返还款或财政补贴。养老保险基金征收总额指单位缴费和个人缴费之和。调剂金从单位缴费总额中提取。

第二十三条　各级政府必须保证养老保险基金的征集和待遇的给付。遇有特殊情况，结存的养老保险基金（含历年的积累基金和个人帐户基金）不足两个月支付额时，由调剂金调剂和财政补贴。调剂金调剂办法，由省社会保险行政主管部门会同省财政部门制订，财政补贴办法按国家有关规定执行。

第二十四条 暂时没有能力缴纳养老保险费的单位，可以财产权抵押，向社会保险经办机构申请缓缴养老保险费。社会保险经办机构经检查单位经营状况和职工工资发放情况后，办理缓缴养老保险费手续。

养老保险费缓缴期限最长不超过一年。缓缴期间，单位不得转移已抵押的财产。缓缴期满后单位须补缴缓缴期间应缴的养老保险费（含个人缴费）本金及利息，免交滞纳金。缓缴期满后仍不能按规定缴纳养老保险费的，或在缓缴期间转移已抵押财产的，由社会保险经办机构申请人民法院按条例第十三条和第三十五条规定强制执行。

第二十五条 被保险人的缴费工资指数，是指被保险人的缴费工资与所在市上年度职工月平均工资之比。被保险人的平均工资缴费指数，是指被保险人一生缴费指数的加权平均值。本人指数化月平均缴费工资，是指被保险人的平均缴费工资指数乘以退休时所在市上年度职工月平均工资。在当地实施《广东省职工社会养老保险暂行规定》前，被保险人的工资指数（即临界指数）统一按 1993 年本人档案标准工资加国家及省规定的补贴与所在市、县职工平均标准工资加国家及省规定的补贴之比调整计算。

第二十六条 农业企业的养老保险办法，根据农业企业的特点另行制定。退休费用负担过重，在条例实施前未能按统一标准纳入社会养老保险的企业，可暂时维持分档次定比例的办法，逐步过渡。

第二十七条 机关事业单位工作人员到企业工作，其养老保险关系和个人帐户基金转移办法另行规定。

第二十八条 省、市、县各级都要成立社会保险监督委员会，履行社会监督职能。监委会日常办事机构设在同级审计部门。

第二十九条 养老保险实行年检制度。各级社会保险经办机构每年定期对用人单位的《社会保险登记证》进行年度审查。单位在办理工商年检和劳动用工手续时，应向有关部门提交《社会保险登记证》。

第三十条 各级工商行政管理部门颁发或注销企业、个体经济组织的营业执照，有关部门批准成立或撤销单位时，应知会当地社会保险经办机构。

第三十一条 单位拒不参加社会养老保险，经社会保险经办机构书面通知限期（不超过 30 天）参加仍不参加的，按条例第三十六条规定处理。

第三十二条　条例所称欠缴养老保险费，是指单位（含所属被保险人）未获准缓缴而逾期未缴纳应缴的养老保险费，或瞒报人数和工资总额少缴的养老保险费。单位欠缴养老保险费，地方税务机关应向欠缴单位发出《社会保险费催缴通知书》，限定欠缴单位必须在限定的期限内，补缴应缴的养老保险费和利息；逾期仍不缴纳的，从欠缴之日起，按规定加收滞纳金。地方税务机关可申请人民法院强制执行。

单位或个人以非法手段冒领养老保险待遇的，应追回其全部违法所得，处以违法所得3倍罚款，罚款收入上缴国库。

第三十三条　本实施细则自发布之日起施行。

广东省职工生育保险规定

（2021年7月16日十三届广东省人民政府第153次常务会议通过　2021年7月29日广东省人民政府令第287号公布　自2021年10月1日起施行）

第一章　总　　则

第一条　为了维护职工的合法权益，保障职工在生育和实施计划生育手术期间获得基本的医疗和生活保障，均衡用人单位生育费用负担，促进公平就业，根据《中华人民共和国社会保险法》《女职工劳动保护特别规定》等法律、法规，结合本省实际，制定本规定。

第二条　本规定适用于本省行政区域内的生育保险工作。法律、法规以及国家有关规定对生育保险另有规定的，从其规定。

第三条　本省行政区域内的下列单位和人员应当参加生育保险：

（一）国家机关、企业、事业单位、社会团体、民办非企业单位、基金会、律师事务所、会计师事务所等组织及其在职职工；

（二）有非军籍职工的军队、武警部队所属用人单位及其非军籍职工；

（三）有雇工的个体工商户及其雇工；

（四）法律、法规、规章规定的其他单位和人员。

前款所列单位，以下统称用人单位；前款所列人员，以下统称职工。

第四条 生育保险和职工基本医疗保险合并实施，用人单位及其职工同步参加职工基本医疗保险和生育保险。

第五条 县级以上人民政府医疗保障行政部门负责本行政区域的生育保险管理工作，其他有关部门在各自的职责范围内负责生育保险相关工作。

医疗保障经办机构具体承办生育保险登记、个人权益记录、生育保险待遇支付等生育保险经办事务，负责提供生育保险业务咨询、查询等服务。

第六条 任何组织或者个人对违反生育保险规定的行为，有权向医疗保障行政部门或者其他有关部门、机构举报。医疗保障行政部门或者其他有关部门、机构应当及时依法处理。

对涉嫌欺诈骗取医疗保障基金的行为进行举报的，按照规定给予奖励。

第二章 征缴管理

第七条 生育保险费和职工基本医疗保险费合并缴纳，由税务部门统一征收管理。用人单位缴费基数为本单位职工基本医疗保险缴费基数，缴费比例为原参加生育保险和职工基本医疗保险的缴费比例之和。

各地级以上市医疗保障行政部门应当按照国家和省有关规定，建立职工基本医疗保险（含生育保险）缴费比例动态调整机制，具体缴费比例的确定与调整应当经地级以上市人民政府批准，并报省医疗保障行政部门备案。

职工基本医疗保险统筹基金待遇支出中应当设置生育待遇支出项目，生育保险基金不单列。

第八条 用人单位应当按月缴纳职工基本医疗保险费（含生育保险费）。职工个人应当按月缴纳职工基本医疗保险费，不缴纳生育保险费。

第九条 下列人员或者其用人单位无须缴纳生育保险费，应当缴纳的职工基本医疗保险费按照相关规定执行：

（一）无雇工的个体工商户、未在用人单位参加职工基本医疗保险的非全日制从业人员以及其他灵活就业人员（以下统称灵活就业人员）；

（二）领取失业保险金期间的失业人员；

（三）因工致残被鉴定为一级至四级伤残并办理伤残退休手续的职工；

（四）到达法定退休年龄时未达到规定的职工基本医疗保险缴费年限的职工。

第十条 职工在本省行政区域内跨地级以上市参加生育保险的，其缴费时间累计计算。医疗保障经办机构应当为有需要的职工出具缴费凭证。

第三章　待遇保障

第十一条　生育保险待遇包括生育医疗费用和生育津贴，所需资金从职工基本医疗保险统筹基金中支付。符合国家生育政策的，按照规定享受相应的生育保险待遇。

第十二条　用人单位已经按时足额缴费的，自缴费次月起，其职工享受生育医疗费用和生育津贴待遇；职工未就业配偶按照规定享受生育医疗费用待遇，不享受生育津贴。用人单位停止缴费的，其职工和职工未就业配偶自次月起停止享受相应的待遇。

参加职工基本医疗保险的灵活就业人员，按照规定享受生育医疗费用待遇，不享受生育津贴，其享受生育医疗费用待遇的起止时间与享受职工基本医疗保险待遇的时间一致。

领取失业保险金期间的失业人员、因工致残被鉴定为一级至四级伤残并办理伤残退休手续的职工、享受职工基本医疗保险待遇的退休人员按照规定享受生育医疗费用待遇，不享受生育津贴。

第十三条　生育医疗费用包括下列各项费用：

（一）生育的医疗费用。包括符合国家和省规定的产前检查、终止妊娠（含宫外孕终止妊娠）、分娩住院期间的费用，终止妊娠、分娩住院期间诊治妊娠合并症、并发症的费用。

（二）计划生育的医疗费用。包括放置或者取出宫内节育器，施行输卵管、输精管结扎或者复通手术、人工流产、引产术等发生的医疗费用，施行计划生育手术期间诊治合并症、并发症的费用。

（三）法律、法规、规章以及国家和省规定纳入生育保险支付范围的其他费用。

符合国家和省规定的药品、诊疗项目和医用耗材支付范围的生育医疗费用，按照生育保险规定支付；其他医疗费用，按照基本医疗保险的有关规定执行。

第十四条　下列医疗费用不纳入生育保险支付范围：

（一）应当从工伤保险基金中支付的；

（二）应当由第三人负担的；

（三）应当由公共卫生或者计划生育技术服务项目负担的；

（四）在境外就医的；

（五）法律、法规、规章规定不纳入的。

依法应当由第三人负担的生育医疗费用，第三人不支付或者无法确定第三人的，由职工基本医疗保险统筹基金先行支付。职工基本医疗保险统筹基金先行支付后，有权向第三人追偿。

第十五条 职工应当享受的生育津贴，按照职工生育或者施行计划生育手术时用人单位上年度职工月平均工资除以30再乘以规定的假期天数计发。

用人单位上年度职工月平均工资按照本单位上一自然年度参保职工各月缴费工资之和，除以其各月参保职工数之和确定。

本年度新参保的用人单位，生育津贴以该单位本年度参保职工月平均工资为基数计算。

第十六条 职工享受生育津贴的假期天数，按照下列规定计算：

（一）女职工生育享受产假：顺产的，计98天；难产的，增加30天；生育多胞胎的，每多生育1个婴儿，增加15天。

（二）女职工终止妊娠享受产假：怀孕未满4个月终止妊娠的，根据医疗机构的意见，计15天至30天；怀孕4个月以上7个月以下终止妊娠的，计42天；怀孕满7个月终止妊娠的，计75天。

（三）职工享受计划生育手术休假：取出宫内节育器的，计1天；放置宫内节育器的，计2天；施行输卵管结扎的，计21天；施行输精管结扎的，计7天；施行输卵管或者输精管复通手术的，计14天。

同时存在两种以上计划生育手术情形，或者同时存在生育和计划生育手术情形的，合并计算享受生育津贴的假期天数。

第十七条 职工按照规定享受的生育津贴，由用人单位按照职工原工资标准先行垫付，再由医疗保障经办机构按照规定拨付给用人单位。有条件的地级以上市可以由医疗保障经办机构委托金融机构将生育津贴直接发放给职工。

职工已经享受生育津贴的，视同用人单位已经支付相应数额的工资。生育津贴高于职工原工资标准的，用人单位应当将生育津贴余额支付给职工；生育津贴低于职工原工资标准的，差额部分由用人单位补足。

职工依法享受的生育津贴，按照规定免征个人所得税。

本条所称职工原工资标准，是指职工依法享受产假或者计划生育手术休假前12个月的月平均工资。职工依法享受假期前参加工作未满12个月的，按其实际参加工作的月份数计算。

第十八条　职工未就业配偶享受的生育医疗费用待遇，参照职工所在地级以上市城乡居民基本医疗保险生育医疗待遇标准执行。

职工未就业配偶已参加职工基本医疗保险或者城乡居民基本医疗保险并享受相关待遇的，不再享受生育医疗费用待遇。

第四章　经办管理与监督

第十九条　生育保险与职工基本医疗保险实行统一定点医疗服务管理。医疗保障经办机构应当与符合规定的医疗机构签订定点医疗服务协议，并向社会公布提供生育或者计划生育服务的定点医疗机构名单。

第二十条　职工在参保地定点医疗机构就医或者经备案后在省内异地联网医疗机构就医发生的生育医疗费用，由医疗保障经办机构按照规定与定点医疗机构直接结算。

省医疗保障行政部门应当按照国家有关规定，将生育医疗费用纳入医保支付方式改革，推进跨省异地生育医疗费用直接结算。生育保险异地就医可以纳入就医地经办机构与定点医疗机构协议管理服务范围。

第二十一条　职工生育医疗费用不能直接结算的，其生育医疗费用先由职工个人支付，并在分娩、终止妊娠或者施行计划生育手术次日起3年内，向参保地医疗保障经办机构申请报销或者申请拨付一次性生育医疗费用补贴，具体支付标准由地级以上市规定。

第二十二条　职工未就业配偶生育或者施行计划生育手术的，其生育医疗费用支付办法由地级以上市规定。

第二十三条　用人单位已经垫付生育津贴的，可以在职工分娩、终止妊娠或者施行计划生育手术次日起3年内，向医疗保障经办机构申请拨付生育津贴。

地级以上市规定由金融机构直接发放生育津贴的，按照其规定执行。

第二十四条　职工按照规定享受产假或者计划生育手术休假期间，用人单位因被吊销营业执照、责令关闭、撤销等客观原因或者无正当理由未垫付生育津贴的，职工本人可以在产假或者计划生育手术休假结束后3年内，直接向参保地医疗保障经办机构申请拨付生育津贴。

第二十五条 用人单位和个人申请享受生育医疗费用或者生育津贴待遇所需提供的材料，按照国家和省统一规范的医疗保障经办政务服务事项清单制度执行。地级以上市医疗保障行政部门可以结合本地区实际，在全省清单基础上进一步精简办理材料、简化办理流程、缩短办理时限，实施一次告知、一表受理、一次办好。

第二十六条 职工在生育或者施行计划生育手术时的参保地按照规定享受相应的生育保险待遇。

第二十七条 有关单位和个人应当如实反映与生育保险有关的情况，并对所提供材料的真实性负责。

职工、用人单位、医疗机构及其他有关单位、人员隐瞒事实真相、出具伪证或者以其他不正当手段参加生育保险、骗取生育保险待遇的，医疗保障行政部门、医疗保障经办机构、税务部门应当记录在案，按照规定将有关人员或者单位的违法信息及时纳入相关信用信息共享平台，并通过新闻媒体或者本单位门户网站予以公开。对欺诈骗保情节严重的定点医药机构和个人，按照规定纳入失信联合惩戒对象名单，实施联合惩戒。

第二十八条 医疗保障行政部门、财政部门、审计机关应当按照各自职责，对职工基本医疗保险基金的收支、管理、服务和投资运营情况实施监督。

税务部门应当及时核查用人单位申报、缴纳职工基本医疗保险费的信息。

对申请享受生育保险待遇的有关材料，医疗保障经办机构应当依法审核，必要时还应当对有关情况进行实地核查。发现有违法情形的，应当及时移送医疗保障行政部门依法处理。

第二十九条 用人单位应当按月将缴纳职工基本医疗保险费的明细情况告知职工本人，接受职工监督。

医疗保障经办机构应当定期向社会公布参加生育保险情况以及职工基本医疗保险基金的收入、支出、结余和收益情况，接受社会监督。

用人单位或者个人对医疗保障经办机构的经办服务行为有异议的，可以向医疗保障行政部门或者其他有关部门、机构投诉、举报，有关部门、机构应当及时处理。

第五章 法律责任

第三十条 用人单位未按照规定为职工办理生育保险登记或者未按时足

额缴费的，依照《中华人民共和国社会保险法》等法律法规的规定处理；造成职工或者职工未就业配偶不能享受生育保险待遇的，由用人单位按照本规定及所在地级以上市规定的生育保险待遇标准支付相关费用。

用人单位未按时足额申报缴纳本单位职工基本医疗保险费造成职工生育津贴损失的，由用人单位补足。

第三十一条　用人单位未按照本规定第十七条第二款规定将生育津贴足额支付给职工的，由医疗保障行政部门责令限期改正；逾期不改正的，可以对用人单位处2000元以上2万元以下罚款。

第三十二条　以欺诈、伪造证明材料或者其他手段骗取职工基本医疗保险基金支出或者骗取生育保险待遇的，依照《中华人民共和国社会保险法》等法律法规的规定处理。

第三十三条　有关行政机关、医疗保障经办机构及其工作人员未依法履行生育保险工作职责或者在生育保险工作中有违法行为的，依照《中华人民共和国社会保险法》等法律法规的规定处理。

第三十四条　用人单位或者个人认为医疗保障行政部门、税务部门、医疗保障经办机构的行为侵害其生育保险权益的，可以依法申请行政复议或者提起行政诉讼。

个人与用人单位发生生育保险待遇及损失赔偿等方面争议的，按照劳动人事争议处理的有关规定处理。

第六章　附　　则

第三十五条　省医疗保障行政部门应当根据国家职工基本医疗保险和生育保险的规定，制定、调整并及时公布本省相关药品、诊疗项目和医用耗材支付范围，统一规范并公布医疗保障经办政务服务事项清单、办事指南和受理表格。

第三十六条　境外人员参加生育保险、享受生育保险待遇，按照国家有关规定执行。

第三十七条　本规定自2021年10月1日起施行。广东省人民政府2014年11月6日公布的《广东省职工生育保险规定》（省人民政府令第203号）同时废止。

广州市社会医疗保险办法

（2015 年 1 月 12 日广州市政府第 14 届 149 次常务会议讨论通过 2015 年 5 月 31 日广州市人民政府令第 123 号公布 自 2015 年 7 月 1 日起施行）

第一章 总 则

第一条 为保障参保人员的基本医疗需求，规范社会医疗保险关系，促进社会医疗保险事业的健康发展，根据《中华人民共和国社会保险法》、《广州市社会医疗保险条例》，制定本办法。

第二条 本办法适用于本市行政区域内的社会医疗保险参保、服务及其监督管理等活动。

第三条 建立职工社会医疗保险、职工重大疾病医疗补助、职工补充医疗保险，满足参保职工多层次的医疗保障需求。

建立城乡居民社会医疗保险、城乡居民大病医疗保险，满足参保居民多层次的医疗保障需求。

第四条 市人力资源和社会保障行政管理部门主管本市社会医疗保险工作，组织实施本办法。负责贯彻执行社会医疗保险的法律、法规和有关规定；组织实施社会医疗保险制度；研究制定社会医疗保险的政策、发展规划和有关标准；指导社会保险经办机构的工作；监督检查参保单位、参保人员及社会医疗保险服务机构执行社会医疗保险政策、规定的情况。

区人力资源和社会保障行政管理部门依职权负责辖区内社会医疗保险的管理工作。

社会保险经办机构在职责范围内具体负责本市社会医疗保险的日常管理和服务工作。

市发展改革、教育、民政、财政、卫生计生、审计、食品药品监管、地税、工会、残联等单位应当在各自职责范围内负责有关的社会医疗保险工作，协同实施本办法。

街道办事处、镇人民政府、学校应当协助社会保险经办机构和社会保险费征收机构办理本辖区城乡居民、在校学生社会医疗保险的有关事务。

第二章　社会医疗保险待遇

第五条　本市行政区域内的国家机关、企事业单位、个体经济组织、社会团体、民办非企业单位等用人单位应当为其职工参加职工社会医疗保险。

在本市按月领取失业保险金期间的失业人员（以下简称失业人员）参加职工社会医疗保险。

本市户籍的灵活就业人员，包括就业年龄范围内无雇工的个体工商户、未在用人单位参加职工社会医疗保险的非全日制从业人员以及其他灵活就业人员，可以参加职工社会医疗保险。

第六条　下列人员参加城乡居民社会医疗保险：

（一）在本市行政区域内的各类中小学校、高等学校、中等职业技术学校、技工学校及科研院所等院校全日制就读的在校学生。

（二）本市户籍的未参加职工社会医疗保险的城乡居民，包括未成年人、灵活就业人员、非从业人员以及老年居民。

第七条　达到法定退休年龄时，职工社会医疗保险累计缴费年限未达到规定年限的下列人员（以下统称退休延缴人员），可以继续参加职工社会医疗保险：

（一）在本市行政区域内的社会保险经办机构按月领取职工养老保险基本养老金或者用人单位领取退休费的退休人员；

（二）参加职工社会医疗保险的本市户籍灵活就业人员；

（三）在本市行政区域内的社会保险经办机构延缴职工基本养老保险费的人员；

（四）符合国家和省流动就业人员医疗保险关系转移接续规定可以在本市延缴职工社会医疗保险费的人员。

本市户籍的退休延缴人员，不延缴职工社会医疗保险费的，可以参加城乡居民社会医疗保险。

第八条　职工社会医疗保险参保人员按照规定享受住院、指定单病种、门诊特定项目、门诊指定慢性病、普通门诊以及个人账户待遇。

城乡居民社会医疗保险参保人员按照规定享受住院、指定单病种、门诊特定项目、门诊指定慢性病、普通门诊以及符合计划生育政策规定的生育相关待遇。

第九条 社会医疗保险统筹基金支付普通住院基本医疗费用，应当符合国家和省基本医疗保险用药范围、诊疗项目范围、医疗服务设施范围和支付标准的规定。

社会医疗保险统筹基金支付指定单病种、门诊特定项目、门诊指定慢性病、普通门诊基本医疗费用，应当符合社会医疗保险指定单病种、门诊特定项目、门诊指定慢性病、普通门诊的药品目录、诊疗项目目录及社会医疗保险的相关规定。具体目录范围由市人力资源和社会保障行政管理部门另行确定。

城乡居民社会医疗保险基金支付生育相关待遇医疗费用，应当符合计划生育政策规定、国家和省生育保险药品目录、诊疗项目目录范围及城乡居民社会医疗保险的相关规定。

第十条 社会医疗保险基金不予支付下列医疗费用：

（一）应当从工伤保险基金中支付的；

（二）交通事故、意外事故、医疗事故等明确应当由第三人负担的；

（三）应当由公共卫生负担的计划免疫、妇幼保健、应急救治、采供血以及传染病、慢性病、地方病的预防等；

（四）在香港、澳门特别行政区以及台湾地区就医的，或者在国外就医的。

医疗费用依法应当由第三人负担，第三人不支付或者无法确定第三人的，由社会医疗保险基金先行支付。社会医疗保险基金先行支付后，有权向第三人追偿。

第十一条 职工社会医疗保险参保人员使用基本医疗保险乙类药品、特殊诊疗项目及特殊医用材料，个人先自付费用比例按以下规定执行：

（一）使用基本医疗保险药品目录范围中的乙类药品，个人先自付费用比例为5%；

（二）使用基本医疗保险诊疗项目范围中基金支付部分费用的诊疗项目，个人先自付费用比例分别为治疗项目10%，检查项目15%，可单独收费的一次性医用材料10%，安装各种人造器官和体内置放材料20%。

第十二条 按时足额缴纳职工社会医疗保险费的参保人员，从缴费次月开始享受相应的职工社会医疗保险待遇。

失业人员按照规定从领取失业保险金的当月开始享受相应的职工社会医疗保险待遇。

已参加城乡居民社会医疗保险的人员，在居民医保年度内参加职工社会医疗保险的，从职工社会医疗保险缴费次月开始享受相应的职工社会医疗保险待遇，在享受职工社会医疗保险待遇期间不再享受城乡居民社会医疗保险待遇。

第十三条 参加职工社会医疗保险的人员建立个人账户。个人账户按月划入标准为：

（一）不满35周岁为本年度本人职工社会医疗保险月缴费基数的2%；

（二）满35周岁至不满45周岁为本年度本人职工社会医疗保险月缴费基数的3%；

（三）满45周岁至退休前（含退休延缴人员）为本年度本人职工社会医疗保险月缴费基数的3.8%；

（四）退休人员为上年度本市在岗职工月平均工资的4.1%。

第十四条 参加职工社会医疗保险的人员可以使用个人账户的资金支付本人或者其直系亲属的下列费用：

（一）在定点医疗机构就医发生的、属于个人负担的医疗费用；

（二）在定点医疗机构预防接种和体检的费用；

（三）在定点零售药店购买药品及医疗用品的费用；

（四）需个人缴交的社会医疗保险费、补充医疗保险费等费用；

（五）其他符合国家、省、本市规定的费用。

第十五条 个人账户资金不得提取现金，或者挪作他用，本金和利息可以结转使用和继承。

参保人员死亡后，个人账户在结清相关医疗费用后仍有结余的，按照其继承人的意愿划入其继承人的个人账户或者由其继承人一次性支取现金；继承人在参保人员死亡之日起两年内没有申领的，个人账户余额纳入社会医疗保险统筹基金。

参保人员已办理长期异地就医确认手续或者出境定居的，个人账户余额可以支取现金，保留其个人账户。

跨统筹地区流动就业的人员，转移社会医疗保险关系时，个人账户余额可以凭相关资料转移或者支取现金。

第十六条 参保人员在2014年1月1日后首次办理本市职工社会医疗保险参保登记手续并缴费的，以及2013年12月31日前已办理本市职工社会医疗保险参保登记手续但未在2014年1月31日前缴费的，其职工社会医疗保险缴费年限按15年执行。

参保人员在2013年12月31日前已办理本市职工社会医疗保险参保登记手续且在2014年1月31日前缴费的，其职工社会医疗保险缴费年限仍按10年执行。

原参加本市城镇灵活就业人员基本医疗保险的缴费年限计算为职工社会医疗保险的缴费年限。

转业或退伍安置在本市的参保人员，符合国家和省有关规定条件的，其军龄视同本市职工社会医疗保险缴费年限。

第十七条 达到法定退休年龄时，职工社会医疗保险累计缴费年限达到规定年限的人员，经社会保险经办机构核准后，从达到法定退休年龄次月起按照规定享受退休人员的职工社会医疗保险待遇。

达到法定退休年龄时职工社会医疗保险累计缴费年限未达到规定年限的人员，符合第七条规定的，可以缴费至规定年限。在延缴职工社会医疗保险费期间，按规定享受职工的社会医疗保险待遇。

第十八条 职工社会医疗保险参保人员每次住院基本医疗费用统筹基金的起付标准（以下简称住院起付标准），按照以下标准确定：

（一）职工：一级定点医疗机构为400元，二级定点医疗机构为800元，三级定点医疗机构为1600元；

（二）退休人员：一级定点医疗机构为280元，二级定点医疗机构为560元，三级定点医疗机构为1120元；

（三）参保人员每次住院支付一次起付标准，连续住院治疗时间每超过90天需重新支付一次起付标准；

（四）参保人员在专科医院连续住院治疗结核病的，每超过180天需重新支付一次起付标准。因精神病在本市精神病专科医疗机构或者指定综合性医疗机构精神病专区住院治疗的，无需支付起付标准。

第十九条 职工社会医疗保险参保人员住院起付标准以上的基本医疗费用，统筹基金按以下比例支付：

（一）职工：一级定点医疗机构为90%，二级定点医疗机构为85%，三级定点医疗机构为 80%；

（二）退休人员：一级定点医疗机构为 93%，二级定点医疗机构为 89.5%，三级定点医疗机构为 86%。

第二十条　职工社会医疗保险参保人员按照规定就医发生的指定单病种、门诊特定项目、门诊指定慢性病医疗费用，由统筹基金按规定比例支付。

具体病种和项目范围、准入标准、支付标准及办法，由市人力资源和社会保障行政管理部门会同财政、卫生计生行政管理部门另行制定，并向社会公布。

第二十一条　职工社会医疗保险参保人员按照规定就医发生的普通门诊基本医疗费用，由统筹基金按规定比例支付。

参保人员在患病住院治疗期间，不得同时享受普通门诊统筹待遇；参保人员享受门诊特定项目、门诊指定慢性病统筹待遇的部分，统筹基金不再重复支付普通门诊统筹待遇。

具体支付标准和办法由市人力资源和社会保障行政管理部门会同财政、卫生计生行政管理部门另行制定。

第二十二条　一般诊疗费、国家基本药物和省增补基本药物全部纳入职工社会医疗保险统筹基金支付范围，其中基本药物统一按甲类药品管理。

参保人员在经卫生计生行政管理部门批准实施基本药物制度并实行基本药物零差率销售的定点医疗机构就医，一般诊疗费由职工社会医疗保险统筹基金按不低于 70% 支付；使用基本药物发生的费用，职工社会医疗保险统筹基金的支付比例在相应规定标准基础上增加 10%，但增加后统筹基金最高支付比例不得超过 95%。

第二十三条　在一个职工医保年度内，职工社会医疗保险统筹基金对参保人员住院、指定单病种、门诊特定项目、门诊指定慢性病及普通门诊就医发生的符合规定范围内的医疗费用，累计最高支付限额为上年度本市在岗职工年平均工资的 6 倍。

第二十四条　职工社会医疗保险参保人员发生的医疗费用，职工社会医疗保险统筹基金年度累计支付超过最高支付限额后，由职工重大疾病医疗补助基金按下列标准支付：

（一）住院、门诊特定项目基本医疗费用，由职工重大疾病医疗补助基金按 95% 的标准支付；

（二）门诊指定慢性病、普通门诊基本医疗费用，由职工重大疾病医疗补助基金按照相应规定的标准支付；

（三）其他符合国家、省、本市规定的费用。

在一个职工医保年度内，职工重大疾病医疗补助基金累计支付参保人员就医医疗费用的最高限额为上年度本市在岗职工年平均工资的 3 倍。

第二十五条 足额缴纳职工补充医疗保险费的参保人员，从缴费次月开始享受职工补充医疗保险待遇。

在一个职工医保年度内，职工补充医疗保险参保人员因病住院或者进行门诊特定项目治疗发生的符合规定范围内的医疗费用中，属于职工社会医疗保险统筹基金最高支付限额以下所对应的个人自付医疗费用，累计 2000 元以上部分由职工补充医疗保险金支付 70%。

第二十六条 城乡居民社会医疗保险、城乡居民大病医疗保险的具体待遇标准及办法另行制定。

第三章 社会医疗保险费征缴

第二十七条 新设立的用人单位，应当自成立之日起 30 日内按照规定凭营业执照、登记证书或者单位印章到指定地税部门办理社会医疗保险费缴费登记，同时到社会保险经办机构办理社会医疗保险登记手续。

用人单位依法终止或者社会医疗保险登记事项发生变更的，应当自终止或者变更之日起 30 日内，到地税部门和社会保险经办机构办理注销或者变更登记手续。

第二十八条 参加职工社会医疗保险的用人单位职工，应当按照规定由用人单位自用工之日起 30 日内统一到地税部门办理社会医疗保险缴费登记手续。

参加职工社会医疗保险的灵活就业人员和退休延缴人员，应当按照规定到地税部门办理社会医疗保险缴费登记手续。

需变更参保资料或者停止参加职工社会医疗保险的，到地税部门办理变更登记或者注销手续。

第二十九条 参加城乡居民社会医疗保险的人员，应当按照规定到街道办事处、镇人民政府或者院校办理社会医疗保险登记手续。

第三十条 职工社会医疗保险费、职工重大疾病医疗补助费、职工补充医疗保险费由地税部门负责征收。

城乡居民社会医疗保险费由社会保险经办机构负责征收。

第三十一条 参加职工社会医疗保险的用人单位和个人，应当按月足额缴纳职工社会医疗保险费。

本办法实施前已参加本市城镇灵活就业人员基本医疗保险的灵活就业人员，在本办法实施3个月内应当办理参加职工社会医疗保险或者城乡居民社会医疗保险的变更手续；逾期未办理变更手续的，统一变更为参加职工社会医疗保险。

第三十二条 参加城乡居民社会医疗保险的人员，应当在新居民医保年度前的规定时间内办理参保缴费手续，并按保险年度足额缴纳城乡居民社会医疗保险费。

上一居民医保年度已参加城乡居民社会医疗保险的人员在新居民医保年度不需要重新办理参保登记手续，在其缴纳新居民医保年度城乡居民社会医疗保险费后，保险关系自动延续。

居民医保年度内，具有以下情形的城乡居民，可以在当年度内参保缴费：

（一）终止职工社会医疗保险关系的人员；

（二）本市行政区域外转入本市各类院校全日制就读的学生；

（三）新出生婴儿；

（四）新迁入户人员；

（五）新增的医疗救助对象；

（六）经社会保险经办机构审核确认需要在当年度内参保缴费的其他人员。

第三十三条 由区退休人员社会服务管理机构接收管理的社会化管理退休人员，相关的社会医疗保险事务，由退休人员管理关系所在区退休人员社会服务管理机构根据职责协助社会保险经办机构办理。

第三十四条 职工的缴费基数为本人上年度申报个人所得税工资、薪金收入的月平均数；单位新增职工的缴费基数为参加社会医疗保险当月本人申报个人所得税工资、薪金收入总额。个人所得税工资、薪金收入月平均数超过上年度本市在岗职工月平均工资300%的，超过部分不计入缴费基数；低于上年度本市在岗职工月平均工资60%的，以上年度本市在岗职工月平均工资的60%为缴费基数。

用人单位的缴费基数为本单位职工缴费基数之和。

失业人员、灵活就业人员及退休延缴人员的缴费基数为上年度本市在岗职工月平均工资的 60%。

第三十五条 职工个人应当按其缴费基数的 2% 按月足额缴纳职工社会医疗保险费。用人单位应当按其缴费基数的 8% 按月足额缴纳职工社会医疗保险费，并代扣代缴职工个人应当缴纳的职工社会医疗保险费。

失业人员应当由失业保险基金按其缴费基数的 10% 为其缴纳职工社会医疗保险费。

灵活就业人员及退休延缴人员应当按其缴费基数的 10% 按月足额缴纳职工社会医疗保险费。

第三十六条 职工社会医疗保险参保人员在停止缴费的次月，停止享受职工社会医疗保险待遇，但个人账户余额可以继续使用。

用人单位未按照规定为职工参加职工社会医疗保险的，补缴应缴费用、利息和滞纳金后，职工社会医疗保险累计参保人员缴费年限，不补付职工社会医疗保险待遇，期间参保人员应当享受的职工社会医疗保险待遇由负有缴费义务的用人单位承担。

用人单位未按时缴纳职工社会医疗保险费的，从欠缴次月起，参保人员暂不享受职工社会医疗保险待遇；在欠缴之日起 3 个月内（从开始欠缴之月起连续计算至补缴上月止，下同）补缴欠缴费用、利息和滞纳金的，延期缴费期间应当由统筹基金支付的医疗费用可以补付，参保人员缴费年限可以累计，相应金额补划至个人账户；在欠缴之日起 3 个月后补缴欠缴费用、利息和滞纳金的，参保人员缴费年限可以累计，职工社会医疗保险待遇不予补付，期间参保人员应当享受的职工社会医疗保险待遇由负有缴费义务的用人单位承担。

参保人员个人未按时缴纳职工社会医疗保险费的，不予补缴，期间参保人员应当享受的职工社会医疗保险待遇由负有缴费义务的个人承担。

利息按照补缴时中国人民银行公布的居民活期存款基准利率计算。

第三十七条 职工社会医疗保险累计缴费年限未达到规定年限的社会申办退休人员，不足规定年限应缴纳的职工社会医疗保险费，扣除单位按照原规定计缴、计发部分后的剩余部分，按照以下标准享受各级人民政府设立的专项资金资助：本市养老保险缴费年限（含本市视同养老保险缴费年限，以及本市行政区域内的中央、省属单位在省社会保险经办机构参加养老保险的缴费年限及视同缴费年限）满25年的，由政府专项资金一次性全额资助缴纳；满20年不满25年的，由政府专项资金资助缴纳50%，本人缴纳50%；不满20年的，由本人全额缴纳。计算养老保险缴费年限的截止时间，以其办理领取基本养老金手续的所在原独立统筹区启动实施医疗保险制度时点的上月确定，截止时间具体如下：市本级截至2001年11月，花都区截至2006年2月，番禺区截至2003年4月，从化区截至2005年12月，增城区截至2005年11月，广州铁路（集团）公司截至2004年9月。

具有本市户籍，年满50岁的男性、年满40岁的女性失业后再就业并在新单位退休的人员，退休时应当由个人缴纳的职工社会医疗保险费由各级人民政府设立的专项资金参照前款规定资助缴纳。

经市组织、人力资源和社会保障行政管理部门批准从市外调入本市的人员，经批准安置在本市的军队转业干部、复员干部、退伍义务兵、转业士官、干部随军家属等人员，其从异地转入的养老保险缴费年限（含视同缴费年限）计入政府资助年限计算。

参保人员参加职工社会医疗保险的政府资助资金，按参保人员在本市行政区域内工作时间最长单位的隶属关系，由同级财政全额承担。

第三十八条 用人单位和个人参加职工社会医疗保险的，同时参加职工重大疾病医疗补助。

职工重大疾病医疗补助费的缴费标准，以上年度本市在岗职工月平均工资为基数，每人每月缴纳0.26%。

职工的职工重大疾病医疗补助费由用人单位全额负担。

对享受政府专项资金资助职工社会医疗保险费的参保人员，政府专项资金应当一并资助相应年限的职工重大疾病医疗补助费。

失业人员应当由失业保险基金为其缴纳职工重大疾病医疗补助费。

第三十九条 用人单位和个人在参加职工社会医疗保险的基础上，可以参加职工补充医疗保险。用人单位参加职工补充医疗保险，应当以全体职工为整体参保。

职工补充医疗保险费的缴费标准，以上年度本市在岗职工月平均工资为基数，每人每月缴纳0.5%。

职工的职工补充医疗保险费可以由用人单位全额负担，也可以由用人单位按照有关规定的程序或者方式，经职工代表大会或者全体职工大会讨论通过，确定用人单位和职工个人共同分担比例。职工补充医疗保险费由用人单位统一缴交，属于职工个人负担的部分，由用人单位代收代缴。

已参加本市职工社会医疗保险并符合享受职工社会医疗保险待遇条件的退休人员，其应当缴纳的职工补充医疗保险费由职工重大疾病医疗补助基金全额资助缴纳。

参加职工补充医疗保险的失业人员应当按照规定标准缴纳职工补充医疗保险费，并从发放的失业保险金中代扣代缴。

第四十条 城乡居民社会医疗保险、城乡居民大病医疗保险的具体筹资标准及办法另行制定。

第四十一条 各级政府和社会医疗救助金的资助资金应当按时足额划入社会保障基金财政专户。

具体财政分担办法、划拨办法由市财政行政管理部门会同市人力资源和社会保障、民政行政管理部门另行制定。

第四十二条 未达到法定退休年龄的参保人员，因流动就业从省内其他统筹地区转移职工社会医疗保险关系至本市的，按照省的有关规定，本市对参保人员在省内其他统筹地区参加职工社会医疗保险并足额缴费的缴费年限予以互认并累计计算。

参保人员将社会医疗保险关系从本市转移至市外统筹地区的，社会保险经办机构应当在其办理停保手续后，根据个人申请为其出具参保凭证或者办理社会医疗保险关系转移手续，并保留其参保信息。

省外统筹地区的参保人员将社会医疗保险关系转移至本市的，社会保险经办机构按照国家和省的有关规定执行。

第四章 社会医疗保险管理

第四十三条 社会保险经办机构承担以下职责：

（一）办理本市社会医疗保险事务；

（二）负责社会医疗保险基金的支付、管理和稽核；

（三）编制社会医疗保险基金预、决算，审核支付社会医疗保险费用；

（四）设立和管理社会医疗保险个人账户，管理就医凭证在社会医疗保险事务领域的应用；

（五）与定点医疗机构、定点零售药店签订社会医疗保险服务协议；

（六）对定点医疗机构、定点零售药店执行社会医疗保险政策、规定及履行服务协议等情况进行日常监督检查、业务指导和考核，按照社会医疗保险有关规定和服务协议的约定予以处理；

（七）定期向社会公布参保人员在定点医疗机构、定点零售药店发生的医、药费用总体情况；

（八）负责个人权益记录管理，向用人单位和参保人员宣传社会医疗保险政策，并提供社会医疗保险查询、咨询服务；

（九）负责社会医疗保险信息系统的应用管理；

（十）国家、省和本市规定的其他职责。

第四十四条　用人单位和个人应当遵守以下规定：

（一）如实提供资料办理社会医疗保险有关手续；

（二）按时足额缴纳社会医疗保险费；

（三）按照社会医疗保险有关规定使用社会医疗保险统筹基金或者个人账户资金，按照规定结算医疗费用；

（四）遵守有关行政管理部门规定的医疗机构和零售药店规章制度；

（五）遵守国家、省和本市社会医疗保险的其他规定。

第四十五条　持有卫生计生行政管理部门或者食品药品监管行政管理部门颁发的有效执业证件的医疗机构和零售药店，以及经军队主管部门批准有资格开展对外服务的军队医疗机构，可以向市人力资源和社会保障行政管理部门提出承担社会医疗保险定点服务的申请，由市人力资源和社会保障行政管理部门审查其资格。符合定点资格的，与社会保险经办机构签订社会医疗保险服务协议书后确定为定点医疗机构、定点零售药店，由市人力资源和社会保障行政管理部门向社会公布。

承担特殊病种、诊疗科目、配药等基本医疗服务的医疗机构或者零售药店，由市人力资源和社会保障行政管理部门在取得社会医疗保险定点资格机构的范围内确定，并由社会保险经办机构与其签订协议。

第四十六条　定点医疗机构应当具备以下条件：

（一）遵守国家、省和本市有关医疗服务及物价管理的法律、法规和标准，有健全和完善的医疗服务管理制度；

（二）取得执业许可证并正式营业的时限、医疗服务场地使用权和面积、在册执业医师数量等符合社会医疗保险有关规定；

（三）诊疗科目、科室设置、人员配置、设备配备、技术水平、服务设施、备药数量及质量和管理水平等符合卫生计生行政管理部门有关法律法规的要求，满足社会医疗保险参保人员的医疗服务需求；

（四）信息系统等条件能满足社会医疗保险参保人员就医管理及费用结算需求；

（五）医疗机构及其职工已按照规定参加本市社会保险，并按时足额缴纳社会保险费；

（六）医疗机构负责人及相关人员熟悉本市社会医疗保险规定与基本操作，熟悉医疗卫生的政策、法规。

对符合条件的镇卫生院、社区卫生服务机构、中医医疗机构、村卫生站及养老机构内设的医疗机构，市人力资源和社会保障行政管理部门应当给予优先定点。

定点医疗机构因违规被社会保险经办机构解除服务协议的，由市人力资源和社会保障行政管理部门取消定点资格，且在之后的 3 个年度内不得申报定点资格。

第四十七条 定点零售药店应当具备以下条件：

（一）遵守药品管理及物价管理等法律法规，严格规范药品进货渠道，对药品购进、销售、库存实行计算机管理，有健全和完善的药品质量保证制度和设施；

（二）经营场所使用权、面积和布局符合社会医疗保险有关规定，并正式营业，且近一年内在食品药品监管等行政管理部门无违法违规记录；

（三）符合食品药品监管行政管理部门有关法律法规的要求，销售药品服务设施及信息管理系统等能满足社会医疗保险参保人员对销售药品服务、药品费用结算及监督管理要求；

（四）零售药店及其职工已按照规定参加本市社会保险，并按时足额缴纳社会保险费；

（五）零售药店负责人及相关人员了解社会医疗保险的规定与基本操作，熟悉药品管理与销售的政策、法规；

（六）在经营场所内设置医疗保险专用收费系统，并与社会保险经办机构的医疗保险监控系统连通，杜绝使用参保人员个人账户资金支付日用品、食品等非医疗用品费用或者套取现金。

现有的定点零售药店应当在2015年12月31日之前设置医疗保险专用收费系统，并与社会保险经办机构的医疗保险监控系统连通。逾期未整改的，由社会保险经办机构解除服务协议。

定点零售药店因违规被社会保险经办机构解除服务协议的，由市人力资源和社会保障行政管理部门取消定点资格。被取消定点资格的零售药店，当事零售药店以及其企业负责人开办的其他零售药店，在之后的3个年度内不得申报定点资格；连锁经营企业在1个年度内累计被取消定点资格2家及以上的，其开办的其他连锁药店在之后的3个年度内不得申报定点资格。

第四十八条 定点医疗机构、定点零售药店标牌由市人力资源和社会保障行政管理部门委托社会保险经办机构统一制作、管理、颁发，定点医疗机构、定点零售药店应当妥善保管、维护，不得复制、伪造、转让或者损毁，遗失或者意外损毁应当及时向社会保险经办机构报告，并予以相应处理。

社会保险经办机构终止或者解除协议后，医疗机构、零售药店应当将标牌交回社会保险经办机构处理。

第四十九条 社会保险经办机构应当对定点医疗机构、定点零售药店进行年度综合考核，考核内容包括：

（一）社会医疗保险基础管理情况；

（二）为参保人员提供社会医疗保险服务情况；

（三）定点零售药店经营质量管理情况；

（四）定点医疗机构医疗费用控制情况；

（五）社会医疗保险信息系统建设及管理情况；

（六）属于社会医疗保险服务范围的其他情况。

第五十条 参保人员就医实行全市统一的社会医疗保险凭证管理。

参保人员到定点医疗机构就医或者到定点零售药店购药、配药，须出示有效的社会医疗保险凭证，并配合定点医疗机构、定点零售药店进行身份的核对；在其出示有效的社会医疗保险凭证前，就医、购药和配药所发生的费用全部由参保人员自行承担。

急诊入院或者由于昏迷等意识不清等情况不能当场出示的，应当在入院3日内补办相关手续，家属或者其他陪同人员应当配合办理相关手续。

第五十一条 经定点医疗机构医生诊断需要住院治疗的参保人员，可以自主选择本市任一住院定点医疗机构就医。

参保人员应当配合定点医疗机构执行卫生计生行政管理部门规定的入院、出院标准及住院管理规定。住院治疗符合出院标准不按规定出院的，自定点医疗机构医嘱出院日期之次日起发生的费用，社会医疗保险统筹基金不予支付。

住院参保人员必需使用属个人自费的药品、诊疗项目、医疗服务设施和昂贵特殊医用材料的，定点医疗机构须经参保人员或者家属同意并签字。

参保人员出院时，定点医疗机构开具出院医嘱中，出院带药的品种和数量应当符合本次就诊疾病病情所需，一般不超过 7 日量。出院医嘱开具的诊疗项目及医疗服务设施费用，社会医疗保险统筹基金不予支付。

第五十二条 参保人员跨年度连续住院、进行门诊特定项目治疗的，其上年度发生的医疗费用原则上转到新年度结算；参保人员需分年度累计医疗费用的，由定点医疗机构向社会保险经办机构申请分段结算。统筹基金的起付标准按照入院或者开始治疗时当年度的标准计算。

第五十三条 参保人员在住院期间因病情需要转院治疗的，其起付标准费用按一次住院计算。转入医院起付标准高于转出医院的，参保人员须在转入医院补交起付标准费用差额；低于转出医院的，不需另付起付标准费用。

第五十四条 参保人员在年度内发生社会医疗保险险种变更的，按照参加不同险种期间发生的医疗费用分别计算，并分别累计年度最高支付限额。

参保人员在住院期间发生社会医疗保险险种待遇变更的，须办理医疗费用分段结算，医疗待遇标准按照办理结算时应享受的有关标准计算，其起付标准费用按一次住院计算，对定点医疗机构分别计算住院人次。

第五十五条 经指定定点医疗机构确诊符合指定单病种、门诊特定项目、门诊指定慢性病准入标准的参保人员，可以按照规定到指定定点医疗机构相应专科就医。

第五十六条 参保人员应当按照规定在选定定点医疗机构或者指定专科医疗机构进行普通门诊就医。

参保人员在定点医疗机构门诊就医每次处方药量：处方一般不得超过 7 日用量；急诊处方一般不得超过 3 日用量；对于已明确的慢性病、老年病或者特殊情况，处方用量可以适当延长，但医师应当注明理由。

第五十七条 参保人员在境内异地居住、异地工作、外出学习或者学生休假休学期间就医，以及在境内因公出差或者探亲、旅游期间急诊就医，在异地医疗机构发生的属于本市社会医疗保险统筹基金支付范围的医疗费用，由社会保险经办机构按照规定予以报销。

职工社会医疗保险统筹基金对参保人员异地就医医疗费用的支付标准，按照本市同级定点医疗机构标准执行。

城乡居民社会医疗保险统筹基金对参保人员异地就医医疗费用的支付标准，按照城乡居民社会医疗保险有关规定执行。

第五十八条　参保人员在定点医疗机构就医发生的医疗费用，由社会保险经办机构根据市人力资源和社会保障行政管理部门确定的有关标准及付费方式与定点医疗机构结算。

市人力资源和社会保障行政管理部门根据经济社会发展水平、医疗服务价格变化、医疗技术发展水平和社会医疗保险基金结余等情况，适时调整社会保险经办机构与定点医疗机构的医疗费用结算标准。

第五十九条　有关就医管理办法、医疗费用结算方式和办法，由市人力资源和社会保障行政管理部门会同财政、卫生计生行政管理部门另行制定。

第五章　社会医疗保险基金

第六十条　医疗保险基金包括职工医疗保险基金和城乡居民医疗保险基金，纳入社会保障基金财政专户。

职工医疗保险基金范围涵盖职工社会医疗保险、职工重大疾病医疗补助、职工补充医疗保险，其中职工社会医疗保险基金包括统筹基金和个人账户。

城乡居民医疗保险基金范围涵盖城乡居民社会医疗保险、城乡居民大病医疗保险。

医疗保险基金按照职工医疗保险、城乡居民医疗保险分别建账，分账核算，实行收支两条线管理，专款专用，任何单位和个人不得挤占挪用。

第六十一条　医疗保险基金的银行计息按照国家有关规定执行，医疗保险基金免征税、费。

第六十二条　社会保险经办机构应当认真执行社会保险基金财务制度，按年度编制医疗保险基金收支预算。

社会保险经办机构编制的医疗保险基金预算，经市人力资源和社会保障、财政行政管理部门审核后，按照程序报批。

第六十三条　社会保险经办机构应当做好医疗保险基金会计核算和财务统计分析工作，认真落实社会保险基金会计制度，加强医疗保险基金会计核算工作。

第六十四条 在保证基金安全的前提下，由市财政行政管理部门会同市人力资源和社会保障行政管理部门，根据国家规定制定医疗保险基金的保值增值计划并组织实施。

第六十五条 市人力资源和社会保障行政管理部门应当建立用人单位、参保人员、定点医疗机构、定点零售药店遵守医疗保险基金管理制度的社会诚信管理体系，将其遵纪守法、诚实守信等情况依法纳入社会诚信管理体系。

定点医疗机构、定点零售药店由于违反医疗保险基金管理规定而受到行政处罚的，市人力资源和社会保障行政管理部门应当向社会公布。

第六章 附 则

第六十六条 本办法所称的参保人员，是指参加本市社会医疗保险并按时足额缴费的人员。

本办法所称的基本医疗费用，是指属于基本医疗保险用药范围、诊疗项目范围、医疗服务设施范围和支付标准的医疗费用，但不含个人按照规定比例先自付的费用以及超限额标准的费用。

本办法所称的职工医保年度，是指每年 7 月 1 日至次年 6 月 30 日。

本办法所称的居民医保年度，是指每年 1 月 1 日至 12 月 31 日。

本办法所称的社会申办退休人员，是指参加职工养老保险的非在职人员，达到法定退休年龄后，经核准在本市行政区域内的社会保险经办机构按月领取职工养老保险基本养老金的退休人员。

第六十七条 离休人员、老红军以及符合规定的一至六级残疾军人的医疗待遇不变，医疗费用按照原资金渠道解决。

第六十八条 用人单位可以自行建立单位补充医疗保险制度。

企业或者自收自支事业单位缴纳职工补充医疗保险费和自行建立单位补充医疗保险制度的费用，在本单位上年度工资总额 5% 以内的部分，按照财务有关规定列支；财政核补事业单位的补充医疗保险经费在本单位上年度工资总额 5% 以内部分，在事业支出或者经营支出的社会保障费中列支。财务处理与税收规定不一致的，按照税收规定在计算企业所得税时作纳税调整处理。

其他用人单位补充医疗保险经费的列支渠道参照执行。

第六十九条 依法获得相关就业证件和外国人居留证件并在本市合法就

业的外国人，应当按照本办法参加职工社会医疗保险，享受职工社会医疗保险待遇。

在本市合法就业的港、澳、台同胞参照前款规定执行。

国家另有规定的，按照国家规定执行。

第七十条 本办法自2015年7月1日起施行。本办法施行前，社会医疗保险的征缴和待遇标准仍按照原标准执行。

广东省实施《女职工劳动保护特别规定》办法

（2016年11月3日广东省人民政府第十二届85次常务会议通过 2016年12月20日广东省人民政府令第227号公布 自2017年2月1日起施行）

第一条 为了实施《女职工劳动保护特别规定》，结合本省实际，制定本办法。

第二条 本办法适用于本省行政区域内国家机关、企业、事业单位、社会团体、个体经济组织以及其他社会组织等用人单位女职工的劳动保护。

第三条 县级以上人民政府应当加强对女职工劳动保护工作的领导。

县级以上人民政府人力资源社会保障行政部门、安全生产监督管理部门按照各自职责，对用人单位女职工劳动保护工作进行监督检查。

第四条 工会、妇女组织依法对用人单位女职工劳动保护工作进行监督，支持和协助女职工维护其合法权益。

第五条 用人单位应当建立健全女职工劳动保护制度，改善女职工劳动安全卫生条件，加强对女职工的劳动安全卫生知识培训。

第六条 用人单位应当遵守女职工禁忌从事的劳动范围的规定。用人单位应当将本单位属于女职工禁忌从事的劳动范围的岗位书面告知女职工。

女职工禁忌从事的劳动范围依照《女职工劳动保护特别规定》的规定执行。

第七条 用人单位不得在劳动合同或者聘用合同中与女职工约定限制其结婚、生育等合法权益的内容；不得因性别原因在薪酬调整、职务晋升等方面歧视或者限制女职工。

第八条 从事连续4个小时以上立位作业的女职工，月经期间经本人申请，用人单位应当为其安排适当的工间休息。

用人单位每月可以向女职工发放必要的卫生用品或者劳动保护卫生费。

第九条 女职工需要在劳动时间内进行婚前检查的，用人单位应当给予便利。

第十条 在女职工怀孕期间，用人单位应当遵守以下规定：

（一）女职工不能适应原劳动岗位的，应当根据医疗机构的证明，予以减轻劳动量或者安排其他能够适应的岗位。

（二）女职工经医疗机构诊断确需保胎休息的，保胎休息的时间按照病假处理。

（三）女职工怀孕7个月以上的，每天安排1小时工间休息，工间休息时间视同其正常劳动并支付正常工作时间的工资，并不得安排其延长工作时间或者从事夜班劳动；对从事立位作业的女职工，还应在其工作场所设休息座位。

（四）女职工在劳动时间内按照规定进行产前检查的，所需时间视同其正常劳动并支付正常工作时间的工资。

第十一条 女职工生育享受98天产假，其中产前可以休假15天；生育时遇有难产的，增加30天产假；生育多胞胎的，每多生育1个婴儿，增加15天产假；符合法律、法规规定生育子女的，按照《广东省人口与计划生育条例》的有关规定享受奖励假。

女职工怀孕未满4个月终止妊娠的，根据医疗机构的意见，享受15天至30天产假；怀孕4个月以上7个月以下终止妊娠的，享受42天产假；怀孕满7个月终止妊娠的，享受75天产假。

《广东省职工生育保险规定》对女职工生育享受生育津贴的产假天数的规定与本条第二款规定不一致的，按照本条第二款规定执行。

第十二条 女职工实行计划生育手术的假期按照国家和省的有关规定执行。

第十三条 女职工按照规定休产假或者计划生育手术假的，享受国家和省规定的生育保险待遇。用人单位未参加生育保险或者欠缴生育保险费，造成女职工不能享受生育保险待遇的，由用人单位按照本省及所在统筹地区规定的生育保险待遇标准向女职工支付费用；其中生育津贴低于女职工原工资标准的，用人单位还应补足差额部分。

前款所称女职工原工资标准，是指女职工依法享受产假或者计划生育手术假前12个月的月平均工资。前12个月的月平均工资按照女职工应得的全部劳动报酬计算，包括计时工资或者计件工资以及奖金、津贴、补贴等货币性收入。前12个月的月平均工资低于女职工正常工作时间工资的，按照正常工作时间工资标准计算。女职工享受假期前在用人单位工作未满12个月的，按照其实际参加工作的月份数计算。

第十四条　女职工妊娠期间引产的，用人单位可以结合本单位实际，发给一次性营养补助。

第十五条　女职工产假期满上班，用人单位应当给予1至2周的适应时间。

第十六条　女职工产假期满，确有实际困难的，经本人申请，用人单位批准，可以请哺乳假至婴儿1周岁。哺乳假期间的工资待遇由双方协商决定。

第十七条　对哺乳未满1周岁婴儿的女职工，用人单位不得延长劳动时间或者安排夜班劳动。

用人单位应当在每天的劳动时间内为哺乳期女职工安排1小时哺乳时间；女职工生育多胞胎的，每多哺乳1个婴儿每天增加1小时哺乳时间。哺乳时间和在本单位内为哺乳往返途中的时间，视同其正常劳动并支付正常工作时间的工资。

第十八条　女职工比较多的用人单位应当根据女职工的需要，配备女职工卫生室、孕妇休息室、哺乳室等设施。

第十九条　女职工经二级以上医疗机构确诊为更年期综合症，且不适应原劳动岗位的，经本人申请，用人单位应当适当减轻其劳动量，或者协商安排其他合适的岗位。

第二十条　用人单位可以每1至2年组织女职工进行一次妇科疾病检查，鼓励有条件的用人单位定期组织女职工进行乳腺癌、宫颈癌筛查。

第二十一条　用人单位应当加强劳动场所的防范措施，预防和制止对女职工的性骚扰。

女职工在劳动场所受到性骚扰，向用人单位反映或者投诉的，用人单位应当及时处理，并依法保护女职工的个人隐私。

第二十二条　用人单位违反本办法规定，应当给予行政处罚的，由县级以上人民政府人力资源社会保障行政部门或者安全生产监督管理部门按照

《中华人民共和国劳动法》《女职工劳动保护特别规定》等法律、法规的规定予以处罚。

第二十三条 用人单位违反本办法规定，侵害女职工合法权益的，女职工可以依法投诉、举报、申诉，或者依法向劳动人事争议调解组织申请调解，也可以依法向劳动人事争议仲裁机构申请仲裁。对仲裁裁决不服的，依法向人民法院提起诉讼。

第二十四条 用人单位违反本办法规定，侵害女职工合法权益，造成女职工损害的，依法承担赔偿责任；对用人单位直接负责的主管人员和其他直接责任人员依法处理；涉嫌犯罪的，移送司法机关依法处理。

第二十五条 本办法自 2017 年 2 月 1 日起施行。1989 年 1 月 29 日广东省人民政府发布的《广东省女职工劳动保护实施办法》（粤府〔1989〕16 号）同时废止。

广州市人口与计划生育服务和管理规定

（2017 年 12 月 15 日广州市人民政府令第 155 号公布　根据 2019 年 11 月 14 日广州市人民政府令第 168 号《广州市人民政府关于修改和废止部分政府规章的决定》修订）

第一条 为了实现本市人口与经济、社会、资源、环境的协调、可持续发展，提高出生人口素质，维护公民的合法权益，促进人口均衡发展，根据《中华人民共和国人口与计划生育法》《广东省人口与计划生育条例》等法律、法规，结合本市实际，制定本规定。

第二条 本市户籍居民和居住在本市行政区域内的非本市户籍中国公民，以及本市行政区域内的国家机关、社会团体、企业事业单位、群众自治组织和其他组织，应当遵守本规定。

第三条 全市各级人民政府领导本行政区域内的人口与计划生育工作，实行计划生育工作目标管理责任制。

市、区人民政府应当编制本行政区域的人口发展规划，将其纳入国民经济和社会发展计划，制定人口与计划生育实施方案并组织实施，推动生育政策和相关经济社会政策的配套衔接。

第四条　市卫生行政主管部门负责本市的计划生育和与计划生育有关的人口工作，并组织实施本规定。

区卫生行政主管部门负责本行政区域内的计划生育和与计划生育有关的人口工作。

全市各级人民政府有关行政部门应当按照各自职责，做好有关的人口与计划生育工作。

第五条　镇人民政府、街道办事处卫生工作机构负责本辖区内计划生育和与计划生育有关的人口工作的具体实施。

村民委员会、农村集体经济组织、居民委员会应当依法做好计划生育工作。

国家机关、社会团体、企业事业单位和其他组织应当依法做好本系统、本单位职工的计划生育工作。

第六条　全市各级人民政府应当将人口与计划生育经费列入财政预算，保障人口与计划生育工作必要的经费，并根据当地经济和社会发展状况逐年提高人口与计划生育经费投入的总体水平。

国家机关、社会团体、企业事业单位、群众自治组织和其他组织应当保证本单位开展计划生育工作所需的经费。

第七条　本市实行人口与计划生育工作综合治理责任单位制度，责任单位应当主动履行人口与计划生育职责，大力推进人口问题综合治理。

责任单位履行人口与计划生育工作职责列入主要领导工作实绩考核。

第八条　市、区人民政府应当建立出生人口监测和预警机制，实行分级分类人口统计调查，健全市、区、镇（街）、村（居）四级出生人口监测网络，科学预测出生人口变动趋势。

第九条　符合《广东省人口与计划生育条例》第十九条规定情形的，由夫妻双方共同申请，经镇人民政府、街道办事处或者有生育审批权的市属农林场审批，可以再生育。

第十条　公安、民政、人力资源和社会保障、医疗保障、卫生、来穗人员服务管理等相关行政主管部门应当按照《广州市政府信息共享管理规定》，将户籍管理、婚姻登记、子女收养、社会保障、计划生育、流动人口服务管理等方面的信息实行共享，方便群众办事，避免相关单位或者个人重复提供材料。

第十一条 本市户籍已婚育龄人员需要开具婚育证明的，应当向镇人民政府、街道办事处卫生工作机构提出申请，并提交有效证照。

镇人民政府、街道办事处卫生工作机构能够通过申请人提交的证照或信息平台核验的，应当及时办理。

第十二条 本市户籍居民和在本市居住 6 个月以上的非户籍居民按照规定享受婚前和孕前免费医学检查、生殖保健咨询、跟踪随访等优生健康服务。

免费优生健康服务的具体规定由市卫生行政主管部门会同有关行政主管部门另行制定。

第十三条 市卫生行政主管部门应当会同市民政、财政等行政主管部门以及市妇女联合会、市残疾人联合会，组织开展出生缺陷综合防控工作。

卫生行政主管部门应当按照公开、公平、公正的原则，确定出生缺陷综合防控定点服务机构的名单，并向社会公布。

符合条件的服务对象可以到出生缺陷综合防控定点服务机构接受其提供的婚前、孕前、孕期、新生儿等各阶段的出生缺陷防控服务，出生缺陷综合防控定点服务机构应当按照规定提供优生健康服务。具体条件由市卫生行政主管部门制定并向社会公布。

第十四条 实行计划生育的育龄夫妻免费享受下列基本项目的计划生育技术服务：

（一）查环查孕、避孕药具和放取宫内节育器、皮下埋植术和皮埋剂取出术、输精管结扎术和输卵管结扎术、人工终止妊娠以及技术常规规定的其他医学检查；

（二）计划生育手术并发症的诊治；

（三）输卵管复通术、输精管复通术。

前款规定所需的经费保障，按照国家、省和市的有关规定执行。

不符合法律、法规规定生育后落实节育措施的，节育手术费用由本人支付。

第十五条 禁止进行非医学需要的胚胎、胎儿性别鉴定，禁止非医学需要的选择性别的人工终止妊娠。

卫生、市场监督管理等行政主管部门，应当按照各自职责，制定胚胎、胎儿性别鉴定，终止妊娠手术和终止妊娠药品的管理制度，并对本行政区域内胚胎、胎儿性别鉴定，终止妊娠手术和终止妊娠药品等实施监督管理。

实施医学需要的胚胎、胎儿性别鉴定和人工终止妊娠手术的医疗机构，应当登记、查验被鉴定人或者受手术者的身份证明信息，并将鉴定结果和手术实施情况书面告知所在地的区卫生行政主管部门。

第十六条 职工按照规定参加婚育学校学习、自愿接受节育手术、参加优生健康检查的，所在单位应当给予相应假期，假期内照发工资，不影响职工福利待遇和全勤评奖。

职工自愿接受节育手术的，自手术之日起，凭手术证明按照下列规定享受节育手术假期：

（一）放置宫内节育器的，休息3天，手术后7天不从事重体力劳动。

（二）取出宫内节育器的，休息2天。

（三）输精管结扎的，休息10天；输卵管结扎的，休息30天；施行输卵（精）管复通术的，休息14天。

（四）接受皮下埋植术和皮埋剂取出术的，休息3天。

（五）怀孕不满2个月终止妊娠的，根据医疗机构的意见，享受15天产假；怀孕2个月以上不满4个月终止妊娠的，根据医疗机构的意见，享受30天产假；怀孕4个月以上不满7个月终止妊娠的，享受42天产假；怀孕满7个月终止妊娠的，享受75天产假。

（六）同时施行两种节育手术的，累计计算假期。如遇特殊情况需要增加假期的，按照施行手术机构出具的证明确定。

（七）施行其他节育手术的，按照国家、省和市的有关规定给予假期。

第十七条 职工的配偶怀孕不满4个月施行终止妊娠手术的，该职工可以享受1天的看护假；施行结扎手术的，可以享受3天的看护假；怀孕4个月以上施行终止妊娠手术的，可以享受5天的看护假。

独生子女的父母年满60周岁以上，患病住院治疗期间，其子女可以享受护理假，每年累计不超过15天。

看护假、护理假期间，职工所在单位应当保障职工工资照发，并且不影响职工的福利待遇和全勤评奖。

第十八条 在国家提倡一对夫妻生育一个子女期间，自愿终身只生育一个子女和终身没有生育只依法收养一个子女的本市户籍夫妻，继续享受相关独生子女优待奖励；符合条件的独生子女高龄父母享受社区居家养老、日常照料等必要的扶助补助。具体办法由市人民政府另行制定。

在国家提倡一对夫妻生育一个子女期间，自愿终身只生育一个子女和终身没有生育只依法收养一个子女的本市户籍夫妻，可以申领《独生子女父母光荣证》。

《独生子女父母光荣证》发放和管理的具体办法由市卫生行政主管部门另行制定。

第十九条 汽车客运站、火车站、高铁站、机场、地铁站、公园、广场、医院、旅游景区等公共场所应当根据人流量设置专用的母婴室，按照母婴室建设标准配置设施，为妇女哺乳提供便利的条件。

女性职工较多的用人单位应当根据需要设置专门的母婴室。

第二十条 市、区人民政府鼓励社会力量举办非营利性的妇幼医疗机构以及普惠性托儿所、幼儿园等服务机构，鼓励开展0－3岁婴幼儿托育服务。

第二十一条 市人民政府应当建立和完善独生子女伤残、死亡等情况的计划生育特殊家庭特别扶助制度，并将有关扶助工作纳入计划生育目标管理责任制考核。具体办法由市人民政府另行制定。

第二十二条 民政主管部门应当优先安排符合条件的计划生育特殊家庭成员入住公办养老机构。

住房和城乡建设行政主管部门应当对申请公共租赁住房且符合承租条件的城镇计划生育特殊家庭优先配租。

人力资源和社会保障行政主管部门应当对有就业意愿的计划生育特殊家庭成员予以优先就业帮扶。

第二十三条 年度计划生育目标管理责任制综合考评优秀的单位、年度综合考评良好以上的人口与计划生育工作综合治理责任单位，以及在计划生育工作中做出显著成绩的个人，由市、区人民政府根据国家、省和市的有关规定给予表彰和奖励。

办理了年度计划生育工作达标手续的单位，依照《广东省人口与计划生育条例》第三十五条的规定提取计划生育奖励金。企业集团的母公司不参与具体生产经营的，可以参照行政、事业单位的标准提取计划生育奖励金，但企业集团当年经营亏损的除外。

上述奖励经费，由财政核拨和核补单位在全市各级人民政府年度预算内列支。

第二十四条 用人单位与育龄人员确立劳动关系时，应当为其建立计划生育档案。

用人单位与本市户籍育龄人员解除劳动关系或者将退休职工移交社会化管理的，应当向其户籍地的镇人民政府、街道办事处卫生工作机构移交计划生育档案。户籍地的镇人民政府、街道办事处卫生工作机构应当接收。

第二十五条 个体工商户、私营企业、市场开办者及其从业人员的计划生育工作，由经营地和从业人员的现居住地、户籍地的镇人民政府、街道办事处卫生工作机构共同管理，以现居住地管理为主。

个体工商户、私营企业、市场开办者应当配合所在地的镇人民政府、街道办事处卫生工作机构做好本企业、市场内各经营业户及其从业人员的计划生育工作。

第二十六条 物业服务企业应当配合物业管理区域所在地的镇人民政府、街道办事处卫生工作机构以及居民委员会、村民委员会开展计划生育工作；发现物业管理区域内的育龄人员怀孕或者生育的，应当及时报告所在地的镇人民政府、街道办事处卫生工作机构，并协助做好随访服务。

第二十七条 以隐瞒、欺诈等不诚信方式骗取计划生育有关奖励和优惠待遇的，由原发放单位追回已发放的奖励金和优惠待遇，并由区卫生行政主管部门处200元以上1000元以下罚款；构成犯罪的，依法追究刑事责任。

第二十八条 违反本规定第十五条第三款，医疗机构实施医学需要的胚胎、胎儿性别鉴定和人工终止妊娠手术时，未登记、查验被鉴定人或者受手术者的身份证明信息的，由区卫生行政主管部门责令改正；拒不改正的，给予警告，并可处1万元以上3万元以下罚款；对医疗机构的主要负责人、直接负责的主管人员和直接责任人员，依法进行处理。

第二十九条 卫生行政主管部门等有关行政管理部门及其工作人员有下列行为之一的，由有关机关责令改正，对负有责任的领导人员和直接责任人员依法给予处分；构成犯罪的，依法追究刑事责任：

（一）无正当理由拒不办理有关计划生育手续的；

（二）违反计划生育有关规定乱收费、乱罚款、乱摊派的；

（三）无正当理由，拒不为符合再生育条件的育龄夫妻办理再生育审批的；

（四）挪用、克扣、截留计划生育奖励、扶助金的；

（五）其他徇私舞弊、滥用职权、玩忽职守的行为。

第三十条 本规定自2018年2月1日起施行，《广州市人口与计划生育管理办法》同时废止。

三、地方规范性文件

广东省人民政府关于调整我省企业职工最低工资标准的通知

（2018年6月20日　粤府函〔2018〕187号）

各地级以上市人民政府，省政府各部门、各直属机构：

根据《中华人民共和国劳动法》和《最低工资规定》（原劳动保障部令第21号），结合我省经济社会发展水平，省政府决定对全省企业职工最低工资标准进行调整。现将有关事项通知如下：

一、从2018年7月1日起，对我省企业职工最低工资标准和非全日制职工小时最低工资标准进行调整，具体标准附后。有条件的地市可在此基础上适当上调，并报省人力资源社会保障厅备案。

二、各地级以上市政府应及时向社会公布本地区的最低工资标准，严格执行最低工资保障制度，并加大最低工资标准的宣传力度，加强监督检查，切实保障职工的合法权益。

附件：广东省企业职工最低工资标准表

附件

广东省企业职工最低工资标准表

类别	月最低工资标准（元/月）	非全日制职工小时最低工资标准（元/小时）	适用地区
一类	2100	20.3	广州
	2200		深圳

续表

类别	月最低工资标准（元/月）	非全日制职工小时最低工资标准（元/小时）	适用地区
二类	1720	16．4	珠海、佛山、东莞、中山
三类	1550	15．3	汕头、惠州、江门、肇庆
四类	1410	14	韶关、河源、梅州、汕尾、阳江、湛江、茂名、清远、潮州、揭阳、云浮

广东省社会保险费征缴办法

（2001 年 1 月 8 日　粤府〔2001〕1 号）

第一章　总　　则

第一条　为加强本省社会保险费征缴管理，保障被保险人的社会保险待遇，根据有关法律、法规制定本办法。

第二条　本省行政区域内基本养老保险费、基本医疗保险费、失业保险费和工伤保险费（统称社会保险费）的征缴，适用本办法。

本办法所称缴费单位、缴费个人，是指依照有关法律、法规、规章，应当缴纳社会保险费的单位和个人。

第三条　社会保险费实行综合征缴。

第四条　社会保险费由地方税务机关征收。

社会保险费按地方税收管理体制实行属地征收。

社会保险费由缴费个人和缴费单位按规定比例，与个人所得税的工资、薪金税项一并申报缴纳。

第五条　社会保险费实行收支两条线管理，专款专用，任何单位和个人不得截留、挪用。

第二章 征缴管理

第六条 缴费个人按本人当月申报个人所得税的工资、薪金计算缴纳社会保险费，缴费单位按所属缴费个人当月申报个人所得税工资、薪金的总额计算缴纳社会保险费。

第七条 社会保险费由工资、薪金所得人及其所在单位（含个体户）按有关规定分别负担。

第八条 缴费单位履行代扣代缴社会保险费义务。

缴费单位在依法履行代扣代缴社会保险费义务时，缴费个人不得拒绝。缴费个人拒绝时，缴费单位应当及时报告地方税务机关处理。

第九条 社会保险费按月计征，由缴费单位于次月7日前申报缴纳。

有条件的地区应实行电子申报或磁盘软件申报。

第十条 任何单位和个人都无权减免社会保险费。

因有特殊困难不能按期缴纳社会保险费的，经县（含县）以上地方税务局的征收管理分局批准，可以延期缴纳社会保险费，但最长不得超过3个月。

缴费单位未按前款规定期限缴纳或者代扣代缴社会保险费的，地方税务机关除责令限期缴纳外，从滞纳社会保险费之日起，按日加收千分之二的滞纳金。

第十一条 缴费单位未按规定期限缴纳或者代扣代缴社会保险费的，由地方税务机关责令限期缴纳，逾期仍未缴纳或者代扣代缴的，经县（含县）以上地方税务局（征收管理分局、检查分局、稽查局）局长批准，地方税务机关可以书面通知其开户银行或者其他金融机构从其存款中扣缴社会保险费和滞纳金。

第十二条 缴费单位申报不实，地方税务机关有权核定其应缴的社会保险费数额。

第十三条 各级社会保险经办机构应于每年6月20日前将核定的各缴费单位下年度的综合征缴比例提供给同级地方税务机关。

地方税务机关按上款的综合征缴比例按时足额征收社会保险费，按月将所征收的社会保险费按险种、按级次划入相应级次的财政部门开设的社会保险基金财政专户。

应上解的省级社会保险调剂金，由各级地方税务机关按省政府规定的比例，就地按险种直接划入省财政厅社会保障基金财政专户。

第十四条 地方税务机关应于每月5日前将上月征收社会保险费的资料

提供给社会保险经办机构。

第十五条　征收社会保险费使用的有关票据由广东省地方税务机关统一印制。

第十六条　社会保险经办机构负责办理缴费单位、缴费个人的社会保险登记、变更或者注销登记业务；负责核实缴费单位、缴费个人的缴费资料，发现有误，应及时通知地方税务部门更正；负责社会保险基金的会计核算以及个人帐户的记录、管理工作。

第三章　监督检查

第十七条　缴费单位应向本单位职工公布本单位社会保险费缴纳情况，接受职工监督。

第十八条　地方税务机关有权对缴费单位、缴费个人缴纳社会保险费的情况进行检查，有权对缴费单位代扣代缴社会保险费的情况进行检查。

经县（含县）以上地方税务局（征收管理分局、检查分局、稽查局）局长批准，地方税务机关凭全国统一格式的检查存款帐户许可证明，查核缴费单位、缴费个人在银行或者其他金融机构的存款帐户。

第十九条　缴费单位、缴费个人必须接受地方税务机关依法进行的缴费检查，如实反映情况，不得拒绝检查，不得谎报、瞒报。

第二十条　地方税务机关依法进行缴费检查时，有关部门和单位应当支持、协助，向地方税务机关如实反映缴费单位、缴费个人以及其他当事人与缴费或者代扣代缴社会保险费有关的情况，提供有关资料及证明材料；地方税务机关可以记录、录音、录像、照相和复制有关资料。

第二十一条　劳动和社会保障行政部门、社会保险经办机构可以进行与社会保险费征缴有关的检查、调查工作。

地方税务机关、劳动和社会保险行政部门、社会保险经办机构派出的人员进行缴费检查时，应当出示执行公务证件，并有责任为被检查人保密。

第四章　罚　　则

第二十二条　缴费单位和缴费个人违反本办法有关规定的，按国家和省的有关规定处理。

第五章　附　　则

第二十三条　社会保险费征缴所需经费列入财政预算，地方税务机关不得从社会保险基金中提取任何费用。

第二十四条　本办法施行前颁布的有关规定与本办法不一致的，按本办法执行。

第二十五条　广东省地方税务局与省劳动和社会保险厅根据本办法的规定制定实施办法。

第二十六条　本办法自 2001 年 4 月 1 日起施行。

广东省社会保险费征缴办法实施意见

（2001 年 4 月 20 日　粤地税发〔2001〕117 号）

为贯彻实施《广东省社会保险费征缴办法》（粤府〔2001〕1 号，以下简称《办法》），现提出如下贯彻意见。

一、关于缴费基数的问题

2001 年，缴费单位按所属缴费个人当月申报个人所得税的工资、薪金为缴费基数计算缴纳社会保险费。从 2002 年开始，当年每月根据缴费个人上年申报个人所得税的工资、薪金的月平均数计算缴纳社会保险费，缴费基数原则上一年不变；缴费个人上年申报个人所得税的工资、薪金月平均数超过所在市上年度职工月平均工资 300% 以上部分不计征社会保险费，低于所在市上年度职工月平均工资 60% 的，按所在市上年度职工月平均工资 60% 计征社会保险费。

二、关于申报和审核的程序问题

1. 缴费单位于每月 10 日前，按照当月申报个人所得税的工资薪金税项向地税部门申报个人所得税同时，以当月申报个人所得税的工资薪金税项作为缴费基数，向社会保险经办机构申报应缴纳的社会保险费，填报《社会保险费缴费申报表》（见附表一），同时抄报地方税务机关。

2. 社会保险经办机构负责根据申报缴费的资料，审核申报缴费的单位和个人的缴费工资上下限、参保条件及适用费率等是否符合社会保险的有关法规规定，并进行登记和汇总各单位、各险种的申报缴费资料，于每月 28 日前，将次月应缴纳社会保险费的详细资料编制《应收社会保险费明细表》（见附表二）以书面或软盘的形式送相对应的地税征收机关。

3. 地税机关按照社会保险经办机构提供的征收资料于每月 10 日前负责征收社会保险费，并将足额征缴的社会保险费划解财政专户；未足额征缴的社会保险费划解社会保险经办机构的“社会保险基金收入过渡户”，待足额征缴后划解财政专户。地税机关于次月 5 日前，将当月实际征收并划解入库的社会保险费的资料汇总，编制《应收、实收、欠收社会保险费汇总表》（见附表三），送社会保险经办机构进行登记建帐。未足额征缴的不记个人帐户，待足额征缴后记录个人帐户。

4. 社会保险经办机构发现缴费单位和个人申报不符合有关规定的，要及时通知相应的地税机关，地税机关根据其申报个人所得税的工资薪金税项的资料进行核查后，由社会保险经办机构进行纠正登记和通知单位和个人到地税机关补缴。

5. 地税机关进行个人所得税税收检查时，发现个人所得税工资薪金税项申报不实的，应及时将情况反馈给社会保险经办机构进行纠正登记和通知单位和个人到地税机关补缴。情节严重的，由劳动保障行政部门依照有关规定对单位进行处罚。缴费单位违反规定延迟缴纳、拒缴社会保险费的，由地方税务机关依照有关规定责令其限期缴纳，加收滞纳金，并处以罚款。

三、关于社会保险调剂金的划解问题

各地方税务征收机关按照省、市社会保险经办机构根据社会保险有关法规规定计算的每季应计提调剂金总额，直接上解省、市社会保险调剂金财政专户。

四、关于社会保险业务由省社会保险基金管理局直接管理的中央、省属和部队驻粤单位社会保险费征收问题

社会保险业务由省社会保险基金管理局直接管理的中央、省属和部队驻粤单位的社会保险费征收，由省社会保险基金管理局将各有关单位的征收资料直接交给相应的地级以上市的地税机关，由各地税征收机关根据省社会保险基金管理局提供的资料征收后，直接划解省级社会保险基金财政专户，同时将征收资料直接送省社会保险基金管理局。

广东省人民政府关于贯彻国务院完善企业职工基本养老保险制度决定的通知

（2006 年 9 月 1 日　粤府〔2006〕96 号）

各地级以上市人民政府，各县（市、区）人民政府，省政府各部门、各直属机构：

为全面深入贯彻落实《国务院关于完善企业职工基本养老保险制度的决定》（国发〔2005〕38 号），进一步推进我省社会保障体系建设，决定自 2006 年 7 月 1 日起调整完善我省企业职工基本养老保险制度，现就有关工作通知如下：

一、调整个人账户记账规模

从 2006 年 7 月 1 日起，统一将全省企业职工基本养老保险个人账户规模从本人缴费工资的 11% 调整为 8%。2006 年 6 月 30 日前的个人账户与 2006 年 7 月 1 日后的个人账户合并计算。

各地要做好清理审核调整前后的个人账户数据和个人账户记录工作，实现个人账户的规范化管理。

二、调整养老保险缴费基数

个人缴费以参保人月应税工资、薪金收入为基数。参保人月应税工资、薪金高于全省上年度在岗职工月平均工资 300% 的，以全省上年度在岗职工月平均工资 300% 为基数；参保人月应税工资、薪金收入低于全省上年度在岗职工月平均工资 60% 的，以全省上年度在岗职工月平均工资 60% 为基数。

参保人所在市（地级以上市，下同）上年度在岗职工月平均工资低于全省上年度在岗职工月平均工资，且本人月应税工资、薪金低于全省上年度在岗职工月平均工资 60% 的，可按不低于所在市上年度在岗职工月平均工资的 60% 为缴费基数，以后逐步过渡到以全省上年度在岗职工月平均工资的 60% 为缴费基数。

城镇个体工商户和灵活就业人员，原则上以全省上年度在岗职工月平均工资为缴费基数。所在市上年度在岗职工月平均工资低于全省上年度在岗职工月平均工资的，也可从所在市上年度在岗职工月平均工资的60%起步，逐步过渡到全省上年度在岗职工月平均工资。

经申报并已核定的2006年6月底前的缴费基数不再重新核定。

三、改革基本养老金计发办法

从2006年7月1日起，改革企业基本养老金计发办法。2006年6月30日前已申领基本养老金的参保人，仍按原办法计发基本养老金，同时执行本通知规定的年度调整办法。

（一）享受基本养老金条件。

参保人符合下列条件之一的，可申请按月领取基本养老金：

1. 1998年7月1日后参加基本养老保险，达到国家规定退休年龄，累计缴费年限（含视同缴费年限，下同）满15年的；

2. 1998年6月30日前参加基本养老保险，2013年6月30日前达到国家规定的退休年龄，累计缴费年限满10年的；

3. 1998年6月30日前参加基本养老保险，2013年7月1日后达到国家规定的退休年龄，累计缴费年限满15年的；

4. 1998年6月30日前应参保未参保，1998年7月1日以后办理参保补缴手续，达到国家规定的退休年龄，累计缴费年限满15年的。

（二）基本养老金计发办法。

1. 1998年7月1日后参加基本养老保险的参保人，基本养老金由基础养老金和个人账户养老金组成。

（1）基础养老金月标准为：

基础养老金＝（全省上年度在岗职工月平均工资＋本人指数化月平均缴费工资）÷2×缴费年限（含视同缴费年限）×1%

本人指数化月平均缴费工资的计算办法见附件2。

参保人指数化月平均缴费工资低于全省上年度在岗职工月平均工资的60%的，基础养老金月标准为：

基础养老金＝（全省上年度在岗职工月平均工资×a＋本人指数化月平均缴费工资）÷2×缴费年限（含视同缴费年限）×1%

a＝本人平均缴费指数÷0.6，今后可随我省区域经济发展情况进行适当调整。

基础养老金从基本养老保险统筹基金中支付。

（2）个人账户养老金月标准为：

以本人首次领取基本养老金时个人账户储存额除以计发月数，计发月数按国发〔2005〕38 号文的规定执行（见附件 1）。个人账户养老金从本人个人账户基金中支付。

2. 具有视同缴费权益并建立了视同缴费账户的下列参保人，在计发基础养老金和个人账户养老金的基础上，再计发过渡性养老金：

（1）1998 年 6 月 30 日前参加基本养老保险，2006 年 7 月 1 日以后符合按月领取基本养老金条件的；

（2）1998 年 7 月 1 日后参加基本养老保险，参保前具有按国家规定的视同缴费年限，2006 年 7 月 1 日后符合按月领取基本养老金条件的。

3. 首次领取的过渡性养老金月标准为：

（1）1998 年 6 月 30 日前参加基本养老保险的，以首次领取基本养老金时本人视同缴费账户总额除以 120；

（2）1998 年 7 月 1 日后参加基本养老保险，2006 年 6 月 30 日前已具有按国家规定的视同缴费年限的，以本人视同缴费账户总额除以 120；2006 年 7 月 1 日后开始具有按国家规定的视同缴费年限的，以本人视同缴费账户总额除以个人账户计发月数。

过渡性养老金从基本养老保险统筹基金中支付。

各级社会保险经办机构要在 2008 年年底前完成参保人视同缴费账户的核定与建账工作。视同缴费账户的建账与管理办法见附件 3。

（三）过渡期计发办法。

为保证基本养老金新计发办法与原计发办法的平稳过渡，设置 5 年过渡期（2006 年 7 月 1 日至 2011 年 6 月 30 日），过渡期内实行将新办法与原办法对比并按差额计发基本养老金的做法。

1. 对过渡期内申领基本养老金的参保人，按新办法计算的基本养老金低于按原办法计算的基本养老金的，其差额部分作为补差计发。

按新办法计算的基本养老金高于按原办法计算的基本养老金的，高出部分按下列比例计发：2006 年 7 月 1 日至 2007 年 6 月 30 日期间首次领取待遇的计发 10%；2007 年 7 月 1 日至 2008 年 6 月 30 日期间首次领取待遇的计发 30%；2008 年 7 月 1 日至 2009 年 6 月 30 日期间首次领取待遇的计发 50%；2009 年 7 月 1 日至 2010 年 6 月 30 日期间首次领取待遇的计发 70%；2010 年

7月1日至2011年6月30日期间首次领取待遇的计发90%。

2011年7月1日以后申领基本养老金的，不再实行新办法与原办法对比，基本养老金按新办法计发。

2. 过渡期内按原办法计算的基本养老金，统一按2006年6月30日止的标准执行，即基础养老金以所在市2004年职工月平均工资为基数（2006年6月尚未统一全市基础养老金计发基数的，按2006年6月实际计发基数）；过渡性养老金计算到2001年6月30日，调整计算到2005年社会保险年度；个人账户储存额计算到2006年6月30日止，除数按120计算。

（四）一次性养老保险待遇。

参保人达到国家规定的退休年龄但未达到按月领取基本养老金条件的，可一次性领取个人账户储存额，同时终结养老保险关系。其中1998年6月30日前参加基本养老保险的参保人、1998年7月1日后参加基本养老保险且养老保险费全部由个人缴交的参保人，还可享受一次性养老保险待遇，所需费用从基本养老保险统筹基金中支付。一次性养老保险待遇标准为：缴费每满1年，发给1个月本人指数化月平均缴费工资。

达到国家规定的退休年龄但未达到按月领取基本养老金条件的本省户籍参保人，可以不申领一次性基本养老保险待遇，参照城镇个体工商户和灵活就业人员的费基、费率继续缴费，直至达到按月领取基本养老保险金条件时止。此类参保人最后参保地为非本人户籍所在地的，应将养老保险关系转入本人户籍所在地继续缴费；如在最后参保地连续缴费满5年以上的，也可在最后参保地继续缴费。继续缴费期间计算缴费年限，不支付基本养老保险待遇。

（五）死亡待遇计发基数。

社会保险经办机构按规定支付离退休人员死亡待遇，计发基数为所在市上年度在岗职工月平均工资，从基本养老保险统筹基金中支付。

四、完善基本养老金年度调整办法

建立基本养老金正常调整机制。基本养老金按国家有关规定调整。在国家出台基本养老金年度调整办法前，基本养老金按以下办法测算，每年7月调整，具体调整方案由省劳动保障厅会省财政厅测定，报国家有关部门审批后统一公布实施：

基本养老金年度调整额 = 所在市上年度平均基本养老金 × 全省上年度企

业在岗职工月平均工资增长率×（40%～60%）

全省上年度企业在岗职工月平均工资增长率小于或等于零时，不调整基本养老金。国家调整基本养老金时，其调整增加额等于或小于我省相应时段调整增加额的，不再调整；调整增加额大于我省相应时段调整增加额的，其高出部分予以补齐。

基本养老金每年调整所需资金从基本养老保险统筹基金中支付。

五、构建多层次的养老保险体系

各地要积极建立多层次的养老保险体系，更好地保障企业职工退休后的生活。要推动有条件的企业建立企业年金制度，加强对企业年金基金市场化管理运营情况的监督检查，保证企业年金制度健康运行。

有条件的地区，要建立地方养老保险。地方养老保险的实施办法由省劳动保障厅会同有关部门研究制定，报省政府批准后组织实施。

在建立地方养老保险制度前，2005 年度在岗职工月平均工资高于全省 2005 年度在岗职工月平均工资的市，可为 2006 年 6 月 30 日前参加基本养老保险、2006 年 7 月 1 日后申领基本养老金的参保人计发地方养老金。地方养老金月标准为：

地方养老金月标准＝（所在市 2005 年度在岗职工月平均工资－全省 2005 年度在岗职工月平均工资）÷2×本人 2006 年 6 月 30 日前缴费年限×1%

参保人在省内转移养老保险关系时，地方养老金按月标准乘以 120 后实账转移。转入地将转来的地方养老金并入统筹基金，为参保人记录转入的地方养老金总额。参保人达到领取基本养老金条件时，地方养老金由负责发放基本养老金的社会保险经办机构随参保人基本养老金一并发放，在基本养老保险统筹基金中支付。实账转入的地方养老金总额支付完后，即停止发放地方养老金。地方养老金月标准为：

地方养老金月标准＝实账转入的地方养老金总额÷120

六、扩大基本养老保险覆盖范围

各地要以非公有制企业、城镇个体工商户和灵活就业人员为重点，以规范参保缴费为内容，以提高实际缴费人数为目标，扩大基本养老保险覆盖范围。

城镇个体工商户和灵活就业人员参加基本养老保险的缴费比例原则上按 20% 执行。所在市企业职工基本养老保险的单位与个人缴费比例之和高于

20%的，按20%执行；所在市企业职工基本养老保险的单位与个人缴费比例之和低于20%的，按单位与个人缴费比例之和执行。

各市基本养老保险缴费比例调整方案须报省劳动保障厅审核后，由市政府批准执行。

七、逐步做实基本养老保险个人账户

做实基本养老保险个人账户，是积累基本养老保险基金、应对人口老龄化、实现企业职工基本养老保险制度可持续发展的重要保障。我省要逐步做实基本养老保险个人账户，实现个人账户基金的保值增值。省劳动保障厅、财政厅要认真研究制订我省做实个人账户的试点方案，经省政府审定并报劳动保障部、财政部批准后组织实施。

八、提高基本养老保险统筹层次

全面规范基本养老保险市级统筹工作，各市应从2006年7月1日起统一全市养老保险缴费比例。积极创造条件，加快实现基本养老保险省级统筹。

在实行基本养老保险省级统筹前，强化基本养老保险基金省级调剂制度。各市应严格按规定向省上缴养老保险调剂金。应上解的省级养老保险调剂金，由各级地方税务机关按规定比例，直接划入省财政厅社会保障基金财政专户。未按规定上解省级调剂金的，由省财政厅在税收返还或专项财政补助中抵扣。

九、不断提高社会保险管理服务水平

各级政府要按照建立独立于企业事业单位之外的社会保障体系的要求，高度重视企业退休人员社会化管理服务工作，加大对街道、社区社会化管理服务基础设施建设的投入，健全社会化管理服务网络。要从实际出发，不断拓宽社会化管理服务内容，积极探索开展居家养老护理服务、兴建退休人员公寓等方面的工作，满足退休人员日益增长的服务需求。

各地要加大对社会保险经办工作的投入，加快社会保险经办机构基础建设步伐，提高社会保险经办管理和服务水平。“十一五”期间，各地要完成社会保险经办综合服务大厅、档案库房和信息系统建设，建立健全高效运转的社会保险经办管理服务体系。

十、有关规定

本通知所提及的职工月平均工资、在岗职工月平均工资、企业在岗职工月平均工资，均以省统计局公布的数据为准。

各地在执行本通知中遇到的问题，请径向省劳动保障厅反映。

附件：1. 个人账户养老金计发月数表
2. 相关参数的计算办法
3. 视同缴费账户建账和管理办法

广东省人民政府
二〇〇六年九月一日

附件 1

个人账户养老金计发月数表

退休年龄	计发月数	退休年龄	计发月数
40	233	56	164
41	230	57	158
42	226	58	152
43	223	59	145
44	220	60	139
45	216	61	132
46	212	62	125
47	208	63	117
48	204	64	109
49	199	65	101
50	195	66	93
51	190	67	84
52	185	68	75
53	180	69	65
54	175	70	56
55	170		

附件 2

相关参数的计算办法

一、原办法的过渡性养老金

（一）过渡性养老金计算公式。

原办法过渡性养老金 = 原办法指数化月平均缴费工资 × ［1998 年 6 月 30 日前的缴费年限 × 计发系数 + 1998 年 6 月 30 日前的特殊工种年限 × 0.2% - 提前退休年限 × 1%］ × （1 + a01） × （1 + a02） × …… × （1 + a05） + 1997 年所在地职工月平均工资 × 10%

注：1. a01、a02、……、a05 为 2001 至 2005 社保年度退休人员过渡性养老金调整比例。

2. 计发系数：缴费年限满 15 年以上的为 1.2%；缴费年限满 10 年不满 15 年的为 1.0%。

（二）原办法指数化月平均缴费工资计算公式。

指数化月平均缴费工资 = 1999 年所在地职工月平均工资 × 本人平均缴费指数 = 1999 年所在地职工月平均工资 × （临界指数 × 视同缴费月数 + 1994 年 1 月至 2001 年 6 月实际缴费指数之和） ÷ （视同缴费月数 + 1994 年 1 月至 2001 年 6 月间的实际缴费月数）。

注：临界指数原则上按"1"计算，确需使用原办法计算的，应报省劳动保障厅审批。

（三）原办法实际缴费指数的计算公式。

参保人月实际缴费指数 = 参保人的月缴费工资 ÷ 所在地上年度职工月平均工资。

注：所在地职工月平均工资的取值，采用地级以上市或县（市、区）标准，以 2006 年 6 月底前各地实际执行的办法为准。

二、新办法基础养老金中的指数化月平均缴费工资

（一）新办法指数化月平均缴费工资计算公式。

指数化月平均缴费工资 = 全省上年度在岗职工月平均工资 × 本人平均缴

费指数

（二）本人平均缴费指数计算公式。

平均缴费指数 =（视同缴费指数 × 视同缴费月数 + 实际缴费指数之和）÷（视同缴费月数 + 实际缴费月数）。

（三）视同缴费指数计算。

1. 一般人群，即 1993 年底前参加工作，单位所在地实施粤府〔1993〕83 号文时即按规定参加企业养老保险的参保人（含 1993 年底前调到企业的机关、事业单位的工作人员和安置到企业的复转军人）。

计算公式：

视同缴费指数 = 1993 年所在地职工月平均工资 ÷ 1993 年全省职工月平均工资

注：1993 年所在地职工月平均工资的取值，采用全市或县（市、区）职工月平均工资，由所在地级以上市人民政府决定。具体指标按附件 3 中《1993 年底前全省各地“视同缴费账户”建账标准和“视同缴费指数”一览表》执行。

2. 特殊群体，指 1994 年 1 月 1 日后参加基本养老保险，参保前按国家规定计算的连续工龄可视同缴费年限的，由我省安置到企业的复员转业军人、流动到企业的原机关工作人员、以及改制前参照依照公务员管理的事业单位工作人员。

计算公式：

视同缴费指数 = 本人复员转业、单位改制或离开原单位前 12 个月月平均基本工资 ÷ 上年度全省在岗职工月平均工资。

计算结果大于 3.0 的取 3.0。

（四）补缴年限的指数计算。

补缴应参保未参保期间或中断缴费期间所欠养老保险费的，补缴年限的指数计算公式：

补缴年限的指数 = 补缴时计征的月平均缴费工资基数 ÷ 补缴时上年度全省在岗职工月平均工资。

计算结果大于 3.0 的取 3.0。

（五）本人实际月缴费工资的指数计算。

实际月缴费工资指数 = 本人月缴费工资 ÷ 上年度全省职工（在岗职工）

月平均工资。

注：上述全省职工（在岗职工）月平均工资，1994—1997 年为全省职工月平均工资，1998 年后为全省在岗职工月平均工资。

1993—2005 年全省职工或在岗职工月平均工资

年度	全省职工月平均工资（元/月）	全省在岗职工月平均工资（元/月）
1993	444	/
1994	593	/
1995	688	/
1996	761	/
1997	808	/
1998	/	853
1999	/	942
2000	/	1152
2001	/	1307
2002	/	1485
2003	/	1666
2004	/	1843
2005	/	1997

注：1993—2005 年指标值出自历年《广东省统计年鉴》。

附件 3

视同缴费账户建账和管理办法

一、视同缴费账户建账对象

为所有按规定享受视同缴费权益的人员建立视同缴费账户。

二、视同缴费账户建账办法

（一）对1998年6月30日前参加基本养老保险，享受过渡性养老金的参保人，补计1993年前视同缴费年限、补齐1994年1月至1998年6月底前个人缴费不足8%部分的视同缴费账户。

1. 1993年底以前的视同缴费账户建账办法。

截至2006年6月30日时本人1993年底前的视同缴费账户总额＝1993年所在地职工月平均工资×8%×12×1993年底以前视同缴费年限×（1+10%）12.5

1993年底前没有视同缴费年限但有实际缴费年限的参保人，也按上述办法建立视同缴费账户。

1993年底前所在地职工平均工资，用全市或县（市、区）职工平均工资，由所在地级以上市人民政府决定。

具体建账金额按《1993年底前全省各地“视同缴费账户”建账标准和“视同缴费指数”一览表》执行。

2. 补齐1994年1月至1998年6月底前个人缴费不足8%部分的计算公式：

截至2006年6月30日时补齐总额＝（1994年1月至1998年6月30日本人缴费工资之和×8%－1994年1月至1998年6月底本人实际缴费总额）×（1+4%）8

因所在地人民政府贯彻粤府〔1993〕83号文延迟实施时间的，从1994年1月至所在地贯彻粤府〔1993〕83号文的实施时间的上月，以1993年所在地职工月平均工资的8%按月补齐。

截至2006年6月30日时视同缴费账户总额＝［1993年所在地职工月平均工资×8%×1994年1月至所在地实施粤府〔1993〕83号文前的月数+（所在地实施粤府〔1993〕83号文至1998年6月本人缴费工资之和×8%－所在地实施粤府〔1993〕83号文至1998年6月本人实际缴费总额）］×（1+4%）8

（二）特殊群体的视同缴费账户记账办法。

特殊群体指参加基本养老保险前按国家规定计算的连续工龄可视同缴费年限的，由我省安置到企业的复员转业军人、流动到企业的原机关工作人员、以及改制前参照（依照）公务员管理的事业单位工作人员。

1993年底前安置、流动、改制到企业的，其视同缴费账户记账办法按本办法第二条第（一）款执行。

1994 年 1 月后安置、流动、改制到企业的，其视同缴费账户记账办法如下：

1. 转业干部（不含 2000 年以后自主择业军转干部）、转业士官（含原志愿兵、专业军士）。

以本人转业前 12 个月的月平均基本工资为基数（以转业时部队开具的本人工资介绍信为依据），按国家规定可以视同缴费年限的军龄，每满 1 月记 8% 的视同缴费账户。

2000 年以后自主择业的军转干部，参加企业职工基本养老保险前的军龄不视同缴费年限，不建立视同缴费账户。

2. 退伍义务兵、复员干部。

服役时领取津贴的战士或以复员形式退役的原军队干部，以退伍时全国上年度在岗职工月平均工资为基数，按国家规定可以视同缴费年限的服役年限，每满 1 月记 8% 的视同缴费账户。

入伍后原单位仍保留工资待遇并继续缴纳基本养老保险费的，如服役期间本人缴费工资低于退伍时上年度全国在岗职工月平均工资水平的，差额部分以视同缴费账户形式予以补齐；高于或等于退伍时上年度全国在岗职工平均工资水平的，不再建立视同缴费账户。

3. 机关单位工作人员（到企业前已被开除、除名和判刑，原机关工作时间不计算连续工龄的不在此列）。

调入企业和机构改革后分流或流动到企业的，以本人离开机关前 12 个月的月平均基本工资为基数，按国家规定可以视同缴费的机关工作年限，每满 1 月记 8% 的视同缴费账户。

4. 参照（依照）公务员管理的事业单位工作人员（到企业前已被开除、除名和判刑等，原事业单位工作时间不计算连续工龄的，以及企业化管理和自收自支事业单位应参加企业基本养老保险的，不在此列）。

调入企业或单位改制后参加企业基本养老保险的，以本人离开事业单位或单位改制前 12 个月的月平均基本工资为基数，按国家规定可以视同缴费年限的原事业单位工作年限，每满 1 月记 8% 的视同缴费账户。

5. 截至 2006 年 6 月 30 日的视同缴费账户总额 = 1993 年底前记账额 ×（1 + 10%）n + 1994 年 1 月 ~ 1998 年 6 月底记账额 ×（1 + 4%）n + 1998 年 7 月 ~ 2006 年 6 月记账额 ×［（1 + a99）…（1 + a06）］。

n 表示本人转入企业时间至 2006 年 6 月该区间的年限。

a99…a06 表示 1999 年 ~2006 年各年度个人账户记账利率。

三、视同缴费账户的管理

视同缴费账户实行虚账管理，不得继承和一次性提取。

参保人省内跨统筹区域内转移时，转出地社会保险经办机构应将本人视同缴费账户储存额实账转移，转入地按转入的视同缴费账户金额为本人建账，不再重新核定，其到账的视同缴费账户基金划入统筹基金；跨省转移的，除双方签定协议的外，按国家现行转移办法办理。

视同缴费账户从建账时点（转移后从转入地建账时）起，按全省在岗职工月平均工资增长率和商业银行存款利率综合考虑的一定利率增长。具体办法由省劳动和社会保障厅商有关部门制定，报省人民政府批准后实行。在具体办法未公布前，暂按个人账户利率增长。

1993 年底前全国各地“视同缴费账户”建账标准和“视同缴费指数”一览表（一）（略）

1993 年底前全国各地“视同缴费账户”建账标准和“视同缴费指数”一览表（二）（略）

广东省人力资源和社会保障厅、广东省卫生厅、广东省安全生产监督管理局、广东省国家税务局、广东省地方税务局、广东省总工会关于高温津贴发放的管理办法

（2012 年 5 月 24 日　粤人社发〔2012〕117 号）

第一条　为了规范高温津贴发放工作，保障劳动者身体健康和生命安全，根据《中华人民共和国劳动法》、《中华人民共和国职业病防治法》、《广东省高温天气劳动保护办法》等法律、法规、规章，结合本省实际，制定本办法。

第二条　本省行政区域内的企业、个体经济组织以及民办非企业单位等

组织（以下称用人单位）在每年6月至10月期间安排劳动者工作有关高温津贴的发放，适用本办法。

国家机关、事业单位、社会团体在每年6月至10月期间安排与之建立劳动关系的劳动者工作高温津贴的发放，参照本办法执行。

第三条 劳动者从事露天岗位工作以及用人单位不能采取有效措施将作业场所温度降低到33℃以下（不含33℃）的（以下统称高温作业），用人单位应当按月向劳动者发放高温津贴，并在工资清单中列明具体项目及数额。

第四条 从事高温作业的劳动者因下列情形之一未能正常出勤的，用人单位可按劳动者当月实际出勤且从事高温作业的天数折算高温津贴：

（一）因事假、旷工未提供劳动的；

（二）在医疗期、因工伤需要暂停工作接受工伤医疗期间、年休假、探亲假、婚假、丧假、产假、看护假、计划生育假等未提供劳动的；

（三）劳动者其他个人原因未出勤从事高温作业的情形。

第五条 用人单位当月临时安排劳动者在33℃以上的作业场所或者露天工作的，应当按其当月从事高温作业的天数以及政府有关部门规定的标准折算发放高温津贴。

用人单位安排非全日制劳动者从事高温作业的，按从事高温作业的天数折算高温津贴。

第六条 用人单位按照本办法第四、第五条的规定折算高温津贴，如当月折算后的高温津贴高于政府有关部门规定的月高温津贴标准的，可按政府有关部门规定的标准发放当月的高温津贴。

第七条 用人单位应当按月向实行不定时工作制或者综合计算工时工作制的高温作业人员发放全额高温津贴。

第八条 高温津贴的标准根据经济发展水平、职工平均工资、消费物价指数等因素确定并可年度调整。

第九条 正常工作时间工资及最低工资标准不包含高温津贴。用人单位不得因发放高温津贴而降低劳动者工资。

第十条 发放高温津贴所需费用在企业成本费用中列支，税前扣除按现行企业所得税法有关规定执行。

第十一条 用人单位应当如实记录劳动者从事高温作业情况及高温津贴发放情况，并至少保存二年。

劳动者从事高温作业情况以及高温津贴发放情况，由用人单位承担举证责任。

第十二条 本办法自2012年6月1日起施行。

广州市工伤保险若干规定

（2014年9月21日 穗府〔2014〕30号）

第一条 根据《中华人民共和国社会保险法》、《工伤保险条例》、《广东省工伤保险条例》、《工伤职工劳动能力鉴定管理办法》（人社部令第21号）等规定，结合本市实际，制定本规定。

第二条 本市的企业、事业单位、社会团体、民办非企业单位、基金会、律师事务所、会计师事务所等组织和有雇工的个体工商户（以下称用人单位）应当依法参加工伤保险，并为本单位全部职工或者雇工（以下称职工）缴纳工伤保险费。

国家机关和参照公务员法管理的事业单位、社会团体应当为与之建立劳动关系的工勤人员依法参加工伤保险，并缴纳工伤保险费。

国家机关和参照公务员法管理的事业单位、社会团体的工作人员参加工伤保险，按国家有关规定执行。

第三条 市人力资源社会保障行政部门负责本市工伤保险工作，负责指导各区、县级市人力资源和社会保障部门开展工伤保险工作，并对其执行有关政策、规定、标准和服务质量情况实施监督管理。

各区、县级市人力资源和社会保障部门负责各自政辖区内的工伤保险工作。

按属地管理原则，由用人单位所在地的区、县级市人力资源和社会保障行政部门负责办理工伤认定业务，并负责处理工伤认定的信访、投诉、行政复议、行政诉讼和档案资料管理等相关工作。

本市跨行政区工伤案件的受理，按照以下规定执行：

（一）受伤害职工已参加本市工伤保险的，由参保地的区、县级市人力资源和社会保障部门负责受理。

（二）受伤害职工未参加本市工伤保险，用人单位注册地在本市的，由用人单位注册地的区、县级市人力资源和社会保障部门负责受（办）理；用人单位注册地不在本市的，由其生产经营地的区、县级市人力资源和社会保障部门负责受理。

第四条　工伤保险费根据一、二、三类行业的工伤风险程度分别按上年度用人单位职工工资总额的0.5%、1.0%、1.5%的比例征集。各行业基准缴费费率按《广州市工伤保险行业基准费率表》（附表1）执行。

第五条　实行工伤保险浮动费率和奖励率制度。根据用人单位安全生产、工伤预防状况和工伤事故发生率以及用人单位对应行业缴费费率，确定用人单位的浮动费率和奖励率，并由市社会保险经办机构（以下简称市社保经办机构）根据用人单位工伤保险费使用情况等因素，每年7月进行一次浮动费率和奖励率调整。浮动费率和奖励率按用人单位上年度基金收支率确定档次。用人单位上年度基金收支率为用人单位上年度领取各项工伤保险待遇费用总额占该用人单位上年度所缴纳工伤保险费总额的比例。具体标准按《广州市工伤保险浮动费率和奖励率表》（附件2）执行，原基准缴费费率为0.5%的用人单位，不实行浮动费率。

第六条　工伤保险奖励费在按规定提取的工伤预防费项目中列支。主要用于奖励安全生产、工伤预防工作效果好的参保单位，以及按有关规定开展工伤预防的相关项目。奖励费用在工伤预防费的“安全生产奖励费”项目中列支，具体标准按《广州市工伤保险浮动费率和奖励率表》（附件2）执行。对参保单位的奖励费不得超过当年可提取的工伤预防费总额的35%。用于开展实施工伤预防相关项目的费用不得超过当年可提取的工伤预防费总额的35%。由市人力资源和社会保障部门统筹使用。参保单位当年度实际工伤保险奖励费在200元以下（含200元）的暂不计发，留待跨年度调剂使用。

第七条　职工发生事故伤害或者被诊断、鉴定为职业病后的第一个工作日，用人单位应当通知所在区、县级市人力资源和社会保障部门，并自事故伤害发生之日或者被诊断、鉴定为职业病之日起30日内，向所在区、县级市人力资源和社会保障部门提出工伤认定申请，并提交下列材料：

（一）工伤认定申请表；

（二）劳动合同或者存在劳动关系的有效证明；

（三）首次病历及治疗期间的全部有效的医疗诊断证明书或者职业病诊断

证明书（或者职业病诊断鉴定书）；按照医疗机构病历管理有关规定复印或者复制的检查、检验报告等完整病历材料；

（四）受伤害职工的居民身份证原件和复印件；

（五）其他相关证明材料。

第八条 职工或者其近亲属认为是工伤，用人单位认为不是工伤的，用人单位应当承担举证责任，并在区、县级市人力资源和社会保障部门规定的时限内提交证据，逾期不举证的，区、县级市人力资源和社会保障部门可以根据受伤害职工提供的或者调查取得的证据，作出工伤认定决定。

第九条 在区、县级市人力资源和社会保障部门作出工伤认定后，工伤职工自受伤害之日起 1 年以内，发现原工伤认定部位（或诊断）之外另有伤情（合并症并或后遗症除外）的，按工伤认定的程序办理。确认新发现伤情为当次工伤导致的，给予作出增补工伤伤情的认定，并按规定进行劳动能力鉴定。

第十条 职工因工作遭受事故伤害或者患职业病需要住院或门诊医疗（康复）的，应当按以下规定进行工伤医疗（康复）期确认：

（一）工伤职工只需门诊医疗的，自受伤害之日起 1 年以内，不需办理工伤医疗（康复）期确认，凭《工伤认定决定书》享受门诊医疗待遇。

（二）工伤职工需住院医疗（康复）的，在作出工伤认定决定后，由用人单位、工伤职员或者其近亲属向市劳动能力鉴定机构（以下简称市劳鉴机构）申请工伤住院医疗（康复）期确认，明确享受工伤住院医疗（康复）待遇的部位和期限等事项。

（三）工伤职工自受伤害之日起满 1 年后仍需门诊医疗（康复）的，用人单位、工伤职工或者其近亲属应当向市劳鉴机构申请办理工伤门诊医疗（康复）期确认；工伤职工住院医疗（康复）期终结后仍需住院医疗（康复）的，应当办理再次工伤住院医疗（康复）期确认。每次确认后延长的工伤门诊医疗（康复）期和工伤住院（康复）期不得超过 2 个月。

（四）对尘肺、癫痫、慢性骨髓炎等特殊伤（病）种的工伤职工，市劳鉴机构可酌情适当延长工伤住院医疗（康复）期或门诊医疗（康复）期，但最长不得超过 12 个月。

（五）工伤职工经市劳鉴机构确认属于旧伤复发的，按以上工伤医疗（康复）期规定处理。

（六）工伤职工在享受工伤医疗（康复）待遇期间，用人单位应当凭医疗机构的医疗（康复）证明，安排工伤职工住院假期或门诊就医假时（或假时），并给予享受原工资福利待遇。

第十一条　工伤职工需要暂停工作接受工伤医疗（康复）的，由市劳鉴机构进行停工留薪期确认。停工留薪期一般不超过 12 个月。伤情严重或者情况特殊，经市劳鉴机构确认，可以适当延长，但延长不得超过 12 个月。

第十二条　劳动能力鉴定实行现场鉴定。

（一）市劳鉴机构应当提前通知工伤职工进行鉴定的时间、地点及需要携带的材料。

（二）工伤职工应当按时到达指定地点参加现场鉴定。对行动不便的工伤职工，市劳鉴机构可以组织专家上门进行劳动能力鉴定。

工伤职工因故不能按时参加鉴定的，经市劳鉴机构同意，可以调整现场鉴定的时间，作出劳动能力鉴定结论的期限相应顺延。

（三）市劳鉴机构应当核对被鉴定人身份，收集、整理、初审有关资料。

（四）市劳鉴机构从劳动能力鉴定医疗卫生专家库中随机抽取 3 名或者 5 名相关专科的专家组成鉴定专家组，对被鉴定人进行全面检查，结合原始病史和相关资料以及现场检查情况，依据鉴定标准进行集体讨论，提出诊断意见并形成鉴定意见。

需要进一步医学检查的，现场出具补充检查通知书，由工作人员引导被鉴定人进行检查，并将检查结果提交鉴定专家组。

（五）市劳动鉴定委员会根据专家组的鉴定意见，结合市劳鉴机构初审的情况，作出劳动能力鉴定结论。

第十三条　参保单位的工伤职工应当在与社保经办机构签订服务协议的医疗机构（下称简称协议医疗机构）就医，情况紧急时可以先到就近的医疗机构急救；伤情相对稳定后应即转协议医疗机构继续治疗。对伤情相对稳定仍不转送协议医疗机构的，工伤保险基金不予支付工伤职工之后发生的医疗费用。

第十四条　参保职工住院治疗工伤、康复的伙食补助费由工伤保险基金按照本市国家机关一般工作人员因公出差伙食补助标准的 70% 支付。经社保经办机构批准转统筹地区以外门诊治疗、康复的，其在城市间往返一次的交通费用及在转入地所需的市内交通、食宿费用，由工伤保险基金按照本市国家机关一般工作人员因公出差交通、食宿费用补助标准支付。

第十五条　工伤职工在工伤医疗（康复）期内，达到法定退休年龄但不符合享受基本养老待遇条件的，给予继续享受工伤医疗（康复）待遇至工伤医疗（康复）期终结，经劳动能力鉴定未达到一级至四级伤残的，终止工伤保险关系，并可按规定领取一次性伤残补助金及医疗补助金。

第十六条 2004 年 1 月 1 日前（即《工伤保险条例》实施前，不含当日，下同），具有本市城镇户籍的国有（集体）企业单位已认定为工伤（或职业病）的人员，原工伤伤情或者职业病病情发生变化的，经市劳动能力鉴定委员会鉴定鉴定，确认属于“旧伤（病）复发”的，由工伤保险基金支付旧伤（病）复发期间发生的、符合工伤保险规定的医疗费。

第十七条 2004 年 1 月 1 日前，参保单位已认定为工伤（或职业病）的人员，尚未领取一次性伤残就业补助金和一次性工伤医疗补助金，原工伤伤情或者职业病病情发生变化，经市劳动能力鉴定委员会确认属于“旧伤（并）复发”的，继续享受工伤医疗（康复）待遇，并由工伤保险基金支付旧伤（病）复发期间发生的、符合工伤保险规定的医疗费。

第十八条 2004 年 1 月 1 日前，已认定为工伤（或职业病）且被评定为五级至十级伤残的，用人单位按《广东省工伤保险条例》第三十三、三十四条与其解除或者终止劳动关系的，由工伤保险基金支付一次性工伤医疗补助金，由用人单位支付一次性伤残就业补助金，并终止工伤保险关系。计发基数为工伤职工解除或者终止劳动关系前 12 个月平均月缴费工资。

第十九条 一级至四级伤残职工与原单位保留劳动关系，退出工作岗位后，其所在单位依法破产、关闭时，应当办理退休手续，停发伤残津贴，享受基本养老保险待遇。核定基本养老金时，工伤职工基本养老金低于伤残津贴的差额部分由工伤保险基金补足。

第二十条 具有本市城镇户籍、原参加工伤保险的失业人员或职工退休后首次被确诊为职业病并经人力资源和社会保障部门认定为工伤的人员，按下列办法处理：

（一）被评定为一级至十级伤残的，按照《广东省工伤保险条例》的规定享受一次性伤残补助金待遇；

（二）被评定为一级至十级伤残的，经市劳动能力鉴定委员会鉴定属“旧伤（病）复发”的，有工伤保险基金支付旧伤（病）复发期间发生的、符合工伤保险规定的医疗费。

（三）被评定为一级至四级伤残的，办理工伤残疾退休手续，按照《广东省工伤保险条例》第二十九条第一款第（二）项的规定，享受工伤伤残津贴待遇。

（四）被评定为一级至四级伤残后死亡的，其供养亲属按照《广东省工伤保险条例》第三十七条第一款第（一）、（二）项的规定享受待遇。

第二十一条　具有本市城镇户籍的职工因工伤残退休而异地安置后，应当每年向社保经办机构提供由用人单位或者居住地户籍管理部门出具的生存证明，作为继续发给工伤伤残津贴的依据。

第二十二条　申请因公死亡职工供养亲属抚恤金待遇的，应当向社保经办机构提交被供养人户口簿、居民身份证以及街道办事处、乡（镇）人民政府出具的被供养人由因工死亡职工生前提供主要生活来源、无劳动能力的证明。

有下列情况之一的，还应当分别提交相应材料：

（一）被供养人属于孤寡老人、孤儿的，提交街道办事处、乡（镇）人民政府出具的证明；

（二）被供养人属于养父母、养子女的，提交公证书；

（三）被供养人属于工亡职工配偶，提交婚姻状况证明。

被供养人完全丧失劳动能力的，应同时提交本市或者被供养人户籍所在地劳动能力鉴定委员会的劳动能力鉴定结论。

非本市户籍的，应同时提交户籍所在地社保机构享受待遇情况的证明。

续领供养亲属抚恤金的，应当每年 6 月份向社保经办机构提供由被供养人居住地户籍管理部门出具的生存证明。

第二十三条　职工因工致伤且伤情危重的，用人单位负责危重职工的 1 名近亲属的交通费、食宿费和歇工工资。

因工死亡善后处理期间，单位负责因工死亡职工父母、配偶、1 名子女和 1 至 2 名兄弟姐妹的交通费、食宿费和歇工工资。

交通费、食宿费，按本市国家机关一般工作人员的出差标准，凭收费发票支付；歇工工资以该职工本人日平均工资为基数计发。支付时间从职工伤（亡）之日起不超过 10 天。其它亲属各项费用自理。

第二十四条　已参加工伤保险的用人单位依法关闭、破产或者停业等情形，其一级至四级伤残的工伤职工、已退休的工伤人员，可以纳入户籍所在地或者常年居住地的社会化管理服务机构管理，并由社会化管理服务机构负责办法工伤保险待遇手续。

第二十五条 2004 年 1 月 1 日前，发生的工伤事故已由单位办理了长期支付待遇的工伤人员，仍按原办法管理；但由已参加工伤保险的用人单位负责的供养亲属抚恤金，改由社保经办机构按《工伤保险条例》和《广东省工伤保险条例》规定的标准和支付渠道发放。

第二十六条 已按规定享受养老保险参与或退休费待遇的老工伤人员，不再进行认定和鉴定。未进行劳动能力鉴定的，不再进行劳动能力障碍程度和生活自理障碍程度的等级鉴定。继续按原渠道领取基本养老金或退休费，不办理享受伤残津贴，其新发生的其他工伤保险待遇纳入工伤保险基金统筹支付。

经人力资源和社会保障部门审核确认符合享受伤残津贴、生活护理费申领条件的老工伤人员，未享受养老保险待遇或退休费待遇的，可以由用人单位或主管机构向市劳鉴机构提出申请，按照现行标准进行劳动能力障碍程度和生活自理障碍程度的等级鉴定，并按现行工伤保险规定申办相关待遇。

已选择由工伤保险基金依法支付工伤保险待遇以及一次性支付补偿金等办法终结工伤保险待遇关系的工伤职员、工亡职工供养亲属等人员，不列入老工伤人员范围。

第二十七条 用人单位未依法参加工伤保险或未按时足额缴费的，职工发生工伤或者职工在用人单位欠缴工伤保险费期间发生工伤的，由用人单位按照《工伤保险条例》和《广东省工伤保险条例》以及本规定的工伤保险待遇项目、标准向工伤职工支付相关的待遇。

用人单位未依法参加工伤保险的，职工发生工伤后，用人单位参加工伤保险并未全部职工从建立劳动关系之日起，按照《中华人民共和国社会保险法》以及相关法规规定补缴工伤保险费和滞纳金后，新发生的工伤医疗费、伤残津贴和工亡职工供养亲属抚恤金等费用（不含完成补缴前已经死亡职工的丧葬补助金、一次性工亡补助金和供养亲属抚恤金），由工伤保险基金和用人单位按照《工伤保险条例》和《广东省工伤保险条例》及本规定的工伤保险待遇项目、标准向工伤职工支付。

第二十八条 本规定自发布之日起施行，有效期为 5 年。相关法律依据或情况变化，根据施行情况予以修订。广州市人民政府《印发广州市工伤保险若干规定的通知》（穗府〔2008〕6 号）同时废止。

附件：1. 广州市工伤保险行业基准费率表（略）

2. 广州市工伤保险浮动费率和奖励率表（略）

广州市住房公积金管理委员会关于放宽租房提取住房公积金条件的通知

（2015 年 12 月 25 日　穗公积金管委会〔2015〕5 号）

各缴存单位和职工：

为了保障职工的合法权益，更好地支持职工使用住房公积金，根据《广东省住房和城乡建设厅 广东省财政厅 中国人民银行广州分行转发住房城乡建设部 财政部 人民银行关于放宽提取住房公积金支付房租条件的通知》（粤建金〔2015〕56 号），现就我市放宽住房公积金提取条件的有关事项通知如下：

一、提取条件

职工在本市连续足额缴存满 3 个月的，本人及其配偶在本市行政区域内无自有产权住房且租赁住房的，夫妻双方均可申请提取住房公积金用于支付房租。

二、提取额度

（一）职工租住公共租赁住房的，可提供房屋租赁合同和租金缴纳证明，按每月实际房租支出申请提取。

（二）职工租住商品住房，可提供本人身份证及夫妻双方名下无自有产权证明的，可申请提取每人每月不超过 600 元的住房公积金用于支付房租。可提取额度从 2015 年 1 月起核算。

（三）职工租住商品住房、个人每月实际房租支出超过 600 元的，可按照原租房提取规定提供相应资料，按每月实际房租支出申请提取。

三、职工本人及其配偶提供无自有产权住房证明申请提取的，其月提取限额由广州市住房公积金管理中心根据本市住房租赁市场租金水平和租住住房面积情况及时进行调整，经市住房公积金管理委员会审批后执行。

四、由广州住房公积金管理中心结合本通知内容，制定操作细则。

五、本通知自发布之日起执行，有效期为五年。

注释：本通知以经下文通知延长期限至 2025 年 12 月 25 日。

广州市住房公积金管理委员会
关于继续实施穗公积金管委会〔2015〕5号文的通知

（2021年1月12日）

各住房公积金缴存人：

经研究，《广州市住房公积金管理委员会关于放宽租房提取住房公积金条件的通知》（穗公积金管委会〔2015〕5号）有效期延长至2025年12月25日。

广东省人力资源和社会保障厅、广东省卫生健康委、广东省应急管理厅、国家税务总局广东省税务局、广东省总工会关于调整我省高温津贴标准的通知

（2021年5月28日 粤人社发〔2021〕9号）

各地级以上市人力资源和社会保障局、卫生健康委、应急监管局、总工会，国家税务局广州、各地级市、珠海市横琴新区税务局，国家税务总局广东省税务局第三税务分局，省直各有关单位：

为做好高温天气下劳动保护工作，保障劳动者的身体健康和生命安全，根据《广东省高温天气劳动保护办法》（广东省人民政府令第166号）要求，现调整我省高温津贴标准为每人每月300元；如按照规定需按天数折算高温津贴的，每人每天13.8元。

本通知自2021年6月1日起施行，《关于公布我省高温津贴标准的通知》（粤人社发〔2012〕118号）同时废止。

第二部分　经典案例及分析

1. 员工发生违纪行为，该如何处理？

案情简介

游某于2014年9月入职某公司，担任模具部经理。2019年9月，该公司单方解除劳动关系，解除劳动关系通知书内容为："游某：基于你严重违反公司规章制度，工作失职，不履行工作职责，在工作上弄虚作假，对公司的生产经营造成严重损失，经公司研究决定，于2019年9月3日与你解除劳动合同关系。特此通知！"游某不服公司的决定，提起劳动仲裁。

审理结果

本案经一裁两审，最终某公司败诉，向游某支付违法解除劳动关系赔偿金131760元。

法官认为：

1. 公司的解除劳动关系通知书只是载明游某"严重违反公司规章制度，工作失职，不履行工作职责，在工作上弄虚作假，对公司的生产经营造成严重损失"，但没有具体载明游某违反的条款，显然不合理。

2. 公司列举了游某三项违纪行为，其中：第一项违纪行为，由于文件由多个部门共同签批，最终决定并非游某所做，将责任全部归于游某并不合理，公司也无直接证据证明损失是由游某造成的；第二项违纪行为，公司已经作出口头警告处理，不应重复给予处罚；第三项违纪行为，发生在公司作出解除决定之后，劳动关系解除的理由不应在作出决定后再收集，而应当在解除前明确，况且公司并无证据证明，游某在公司决定解除劳动关系后删除电脑里内容的行为，给公司造成了严重损失。

评析意见

员工发生违纪行为，该如何处理呢？

1. 收集关键信息，与员工面谈并留下面谈记录。

由于实际情况比较复杂，如员工仅因个人行为上的违纪（如在禁止吸烟区吸烟等），比较容易举证，但如果是工作失职则会比较难举证，很多时候在事后取证很难将责任直接归到员工身上。此时，员工对事件发生过程的陈述是关键证据之一。

本案中，在发生争议时，公司所述的游某第一项违纪行为是：游某在对供应商制作的三套连续模做验收报告时，违反上级领导的指令，所有生产数据不仅未与生产部门进行验证，还在未获得厂长确认的情况下，直接作出虚假的样品验收合格报告。但根据公司提交的证据来看，并未发生程序上的不合规，模具验收报告上分别有维修车间、质量保证部、工程部的意见，已请各部门确认样品合格。从已有的证据上无法发现实际操作时，是否系游某违反操作规程，导致报告内容不真实并造成公司损失。

但如在发现该情况后，公司第一时间与游某进行面谈，留下员工本人对整个事件的陈述，将会对后续的处理提供更有利的条件。

2. 对于员工的违纪行为，处理要准确。

在实操中，不乏某些员工违纪后，公司先给了一个较轻的处分，但是后来经过考量又想按照规章制度再给予更重的处理。但这样做就违反了“一事不再罚”原则。法律上对同一个行为不会给予相同性质的两个处罚，那么在企业管理中也不应存在该现象。

3. 任何处罚都不得以处罚决定发出后的事实作为依据。

对员工进行处罚，应当在处罚前收集好违纪情形及相关证据。本案中，公司列举的游某的第三项违纪行为是：在游某收到公司的违纪解除通知后，删除了电脑里的信息，造成了公司的损失。上述理由明显发生在公司作出解除决定之后，不可作为该决定的依据。

4. 解除劳动关系的通知内容书写要规范。

本案中，公司发给游某的通知书内容模糊，具有不合理性，因此被法院质疑。规范的违纪处罚通知书应当包含：明确翔实的违纪事实、违反的规章制度名称及相应的条文、具体处罚，如果处罚是非解除劳动关系的，还应当明确处罚的观察期限以及在观察期内再次违纪的处罚原则，通常该期限为处罚作出之日起一年。

2. 退休返聘人员发生工伤如何处理？

案情简介

陈某已达到法定退休年龄，但因家庭生活困难，他于2018年8月入职某公司从事建筑工作，单独购买了工伤保险。陈某于2019年4月因工负伤，经工伤认定确认陈某伤残等级为七级，全休两个月。此后，陈某与公司达成《工伤赔偿协议书》，就此次工伤事件约定：公司向陈某支付一次性伤残补助金、一次性工伤医疗补助金、医疗费、伙食费、康复费用等各种津贴合计费用17万元，并约定如果后期发生纠纷与公司无关。

后陈某以签订《工伤赔偿协议书》时显失公平为由提起劳动仲裁，要求公司支付停工留薪期工资9734元、住院期间护理费7000元、一次性伤残就业补助金139800元。

审理结果

本案经一裁两审，最终驳回陈某的请求。

评析意见

1. 聘用达到法定退休年龄的人员，双方之间属于什么关系？

我们先来对比以下两条规定。

（1）《劳动合同法》第四十四条规定："有下列情形之一的，劳动合同终止：……（二）劳动者开始依法享受基本养老保险待遇的；……"

（2）《劳动合同法实施条例》第二十一条规定："劳动者达到法定退休年龄的，劳动合同终止。"

以上两条规定，就劳动权规定了两个完全不同的标准，这就引起了实操中的争议。根据广东省的规定及实操，用人单位聘用的人员达到法定退休年龄的，二者的关系为劳务关系，即采用了《劳动合同法实施条例》的规定。

2. 退休返聘人员在提供劳务过程中因工负伤的，如何处理？

《广东省工伤保险条例》第六十三条规定："劳动者达到法定退休年龄或者已经依法享受基本养老保险待遇的，不适用本条例。前款规定的劳动者受聘到用人单位工作期间，因工作原因受到人身伤害的，可以要求用人单位参照本条例规定的工伤保险待遇支付有关费用。双方对损害赔偿存在争议的，可以依法通过民事诉讼方式解决。"也就是说，如果用人单位聘用退休返聘人员，就要承担其工伤的风险。

但是为什么在本案中，劳动仲裁委员会和法院都驳回了陈某的请求呢？

（1）公司并非没支付给陈某赔偿金。在陈某取得工伤认定书、伤残等级评定后，双方通过协商明确了一次性伤残补助金、一次性工伤医疗补助金、医疗费、伙食费、康复费用等费用的赔付标准。虽然争议发生后，陈某主张显失公平。但上述协议是在陈某完全知道自己伤残等级的情况下签订的。陈某并无证据证明签订协议时，自己处于被欺诈、胁迫或劣势地位。

（2）陈某主张的停工留薪期工资、住院期间护理费、一次性伤残就业补助金都是基于“劳动关系”这一前提产生的。陈某已达法定退休年龄，与公司之间并无劳动关系，因此公司支付上述费用的前提条件不存在。

新政策提示：《广东省人力资源和社会保障厅、广东省财政厅、国家税务总局广东省税务局关于单位从业的超过法定退休年龄劳动者等特定人员参加工伤保险的办法（试行）》已于 2021 年 4 月 1 日起执行，试行期 2 年。根据该办法，退休返聘人员也可以购买工伤保险，享受工伤保险待遇，用人单位聘用退休返聘人员的用工风险大大降低。

3. 工资中约定包含加班费，是否有效呢？

案情简介

2013 年 4 月 24 日，李某入职某公司，任土建工程师，双方签订劳动合同，合同约定试用期两个月，试用期正常工作时间基本工资为 1300 元每月，岗位工资为 2650 元每月，绩效奖金为 1700 元每月，加班工资为 1195 元每月，李某工作至 2014 年 1 月 7 日。之后，李某与公司产生矛盾，均表示不愿意再履行劳动合同。2014 年 3 月 11 日，李某向劳动人事争议仲裁委员会申请仲裁，提出拖欠工资、支付加班费、支付经济补偿金等多项仲裁请求。经仲裁裁决，公司向李某支付经济补偿金 5715.83 元及工资 8423.33 元，并驳回李某其他仲裁请求。李某不服该裁决，诉至人民法院，公司对仲裁裁决无异议。

审理结果

一审法院认为，关于加班费：李某主张其在职期间每周休息日加班一天，并存在延长工作时间加班的情况。但李某确认无证据证明主张的加班时间，而且从双方劳动合同中关于李某劳动报酬的约定来看，某公司每月支付的工资中包含了固定数额的加班费。因此，李某要求加班费缺乏事实与法律依据，法院不予支持，遂驳回李某关于加班费的诉讼请求。

李某不服，上诉至二审人民法院，法院经审理判决驳回上诉，维持原判。

评析意见

1. 延长工作时间就一定是加班吗？

工资是指用人单位以货币形式支付给劳动者的劳动报酬，包括计时工资、计件工资、奖金、津贴和补贴、加班工资以及特殊情况下支付的工资等。一般而言，加班工资是用人单位安排劳动者延长工作时间而应当额外支付的劳动报酬。《劳动法》第四十四条规定："有下列情形之一的，用人单位应当按照下列标准支付高于劳动者正常工作时间工资的工资报酬……" 由此可以看出，构成加班的第一个特征是"高于劳动者正常工作时间"，即劳动者在标准工作时间以外提供劳动；加班的第二个特征是加班必然与劳动者本职工作相关或构成用人单位主要业务需求，此要求虽没有直接的法律条文依据，但在司法实践中得到认可。由上述条件可以看出，并非所有延长的工作时间都构成加班。

2. 劳动合同中预先约定了确定的加班工资，是否有效？

用人单位与劳动者在劳动合同中明确约定了支付的工资中包含确定的加班工资，从形式上分析，是不被禁止的。

2009 年《广州市中级人民法院关于审理劳动争议案件的参考意见》第三条规定："在审理加班工资争议案件中，对于用人单位实行不同于标准工时制的固定工时制度（如固定每周工作五天，每天 9 小时或每周工作六天，每天 8 小时等）且劳动报酬固定的双固定（固定时间，固定报酬）用工模式，劳动者要求用人单位支付加班工资的，用人单位主张劳动者入职时已明确的工资已包含全部工作时间（标准工作时间和加班工作时间）内的标准工资和加班工资并提供证据予以证实，且该工资收入不低于以当地最低工资数额作为标准工时工资折算的工资总额，人民法院对该抗辩理由可予以采信，不再另行计算加班工资。"

2008 年《广东省高级人民法院、广东省劳动争议仲裁委员会关于适用〈劳动争议调解仲裁法〉、〈劳动合同法〉若干问题的指导意见》第二十七条规定："用人单位与劳动者虽然未书面约定实际支付的工资是否包含加班工资，但用人单位有证据证明已支付的工资包含正常工作时间工资和加班工资的，可以认定用人单位已支付的工资包含加班工资。但折算后的正常工作时间工资低于当地最低工资标准的除外。"

可见，在劳动合同中约定加班工资是被广东地区的司法实践所认可的。但有两点需要注意：第一，折算后的正常工作时间工资不得低于当地最低工资标准；第二，实际加班时间所需要支付的加班工资超过已经支付的加班工资后，仍然需要支付剩余加班工资。

4. 企业是否可以根据经营需要，单方调整劳动者的工作岗位?

案情简介

李某于2003年6月9日入职某公司。2013年7月2日，该公司发出人事调整公告，将李某的职务由模具科的副科长调整为班长，没有载明原因。该公司主张调岗的原因是上级厂长反映李某工作缺乏积极性，相关部门反映模具科没有对模具进行有效管理，导致模具经常需要修改尺寸，李某作为副科长对此有责任；李某与其他部门的沟通不到位，反映其难以合作。李某于2013年8月28日通过邮政快递向公司邮寄了《被迫解除劳动合同函》，认为公司单方对自己调岗、降薪，克扣工资，并且未依法缴纳社会保险，要求解除劳动合同，同时申请劳动仲裁，请求支付经济补偿金。

审理结果

仲裁经审理裁决某公司向李某支付解除劳动合同经济补偿金。该公司不服，起诉至人民法院。

法院认为，李某向公司邮寄《被迫解除劳动合同函》，视为向公司提出解除劳动合同。因该公司没有发放李某2个月的绩效奖金，根据《劳动合同法》第三十八条第一款“用人单位有下列情形之一的，劳动者可以解除劳动合同：……（六）法律、行政法规规定劳动者可以解除劳动合同的其他情形”的规定；另外，该公司以调整工作岗位为由，变相降低李某的工资，属于劳动者可以解除劳动合同的情形，法院予以支持。依照《劳动合同法》，该公司应向李某支付经济补偿金。故判决驳回公司的诉讼请求，该公司应当支付李某解除劳动合同的经济补偿金。该公司不服判决，提出上诉。

经二审法院审理认为，李某于2013年7月2日被公司降为班长，并未载明原因。在诉讼中，公司主张因李某工作积极性不高、未能对模具进行有效管理，导致模具经常要修改尺寸。从该项主张来看，公司认为李某不能胜任副科长一职，故对其进行调岗。根据“谁主张、谁举证”的原则，公司应对此举证证明，但在本案中，公司未能提供充分、有效的证据证明李某有不能胜任副科长一职的事实。另外，该公司主张在人事公告发出后，李某对此并未提出异议且继续上班，说明李某接受了职务调整。对此，法院认为，公司单方作出降职降薪的意思表示，事关李某的切身利益，其是否接受应该以明确的意思表示为准，不能以其未提出异议认定其同意。该公司根据《劳动合同》的约定，认为李某未在三日内对调整工作岗位提出异议，视为其接受调岗。法院认为，本案中其对李某的职务调整不属于企业经营需要，不适用《劳动合同》的约定，故该公司的该项主张不能成立。综上，该公司单方调整李某的职务并降低工资没有事实依据，李某提出被迫解除劳动合同并要求支付经济补偿金于法有据。因此驳回该公司的上诉，维持原判。

评析意见

1. 用人单位单方调整员工工作岗位是很常见的现象。《劳动合同法》第三十五条第一款规定："用人单位与劳动者协商一致，可以变更劳动合同约定的内容。变更劳动合同，应当采用书面形式。"因此，一般而言，变更劳动合同应当经双方协商一致，书面变更方有效。

2. 在实践中，用人单位往往需要根据公司的实际经营情况单方安排员工调整工作岗位。《最高人民法院关于审理劳动争议案件适用法律问题的解释（一）》第四十三条规定："用人单位与劳动者协商一致变更劳动合同，虽未采用书面形式，但已经实际履行了口头变更的劳动合同超过一个月，变更后的劳动合同内容不违反法律、行政法规且不违背公序良俗，当事人以未采用书面形式为由主张劳动合同变更无效的，人民法院不予支持。"。由此看出，用人单位对于劳动合同的变更享有用工自主权，在不违反相关法律法规规定的情况下，可以根据生产经营的需要调整工作岗位。

3. 本案中，公司调整李某的工作岗位，最终被认定为违法，李某根据《劳动合同法》第三十八条提出被迫解除劳动合同，并请求支付经济补偿金得到法院支持，主要原因在于：用人单位调整岗位的理由不充分，如果以不能胜任工作为由进行调整，需要提供经员工确认的考核标准及考核结果作为证据。如果属于用人单位生产经营的需要，调整工作岗位后李某的工资水平应当与原岗位基本相近，不得降低其薪酬水平。

5. 员工用虚假身份证入职，出了工伤，由谁承担？

案情简介

沈某因没有健康证，为入职某酒楼借用其好友梁某的身份参加面试。因该酒楼资格审查不严，沈某顺利通过面试，进入酒楼厨房工作，并签订了为期2年的劳动合同。酒楼以沈某提交的身份资料为其办理了社会保险。入职半年后，沈某在一次工作中被滚油烫伤，被鉴定为七级伤残。沈某遂向社保机构申请工伤待遇，但其因使用假身份证投保无法领取工伤待遇。沈某遂向当地劳动人事争议仲裁委员会申请仲裁。

审理结果

本案经劳动仲裁、一审和二审，由终审法院作出判决：综合考虑双方过错程度，对沈某不能进行工伤理赔而造成的工伤保险待遇损失，酒楼承担40%的责任，沈某承担60%的责任。

法院认为，沈某入职某酒楼时是以“梁某”的身份签订劳动合同并参加社会保险的。根据《劳动合同法》的规定，劳动者以欺诈手段使用人单位在违背真实意思的情况下订立劳动合同的，劳动合同无效或者部分无效。由于沈某不具备进入酒店厨房工作的资格，因此其与该酒楼之间签订的劳动合同无效。但劳动合同无效，是指不能发生当事人所预期的法律后果，但不能否认劳动者已经为用人单位提供劳动的事实，用人单位由于已经占有无法返还的劳动成果，因此需支付相应对价，双方也就成立了事实上的劳动关系。因此，虽然沈某与该酒楼之间的劳动合同无效，但是双方已经建立事实劳动关系。

该酒楼以“梁某”名义参保，但实际的参保人是沈某，虽然酒楼主张沈某与社保机构之间存在“事实参保关系”，但这种说法并无法律依据，因此沈某不属于工伤保险参保人员，不能享受工伤保险待遇。《工伤保险条例》第六十二条第二款规定：“依照本条例规定应当参加工伤保险而未参加工伤保险的用人单位职工发生工伤的，由该用人单位按照本条例规定的工伤保险待遇项目和标准支付费用。”

但沈某在入职该酒楼时，提交虚假的身份信息，导致酒楼使用虚假的身份信息为其投保，这是沈某不能享受工伤保险待遇的主要原因，沈某应当对由此产生的后果承担主要责任。该酒楼在聘用沈某时未严格审核沈某提交的资料的真实性，有一定的过错，也应当承担相应的责任。

评析意见

通过本案我们可以看出用人单位严格审核劳动者入职资料的重要性。用人单位在录用员工时往往注重对其技能、专业素质进行考核，但容易忽略对其身份信息进行核实。劳动者借用他人身份信息求得工作，在实践中并不少见。用人单位如果在招聘环节加强管理，把好劳动者资料的审核关，注意审查劳动者身份的真实性，对劳动者进行背景调查，就可以避免出现类似的情况，降低用人的法律风险。同时，诚实信用原则作为民事法律规范体系中的重要条款，在劳动法领域也适用，员工违反该原则同样需承担相应的不利后果。

6. 迟到一小时，可以被辞退吗？

案情简介

胡某系某软件公司员工。因胡某经常迟到，软件公司于2013年6月9日口头警告胡某，胡某通过邮件承认自己的迟到行为，并表示已经知错。但其后，胡某仍多次迟到。2013年6月24日早会，软件公司对胡某进行了严重口头警告，并强调“迟到一小时按旷工处理”。此后，胡某仍于2013年7月1日、3日、6日、10日、12日、13日分别迟到近一小时。该软件公司认为，胡某的行为是对公司劳动纪律的挑衅，在公司造成了极其恶劣的影响，遂于7月13日对其进行口头警告，但胡某态度恶劣，最终在当日以“迟到一小时属于旷工行为，严重违反公司规章制度”为由解除劳动关系。

胡某认为：首先，公司没有关于考勤的规章制度，员工迟到在公司是长期、普遍、正常的现象。其次，本人虽有迟到，但公司并未进行任何处罚，而在2013年7月13日同时出具两份警告信，予以罚款处罚，后又依此解除劳动合同，违反了“一事不再罚”原则。最后，即使按照公司6月24日早会规定“迟到一小时按旷工处理”，本人迟到均没有达到1小时，最多只能按迟到处理。公司解除劳动合同的行为不合法。因此，胡某提起了仲裁。

审理结果

本案经仲裁、一审、二审和再审，最终认定该软件公司解除劳动合同的行为合法，驳回胡某全部诉讼请求。本案的争议焦点为：软件公司依据“迟到一小时属于旷工行为，严重违反公司规章制度”为由解除劳动合同是否合法。

法院认为，根据《劳动合同法》第三十九条第（二）项的规定，严重违反用人单位规章制度的，用人单位可以解除劳动合同。规章制度包括劳动纪律。本案中，双方确认的2013年6月9日邮件显示，胡某清楚地知道公司要求上下班准时的劳动纪律。之后，虽经公司多次提醒、警告，胡某仍不遵守劳动纪律，多次迟到。根据一审、二审判决查明，在公司对胡某作出警告处理，并针对员工迟到现象，明确强调“迟到一小时按旷工处理”的情况下，胡某于 2013 年 7 月 1 日、3 日、6 日、10 日、12 日、13 日分别迟到近一小时，二审判决据此认为胡某构成严重违反用人单位的规章制度，公司解除与胡某劳动合同合法，并无不妥。

评析意见

根据《劳动合同法》的规定，用人单位在员工出现严重违反公司规章制度的情况下可以单方解除劳动关系且不需要支付经济补偿金。通常在实操中，HR 往往难以把握“严重违纪”的度，因而无法保障公司的合法利益，也会出现损害员工合法利益的情形。

笔者认为“严重违纪”分为两种，一是社会一般成员道德观念中的“严重违纪”，即旷工、玩忽职守等，这类违纪行为非常容易判断，也更符合社会成员的一般评价，用人单位规章制度中一般也会对这类违纪行为进行规定。而在实操中，即使用人单位规章制度中没有明确规定，也可以对发生这类违纪行为的员工进行处罚。如本案中，虽然公司规章制度并未规定“迟到一小时属于旷工行为”，且胡某迟到的时间单次不足一小时，但胡某在公司强调该劳动纪律后仍屡屡迟到，从社会一般成员的观念来看已经达到“严重违纪”的程度，因此法院支持公司的处罚决定；另一类“严重违纪”则相对特殊，判断员工是否严重违纪需要结合其工作职责。如加油站工人上班时间在工作场所抽烟与普通员工抽烟，其严重程度不同，所造成的后果也不同。因此在实操中，除了需要制定统一的规章制度外，还应当从各岗位的实际情况出发，区别对待，这样才能公平地保护用人单位及员工的合法利益。

7. “三期”女职工出具虚假病假单被违纪解除，会怎样判决？

案情简介

张某于 2011 年入职某公司。2013 年 5 月，该公司根据规章制度及《劳动合同》约定的“在一个公历年度连续旷工三天，或累计旷工五天的，视为严重违反规章制度，公司可立即解除劳动合同”，与张某解除劳动合同。据公司称，张某怀孕后，两次以孕期不适为由提交盖医院内科业务专用章的病假证明，以此获得“病假”休息。后引起公司人事部怀疑，经核实，确定张某提供虚假病假证明，因此认定张某“病假”应属于旷工。张某提出仲裁申请，要求确认公司违法解除劳动关系，并支付违法解除劳动合同的赔偿金、孕期、产期、哺乳期工资。

审理结果

仲裁采信了公司出示的关于主张员工提供虚假病假材料及旷工的部分证据，认定用人单位系依法解除劳动关系，证据充分，程序合法。

张某不服仲裁结果，向法院提起诉讼，一审判决认为张某未出勤期间处于孕期，提交的诊断证明足以证明其当时须卧床休息，无法上班。产科证明加盖内科的公章只能说明医院有管理问题，不能据此推翻张某客观上须卧床休息的事实。据此认定张某的行为不属于旷工，单位属于违法解除劳动合同。

公司因不服一审判决提起上诉，并申请法院向某医院调查取证。法院发函要求医院就病假材料进行说明并调查张某是否有就医记录，医院复函：（1）医院没有张某的就诊记录；（2）张某提交的诊断证明门诊号与医院实际情况不符；（3）张某诊断证明书的公章与医院的诊断证明公章不一致。该复函证明张某提供了虚假的病假材料，最终，二审法院认为，张某提供虚假病假证明，其所休“病假”天数应为旷工天数，依据公司的规章制度，构成严重违纪，单位系依法解除劳动关系，证据充分，程序合法。

评析意见

第一，如何证明员工提交的病假材料是虚假的？

本案中，员工在职期间申请病假时所提交的病假证明材料是否真实决定其是否存在旷工行为。因此，在本案审理过程中，如何证明张某提交了虚假病假证明材料是重点。二审中，法院向某医院调查取证，医院复函充分说明张某提交的病假证明是虚假证据，这是公司胜诉的关键。

实操中遇到员工提交的病假证明确实疑点较多的情况，单位要如何判断员工提交的病假证明是否虚假呢？单位可以按照以下方式核实病假材料的真伪：（1）对于请病假的职工，用人单位有权要求其提供就诊记录、病历卡、病情证明单、医药费证明等以便核实；（2）可到服务台确认病假单的真伪；（3）找主治医生直接核对真实性；（4）亲自就医，对比查看员工就医资料、程序是否真实；（5）可找院办进行进一步的复核；如确认病假单有很大的虚假可能，而院方明知是假的，仍然拒绝配合出具相关证明，则可考虑前往卫生局投诉。法律虽然规定医疗单位应积极配合上述调查取证，但未强制医疗单位必须配合，因此，单位可能在向医院取证的过程中遇到诸多困难，建议单位委托专业律师完成调查取证事宜。

第二，如女职工有其他证据证明确实须卧床休息，那么即使证明员工提供的病假资料是虚假的，最后结果还是判定单位“违法解除劳动合同”呢？

二审法院认为：张某提交的涉案诊断证明存在瑕疵以及虚假的情况，且张某对于就诊情况未能提供合理的解释，因此本院认定张某提供虚假的诊断证明，且未能提交其他证据证明其身体状况不适宜正常上班，也未能证明其已正常办理相关的请假手续，公司认为张某已构成旷工，证据充分。

由此可见，虽然医院的回函足以证明张某并未在该医院真实就诊，但是张某在庭上答辩称其虽然没有挂号，但确实曾看病并且需要休息，其也有到其他医院就诊，只是春节前后医院无人开具诊断证明，但张某的上述主张没有拿出相关证据支持。最终，二审法院认定单位系合法解除劳动合同，无需对张某进行赔偿。但是如果张某能提供涉案期间在其他医院就诊的相关记录，证明其在涉案期间确实客观上无法上班，则张某的旷工事实就不能得到认定。那么，单位以旷工为由解除张某很有可能被认定为违法解除劳动合同。因此，在实务中，如果公司的规章制度中明确将“提供虚假病假证明”列为严重违纪行为，则单位可以以此为由解除与员工的劳动关系。所以，解除劳动关系的事实依据虽然很重要，但正确选择相应的解除依据同样很重要。

综上，“三期”女职工虽然享有特别的待遇，受到法律法规的特别保护，但法律对“三期”女职工的特殊保护不是无限的，“三期”女职工如有《劳动合同法》第三十九条中规定的情形，法律是不对其进行特殊保护的。此种情形下辞退“三期”女职工，用人单位无需承担责任。另外，鉴于立法和司法实践中对女职工的倾斜保护，我们建议企业在与女职工，尤其是“三期”女职工解除或终止劳动关系时务必慎重，最好聘请专业劳动法律顾问把关，以免遭受不必要的损失。

实用表格

各地病假工资标准一览表

范围	病假工资标准	相关法律规定
全国	59. 职工患病或非因工负伤治疗期间，在规定的医疗期间内由企业按有关规定支付其病假工资或疾病救济费，病假工资或疾病救济费可以低于当地最低工资标准支付，但不能低于最低工资标准的80%。	《关于贯彻执行〈中华人民共和国劳动法〉若干问题的意见》（劳部发〔1995〕309号）
北京	**第二十一条** 劳动者患病或者非因工负伤的，在病休期间，用人单位应当根据劳动合同或集体合同的约定支付病假工资。用人单位支付病假工资不得低于本市最低工资标准的80%。	《北京市工资支付规定》（北京市人民政府第200号令）
上海	**四、**职工疾病或非因工负伤连续休假在6个月以内的，企业应按下列标准支付疾病休假工资：连续工龄不满2年的，按本人工资的60%计发；连续工龄满2年不满4年的，按本人工资的70%计发；连续工龄满4年不满6年的，按本人工资的80%计发；连续工龄满6年不满8年的，按本人工资的90%计发；连续工龄满8年及以上的，按本人工资的100%计发。 职工疾病或非因工负伤连续休假超过6个月的，由企业支付疾病救济费，其中连续工龄不满1年的，按本人工资的40%计发；连续工龄满1年不满3年的，按本人工资的50%计发；连续工龄满3年及以上的，按本人工资的60%计发。 本人工资按职工正常情况下实得工资的70%计算。	《上海市劳动局①关于加强企业职工疾病休假管理保障职工疾病休假期间生活的通知》（沪劳保发〔1995〕83号）

① 现为上海市人力资源和社会保障局。

续 表

上海	**五**、职工疾病或非因工负伤休假待遇低于本企业月平均工资 40% 的，应补足到本企业月平均工资的 40%。企业月平均工资的 40% 低于本市在职职工定期生活困难补助标准的，应补足到本市在职职工定期生活困难补助标准。 职工疾病或非因工负伤待遇高于本市上年度月平均工资的，可按本市上年度月平均工资计发。	
	一、企业支付职工疾病休假期间的病假工资或疾病救济费不得低于当年本市企业职工最低工资标准的 80%。	《上海市劳动和社会保障局[①]关于本市企业职工疾病休假工资或疾病救济费最低标准的通知》（沪劳保保发〔2000〕14 号）
	九、企业安排劳动者加班的，应当按规定支付加班工资。劳动者在依法享受婚假、丧假、探亲假、病假等假期期间，企业应当按规定支付假期工资。 加班工资和假期工资的计算基数为劳动者所在岗位相对应的正常出勤月工资，不包括年终奖，上下班交通补贴、工作餐补贴、住房补贴，中夜班津贴、夏季高温津贴、加班工资等特殊情况下支付的工资。 加班工资和假期工资的计算基数按以下原则确定： （一）劳动合同对劳动者月工资有明确约定的，按劳动合同约定的劳动者所在岗位相对应的月工资确定；实际履行与劳动合同约定不一致的，按实际履行的劳动者所在岗位相对应的月工资确定。	《上海市企业工资支付办法》（沪人社综发〔2016〕29 号）

① 现为上海市人力资源和社会保障局。

续 表

上海	（二）劳动合同对劳动者月工资未明确约定，集体合同（工资专项集体合同）对岗位相对应的月工资有约定的，按集体合同（工资专项集体合同）约定的与劳动者岗位相对应的月工资确定。 （三）劳动合同、集体合同（工资专项集体合同）对劳动者月工资均无约定的，按劳动者正常出勤月依照本办法第二条规定的工资（不包括加班工资）的70%确定。 加班工资和假期工资的计算基数不得低于本市规定的最低工资标准。法律、法规另有规定的，从其规定。	
广州	**第二十四条** 劳动者因病或者非因工负伤停止工作进行治疗，在国家规定医疗期内，用人单位应当依照劳动合同、集体合同的约定或者国家有关规定支付病伤假期工资。 用人单位支付的病伤假期工资不得低于当地最低工资标准的百分之八十。 法律、法规另有规定的，从其规定。	《广东省工资支付条例》（广东省第十二届人民代表大会常务委员会公告第65号）
深圳	**第二十三条** 员工患病或者非因工负伤停止工作进行医疗，在国家规定的医疗期内的，用人单位应当按照不低于本人正常工作时间工资的百分之六十支付员工病伤假期工资，但是不得低于最低工资的百分之八十。	《深圳市员工工资支付条例》（深圳市第六届人民代表大会常务委员会公告第154号）
天津	**第二十五条** 劳动者患病或非因工负伤治疗期间，在规定的医疗期内用人单位按有关规定支付其病假工资，用人单位支付劳动者病假工资不得低于本市最低工资标准的80%。 国家机关、事业组织、社会团体中的劳动者病假工资按机关、事业单位有关病假工资的规定执行。	《天津市工资支付规定》（津劳局〔2003〕440号）

续 表

重庆	**第四条** 职工患病，医疗期内停工治疗在6个月以内的，其病假工资按以下办法计发： （一）连续工龄不满10年的，按本人工资的70%发给； （二）连续工龄满10年不满20年的，按本人工资的80%发给； （三）连续工龄满20年不满30年的，按本人工资的90%发给； （四）连续工龄满30年及其以上的，按本人工资的95%发给。 经济效益好的企业，可在上述标准的基础上上浮5%。经济效益差，难以达到上述标准的企业，经本企业职工大会或职工代表大会审议通过，可以适当下浮。下浮的比例一般不超过各个档次标准的5%。如情况特殊超过5%的，应报所在区县（自治县、市）劳动和社会保障行政部门批准。 **第五条** 职工患病，医疗期内停工治疗在6个月以上的，其病假工资按以下办法计发： （一）连续工龄不满10年的，按本人工资的60%发给； （二）连续工龄满10年不满20年的，按本人工资的65%发给； （三）连续工龄满20年及其以上的，按本人工资的70%发给。 **第七条** 职工患病，在医疗期内停工治疗期间，每月领取的病假工资不得低于当地最低工资标准的80%。	《重庆市企业职工病假待遇暂行规定》（渝府发〔2000〕47号）
江苏	**第二十七条** 劳动者患病或者非因工负伤停止劳动，且在国家规定医疗期内的，用人单位应当按照工资分配制度的规定以及劳动合同、集体合同的约定或者国家有关规定，向劳动者支付病假工资或者疾病救济费。 病假工资、疾病救济费不得低于当地最低工资标准的百分之八十。国家另有规定的，从其规定。	《江苏省工资支付条例》

续 表

浙江	**二、关于病假工资的计发问题** 1. 职工因病或非因工负伤，病假在六个月以内的，按其连续工龄的长短发给病假工资。其标准为：连续工龄不满十年的，为本人工资（不包括加班加点工资、奖金、津贴、物价生活补贴；下同）的百分之五十；连续工龄满十年不满二十年的，为本人工资的百分之六十；连续工龄满二十年不满三十年的，为本人工资的百分之七十；连续工龄满三十年以上的，为本人工资的百分之八十。 职工因病或非因工负伤，连续病假在六个月以上的，按其连续工龄的长短改发疾病救济费。其标准为：连续工龄不满十年的，为本人工资的百分之四十；连续工龄满十年不满二十年的。为本人工资的百分之五十；连续工龄满二十年不满三十年的，为本人工资的百分之六十；连续工龄满三十年以上的，为本人工资的百分之七十。 2. 职工因病或非因工负伤病假期间，物价生活补贴计发问题： 职工因病或非因工负伤，在病假期间，物价补贴照发，如发生职工的病假工资与物价生活补贴之和低于当地最低工资标准百分之八十的，按当地最低工资标准的百分之八十发给。疾病救济费与物价生活补贴之和低于当地城镇企业职工基本生活费标准的，按当地城镇企业职工基本生活费标准发给。	《浙江省劳动厅[1]关于转发劳动部[2]〈企业职工患病或非因工负伤医疗期规定〉的通知》（浙劳险〔1995〕231 号）
陕西	**第二十条** 劳动者患病或者非因工负伤治疗期间，在规定的医疗期内，用人单位应当按照不低于劳动合同约定的工资标准的 70% 支付病假工资，但病假工资不得低于当地最低工资标准的 80%。	《陕西省企业工资支付条例》（陕西省人民代表大会常务委员会公告第 16 号）

① 现为浙江省人力资源和社会保障厅。
② 现为人力资源和社会保障部。

续 表

山东	**一、**企业职工因病或非因工负伤，在医疗期内，停工医疗累计不超过180天的，由企业发给本人工资70%的病假工资；累计超过180天的，发给本人工资60%的疾病救济费。医疗期内的医疗待遇仍按现行规定执行。	《山东省劳动厅[①]转发劳动部[②]〈关于发布（企业职工患病或非因工负伤医疗期规定）的通知〉的通知》（鲁劳发〔1995〕67号）
青岛	**第七条** 劳动者患病或者非因工负伤停止工作治疗休息，用人单位应当按照以下标准支付病假工资或者疾病救济费： （一）医疗期内，停工医疗累计不超过六个月的，发给本人工资百分之七十的病假工资； （二）医疗期内，停工医疗累计超过六个月的，发给本人工资百分之六十的疾病救济费。 病假工资和疾病救济费最低不得低于当地最低工资标准的百分之八十，最高不超过用人单位上年度劳动者月平均工资。 本条所称本人工资，是指劳动者本人患病前十二个月的月平均工资。劳动者工作不满十二个月的，按实际工作月数的月平均工资计算。	《青岛市人力资源和社会保障局劳动者患病或者非因工负伤医疗期管理规定》（青人社发〔2015〕32号）
厦门	**第二十一条** 劳动者因病或者非因工负伤停止工作进行医疗，在规定的医疗期内，用人单位应当根据劳动者医疗期和工龄长短，按照国家有关规定支付劳动者病假期间的工资，但不得低于本市当年度最低工资标准的百分之八十。 劳动者因工负伤医疗期间的工资按照工伤保险的有关规定执行。	《厦门市企业工资支付条例》（厦门市人民代表大会常务委员会公告第20号）

① 现为山东省人力资源和社会保障厅。

② 现为人力资源和社会保障部。

续 表

贵阳	**第二十三条** 劳动者患病或非因工负伤治疗期间，在规定的医疗期内，企业应当按约定的病假工资支付计算标准支付劳动者病假工资。病假工资支付计算标准不得低于当地最低工资标准的 80%。没有约定病假工资支付计算标准的，按劳动者本人工资支付。	《贵阳市企业工资支付办法》（贵阳市人民政府令第 139 号）
吉林	**第十九条** 劳动者患病或者非因工负伤停止工作，在规定医疗期内，企业按照不低于当地最低工资标准的 80% 支付其病假工资。	《吉林省企业工资支付办法》（吉林省人民政府令第 268 号）
江西	**第二十五条** 劳动者因工负伤或者患职业病需要暂停工作接受医疗的，在医疗期内的工资待遇按照国家和本省有关规定执行。 劳动者因病或者非因工负伤停止工作在医疗期内的，用人单位应当按照劳动合同、集体合同的约定支付病伤假工资。用人单位支付给劳动者病伤假工资，在扣除其本人按照规定应当缴纳的社会保险费和其他费用之后，不得低于当地最低工资标准的百分之八十。	《江西省工资支付规定》（江西省人民政府令第 159 号）
安徽	**第二十二条** 劳动者患病或非因工负伤停止劳动，在国家规定医疗期内的，用人单位应当按照劳动合同和集体合同的约定向劳动者支付病伤假工资。病伤假工资不得低于当地最低工资标准的 80%。	《安徽省工资支付规定》（安徽省人民政府令第 194 号）
辽宁	**第二十八条** 劳动者患病或者非因工负伤停止劳动的，在规定的医疗期内，用人单位应当根据劳动合同或者集体合同的约定支付病假工资，但不得低于当地最低工资标准的 80%。	《辽宁省工资支付规定》（辽宁省人民政府令第 196 号）

续　表

河北	**第二十二条**　劳动者因工负伤或者患职业病停止工作在规定医疗期内的，用人单位应当按照有关规定支付工伤津贴。 劳动者因病或者非因工负伤停止工作在规定医疗期内的，用人单位应当按照国家规定标准支付病假工资或者疾病救济费。病假工资或者疾病救济费不得低于当地最低工资标准的百分之八十。	《河北省工资支付规定》（河北省人民政府令〔2002〕第23号）

各地婚育假期一览表

范围	婚假天数（单位：天）	婚假天数法规依据	产假天数（单位：天）	陪产假天数（单位：天）	产假及陪产假法规依据
全国	—	—	《女职工劳动保护特别规定》第七条："女职工生育享受98天产假，其中产前可以休假15天；难产的，增加产假15天；生育多胞胎的，每多生育1个婴儿，增加产假15天。女职工怀孕未满4个月流产的，享受15天产假；怀孕满4个月流产的，享受42天产假。"		
北京	3+7	《北京市人口与计划生育条例》第十六条："依法办理结婚登记的夫妻，除享受国家规定的婚假外，增加婚假七天。"	98+30 可经批准额外增加一至三个月	15	《北京市人口与计划生育条例》第十八条："机关、企业事业单位、社会团体和其他组织的女职工，按规定生育的，除享受国家规定的产假外，享受生育奖励假三十天，其配偶享受陪产假十五天。女职工及其配偶休假期间，机关、企业事业单位、社会团体和其他组织不得降低其工资、予以辞退、与其解除劳动或者聘用合同。女职工经所在机关、企业事业单位、社会团体和其他组织同意，可以再增加假期一至三个月。"

续　表

天津	3	—	98 +30	7	《天津市人口与计划生育条例》第二十二条第一款："符合法律、法规规定生育子女的，男方所在单位给予七日护理假，女方所在单位增加生育假（产假）三十日；不能增加生育假（产假）的，给予一个月基本工资或者实得工资的奖励。参加生育保险的，按照生育保险的规定执行。"
上海	3 +7	《上海市人口与计划生育条例》第三十一条第一款："符合法律规定结婚的公民，除享受国家规定的婚假外，增加婚假七天。"	98 +30	10	《上海市人口与计划生育条例》第三十一条第二款："符合法律法规规定生育的夫妻，女方除享受国家规定的产假外，还可以再享受生育假三十天，男方享受配偶陪产假十天。生育假享受产假同等待遇，配偶陪产假期间的工资，按照本人正常出勤应得的工资发给。"
重庆	15	《重庆市人口与计划生育条例》第二十六条第一款："依法办理结婚登记的夫妻享受婚假十五日。"	98 +30 可经批准 延长至一岁	15	《重庆市人口与计划生育条例》第二十六条第二款、第三款、第四款："符合法律法规规定生育的女职工，在国家规定产假的基础上增加产假三十日。产假期间享受在岗职工同等待遇。符合法律法规规定生育的女职工，经本人申请，单位批准，产假期满后可连续休假至子女一周岁止，休假期间的月工资按照不低于休假前本人基本工资的百分之七十五发给，但不得低于当年本市最低工资标准。符合法律法规规定生育的女职工产假期间，男方所在单位应当给予护理假十五日，护理假期间享受在岗职工同等待遇。"

续 表

广东	3	—	98 + 80	15	《广东省人口与计划生育条例》第三十条："符合法律、法规规定生育子女的夫妻，女方享受八十日的奖励假，男方享受十五日的陪产假。在规定假期内照发工资，不影响福利待遇和全勤评奖。"
江苏	3 + 10	《江苏省人口与计划生育条例》第二十四条第一款："依法办理结婚登记的夫妻，在享受国家规定婚假的基础上，延长婚假十天。"	98 + 30	15	《江苏省人口与计划生育条例》第二十四条第二款："符合本条例规定生育子女的夫妻，女方在享受国家规定产假的基础上，延长产假三十天，男方享受护理假十五天。推动实行父母育儿假制度。产假、护理假和育儿假的具体实施办法，由省人民政府制定。"
浙江	3	—	98 + 30	15	《浙江省人口与计划生育条例》第三十条："2016 年 1 月 1 日以后符合法律、法规规定生育子女的夫妻，可以获得下列福利待遇：（一）女方法定产假期满后，享受三十天的奖励假，不影响晋级、调整工资，并计算工龄；用人单位根据具体情况，可以给予其他优惠待遇；（二）男方享受十五天护理假，工资、奖金和其他福利待遇照发。"

续 表

四川	5	《四川省劳动厅①关于企业职工请婚丧假规定的复函》第一条："职工本人结婚，可以根据情况，由本单位行政领导批准，给予五天的婚假（未含按规定应享受的晚婚假）。职工结婚时双方不在一地工作（居住）的，其中的一方单位可根据另一方所在地的路程远近，另给予路程假。"	98+60	20	《四川省人口与计划生育条例》第二十四条："符合本条例规定生育子女的夫妻，除法律、法规规定外，延长女方生育假60天，给予男方护理假20天。生育假、护理假视为出勤，工资福利待遇不变。子女三周岁以下的夫妻，每年分别享受累计十天的育儿假，育儿假视为出勤。"
河南	3+18+7	《河南省人口与计划生育条例》第二十七条："依法办理婚姻登记的夫妻，除国家规定的婚假外，增加婚假十八日，参加婚前医学检查的，再增加婚假七日；……"	98+三个月	一个月	《河南省人口与计划生育条例》第二十七条："……符合法律、法规规定生育子女的，除国家规定的产假外，增加产假三个月，给予其配偶护理假一个月；婚假、产假、护理假期间视为出勤。"

① 现为四川省人力资源和社会保障厅。

续 表

陕西	3 +10	《陕西省人口与计划生育条例》第四十八条第一款：“依法办理结婚登记的夫妻在结婚登记前参加婚前医学检查的，在国家规定婚假的基础上增加假期十天。”	98 +60 +10	15/20	《陕西省人口与计划生育条例》第四十八条第二款：“职工合法生育子女的，在法定产假的基础上增加产假六十天，同时给予男方护理假十五天，夫妻异地居住的给予男方护理假二十天。女职工参加孕前检查的，在法定产假的基础上增加产假十天。”
辽宁	3 +7	《辽宁省人口与计划生育条例》第二十五条：“依法办理婚姻登记的夫妻，除享受国家规定的婚假外，增加婚假 7 日；……”	98 +60	15	《辽宁省人口与计划生育条例》第二十五条：“……符合本条例规定生育的夫妻，除享受国家规定的产假外，增加产假 60 日，配偶享有护理假 15 日。休假期间工资照发，福利待遇不变。”
山东	3	—	98 +60	7	《山东省人口与计划生育条例》第二十五条：“符合法律和本条例规定生育子女的夫妻，除国家规定的产假外，增加产假六十日，并给予男方护理假七日。增加的产假、护理假，视为出勤，工资照发，福利待遇不变。”

续 表

山西	30	《山西省人口与计划生育条例》第二十五条："依法办理结婚登记的夫妻可以享受婚假三十日；……"	98 +60	15	《山西省人口与计划生育条例》第二十五条："……符合本条例规定生育子女的，女方在享受国家和本省规定产假的基础上，奖励延长产假六十日，男方享受护理假十五日。婚假、产假、护理假期间，享受与在岗人员同等的待遇。符合本条例规定生育且子女不满三周岁的，夫妻双方所在单位分别给予每年十五日的育儿假。育儿假期间，可以享受与在岗人员同等的待遇……"
安徽	3	—	98 +60	10/20	《安徽省人口与计划生育条例》第三十七条："对符合本条例规定生育子女的夫妻，国家机关、社会团体、企业事业单位应当给予以下奖励：（一）女方在享受国家规定产假基础上，延长产假六十天；（二）男方享受十天护理假；夫妻异地生活的，护理假为二十天。职工在前款规定的产假、护理假期间，享受其在职在岗的工资、奖金、福利待遇。"
福建	15	《福建省人口与计划生育条例》第四十一条第一款："依法办理结婚登记的夫妻享受婚假十五日；……"	158 －180	15	《福建省人口与计划生育条例》第四十一条第一款："……符合本条例生育子女的夫妻，女方产假延长为一百五十八日至一百八十日，男方照顾假为十五日。婚假、产假、照顾假期间，工资照发，不影响晋升。"

续　表

江西	18	《江西省人口与计划生育条例》第三十一条："符合法律、行政法规和本条例规定结婚、生育的夫妻，除享受国家规定的假期外，增加婚假十五日；……"	98 +90	30	《江西省人口与计划生育条例》第三十一条："符合法律、行政法规和本条例规定结婚、生育的夫妻，除享受国家规定的假期外，增加婚假十五日；增加产假九十日，并给予男方护理假三十日；在子女三周岁以下期间，给予夫妻双方每年各十日育儿假。假期工资和奖金照发，福利待遇不变。"
湖北	3	—	98 +30	15	《湖北省人口与计划生育条例》第三十一条："对符合法律法规规定生育的妇女，除享受国家规定的产假外，增加产假 30 天，其配偶享受 15 天护理假；产假和护理假视同出勤，工资、奖金照发。"
湖南	3	—	98 +60	20	《湖南省人口与计划生育条例》第二十一条："符合法定生育条件的夫妻，女方除享受国家规定的产假外增加产假六十天，男方享受护理假二十天。增加的产假、护理假视为出勤。"
河北	3 +15	《河北省人口与计划生育条例》第二十八条："依法办理结婚登记的公民，除享受国家规定的婚假外，延长婚假十五天；……"	98 +60	15	《河北省人口与计划生育条例》第二十八条："……符合法律法规规定生育子女的夫妻，除享受国家规定的产假外，延长产假六十天，并给予配偶护理假十五天。延长婚、产假期间，享受正常婚、产假待遇。"

续表

青海	15	《青海省人口与计划生育条例》第十六条："依法办理结婚登记的夫妻可以享受婚假十五日；……"	98+60	15	《青海省人口与计划生育条例》第十六条："……符合本条例规定生育子女的夫妻，除享受国家规定的假期外，延长女方产假六十日，给予男方看护假十五日。公民接受计划生育手术享受国家规定的休假。"
甘肃	30	《甘肃省人口与计划生育条例》第十九条第一款："依法办理结婚登记的夫妻可以享受婚假30天。"	180	30	《甘肃省人口与计划生育条例》第十九条第二款："符合本条例规定生育子女的，女方享受产假180天；男方享受护理假30天。"
贵州	3+10	《贵州省人口与计划生育条例》第五十五条："国家机关工作人员、企业事业单位职工依法登记结婚的，除享受国家规定的婚假外，增加婚假10天；……"	98+60	15	《贵州省人口与计划生育条例》第五十五条："……符合政策生育的，除享受国家规定的产假外，女方增加产假60天，男方享受护理假15天；接受节育手术的，按照规定享受休假。在享受以上规定假期间的工资照发，福利待遇不变，不影响考勤、考核和晋级、晋职、提薪。"

续 表

海南	3 + 10	《海南省人口与计划生育条例》第四十一条："依法登记结婚的夫妻，除享受国家规定的婚假外，增加婚假十日。"	98 + 三个月	15	《海南省人口与计划生育条例》第四十四条："符合本条例规定生育子女的夫妻，享受下列奖励与优待：（一）属机关、社会团体、企业事业组织工作人员的，女职工除享受国家规定的产假外，增加产假三个月，给予男方护理假十五日。婚假、产假、护理假期间，工资照发，享受全勤待遇。产假期满后，经本人申请，所在单位可以给予哺乳假至婴儿一周岁止，其工资按不低于本人基本工资的百分之八十发给，不影响晋级、调整工资和计算工龄；（二）各级人民政府规定的其他奖励与优待。"
云南	3 + 15	《云南省人口与计划生育条例》第二十二条："机关、企业事业单位、社会团体和其他组织的工作人员登记结婚的，在国家规定的婚假外增加婚假 15 天；……"	98 + 60	30	《云南省人口与计划生育条例》第二十二条："……符合法律、法规规定生育子女的，除按照国务院《女职工劳动保护特别规定》休假外，女方延长生育假 60 天，男方给予护理假 30 天。"

续 表

吉林	15	《吉林省人口与计划生育条例》第四十一条第一款："符合法律、法规规定结婚、生育的夫妻，按照下列规定给予奖励或者福利待遇：（一）依法办理结婚登记的职工，享受婚假十五天；……"	98+60 经批准可延长至一年	15	《吉林省人口与计划生育条例》第四十一条："符合法律、法规规定结婚、生育的夫妻，按照下列规定给予奖励或者福利待遇：……（二）女职工凭生育情况证明增加产假六十天，同时给予男方护理假十五天；……（四）职工在享受婚假、产假、护理假期间，按其正常工作对待，工资、奖金照发，其他福利待遇不变。女职工经本人申请，单位同意，可延长产假至一年，产假延长期间工资按原额的百分之七十五发放，不影响调整工资、晋升级别、计算工龄。"
黑龙江	15+10	《黑龙江省人口与计划生育条例》第三十九条第一款："依法办理结婚登记的夫妻享受婚假十五日，参加婚前医学检查的，增加婚假十日，假期工资照发。"	180	15	《黑龙江省人口与计划生育条例》第三十九条第二款："符合本条例规定生育子女的，女方享受产假一百八十日，假期工资照发，不影响聘任、工资调整、职级晋升；男方享受护理假十五日，特殊情况可以参照医疗单位意见适当延长，护理假期间工资照发。"
内蒙古	3+15	《内蒙古自治区人口与计划生育条例》第三十六条："依法办理结婚登记的夫妻增加婚假十五日；……"	98+60	25	《内蒙古自治区人口与计划生育条例》第三十六条："……符合本条例规定生育子女的夫妻，女方除享受国家规定的产假外，再增加产假六十日，并给予男方护理假二十五日。休假期间的工资、福利等待遇不变。"

续 表

广西	3	—	98 + 50	25	《广西壮族自治区人口和计划生育条例》第二十五条第一款："符合法律、法规规定生育子女的夫妻，除享受国家规定的假期外，女方增加产假五十日，同时给予男方护理假二十五日。休假期间的工资、津贴、补贴和奖金，其工作单位不得扣减。"
宁夏	3	—	98 + 60	25	《宁夏回族自治区人口与计划生育条例》第三十七条："对符合法律、法规规定生育的产妇，除享受国家规定的产假外，增加产假 60 天，并给予其配偶 25 天护理假；产假和护理假视同出勤，工资、奖金照发。"
西藏	3 + 7	新条例未修订	一胎 1 年 二胎 4 个月	无	新条例未修订
新疆	3 + 20	新条例未修订	98 + 30	15	新条例未修订

各地最低工资标准一览表

城市	政策依据	月最低工资标准	非全日制最低工资标准	备注
北京	《关于调整北京市2021年最低工资标准的通知》（京人社劳发〔2021〕77号）	2320元/月	25.3元/小时，法定节假日小时最低工资标准为59元/小时	月最低工资不包括：（一）劳动者在中班、夜班、高温、低温、井下、有毒有害等特殊工作环境、条件下的津贴；（二）劳动者应得的加班、加点工资；（三）劳动者个人应缴纳的各项社会保险费和住房公积金；（四）根据国家和本市规定不计入最低工资标准的其它收入。 非全日制从业人员小时最低工资标准包括用人单位及劳动者本人应缴纳的养老、医疗、失业保险费。
		13.33元/小时		自2021年8月1日起执行。

续 表

上海	《关于调整本市最低工资标准的通知》（沪人社规〔2021〕18号）	2590元/月	23元/小时	下列项目不作为月最低工资的组成部分，由用人单位另行支付：（一）延长工作时间的工资。（二）中夜班津贴、夏季高温津贴及有毒有害等特殊工作环境下的岗位津贴。（三）伙食补贴、上下班交通费补贴、住房补贴。（四）个人依法缴纳的社会保险费和住房公积金。 小时最低工资不包括个人和单位依法缴纳的社会保险费。 自2021年7月1日起执行。
广州	《广东省人民政府关于调整我省企业职工最低工资标准的通知》（粤府函〔2018〕187号）	2100元/月	20.3元/小时	自2018年7月1日起执行。
深圳		2200元/月		
天津	《市人社局关于调整天津市最低工资标准的通知》（津人社规字〔2021〕4号）	2180元/月	22.6元/小时	自2021年7月1日起执行。

续 表

石家庄	《河北省人力资源和社会保障厅关于调整最低工资标准的通知》（冀人社发〔2019〕34号）	1. 石家庄市区（不含井陉矿区），最低工资标准为1900元/月； 2. 正定县，最低工资标准为1790元/月； 3. 井陉矿区、井陉县、晋州市、新乐市、行唐县、高邑县、深泽县、无极县、平山县、元氏县、赵县、灵寿县，最低工资标准为1680元/月； 4. 赞皇县，最低工资标准为1580元/月。	1. 石家庄市区（不含井陉矿区），最低工资标准为19元/小时； 2. 正定县，最低工资标准为18元/小时； 3. 井陉矿区、井陉县、晋州市、新乐市、行唐县、高邑县、深泽县、无极县、平山县、元氏县、赵县、灵寿县，最低工资标准为17元/小时； 4. 赞皇县，最低工资标准为16元/小时。	月最低工资标准适用于全日制就业劳动者，应发工资不得低于当地最低工资标准。下列各项不作为最低工资标准的组成部分：（一）延长工作时间工资；（二）中班、夜班、高温、低温、井下、有毒有害等特殊工作环境、条件下的津贴；（三）法律、法规和国家规定的劳动者福利待遇等。
				自2019年11月1日起执行。

续 表

太原	《山西省人民政府办公厅关于调整我省最低工资标准的通知》（晋政办发〔2021〕81号）	1. 迎泽区、尖草坪区、杏花岭区、万柏林区、晋源区、小店区、古交市、清徐县，最低工资标准为1880元/月； 2. 阳曲县，最低工资标准为1760元/月； 3. 娄烦县，最低工资标准为1630元/月。	1. 迎泽区、尖草坪区、杏花岭区、万柏林区、晋源区、小店区、古交市、清徐县，最低工资标准为19.8元/小时。 2. 阳曲县，最低工资标准为18.5元/小时； 3. 娄烦县，最低工资标准为17.2元/小时。	最低工资标准是剔除下列各项后用人单位支付给劳动者的货币性工资：（一）加班加点工资；（二）中班、夜班、高温、低温、井下、有毒有害、行车等特殊工作环境、条件下的津贴；（三）法律、法规和国家规定的劳动者福利待遇等。 自2021年10月1日起执行。
呼和浩特	《内蒙古自治区人民政府办公厅关于调整自治区最低工资标准及非全日制工作小时最低工资标准的通知》（内政办发〔2017〕135号）	1. 呼和浩特市新城区、玉泉区、回民区、赛罕区，最低工资标准为1760元/月； 2. 呼和浩特市和林格尔县、托克托县、清水河县、武川县、土默特左旗，最低工资标准为1660元/月。	1. 呼和浩特市新城区、玉泉区、回民区、赛罕区，最低工资标准为18.6元/小时； 2. 呼和浩特市和林格尔县、托克托县、清水河县、武川县、土默特左旗，最低工资标准为17.6元/小时。	最低工资标准中包含：基本养老保险金、医疗保险金、失业保险金和住房公积金的个人缴纳部分。 最低工资标准中不包含下列内容：延长工作时间工资；中班、夜班、高温、低温、井下、有毒有害等特殊条件下的津贴；法规和国家规定的劳动者福利待遇等。 自2017年8月1日起执行。

续 表

沈阳	《沈阳市人力资源和社会保障局关于调整沈阳市最低工资标准的通知》（沈人社发〔2019〕65 号）	1. 和平区、沈河区、铁西区、皇姑区、大东区、浑南区、于洪区、沈北新区、苏家屯区，最低工资标准为 1810 元/月； 2. 辽中区、新民市、法库县、康平县，最低工资标准为 1540 元/月。	1. 和平区、沈河区、铁西区、皇姑区、大东区、浑南区、于洪区、沈北新区、苏家屯区，最低工资标准为 18.3 元/小时； 2. 辽中区、新民市、法库县、康平县，最低工资标准为 15.6 元/小时。	自 2019 年 11 月 1 日起执行。
长春	《吉林省人民政府关于发布全省最低工资标准的通知》（吉政函〔2017〕97 号）	1780 元/月	17 元/小时	自 2017 年 10 月 1 日起执行。
哈尔滨	《黑龙江省人民政府关于调整全省最低工资标准的通知》（黑政规〔2021〕2 号）	1. 哈尔滨市区（呼兰区、阿城区、双城区除外），最低工资标准为 1860 元/月； 2. 哈尔滨市呼兰区、阿城区，最低工资标准为 1610 元/月； 3. 哈尔滨市双城区，最低工资标准为 1450 元/月。	1. 哈尔滨市市区（呼兰区、阿城区、双城区除外），最低工资标准为 18 元/小时； 2. 哈尔滨市呼兰区、阿城区，最低工资标准为 14 元/小时； 3. 哈尔滨市双城区，最低工资标准为 13 元/小时。	自 2021 年 4 月 1 日起执行。

续 表

南京	《江苏省人力资源和社会保障厅关于调整全省最低工资标准的通知》（苏人社发〔2021〕72 号）	2280 元/月	22 元/小时	企业支付给顶岗实习学生的实习报酬和勤工助学学生的劳动报酬按照小时计酬，并不得低于当地非全日制用工小时最低工资标准。下列项目不作为最低工资的组成部分，用人单位应按规定另行支付：（一）加班加点的工资；（二）中班、夜班、高温、低温、井下、有毒有害等特殊工作环境、条件下的津贴；（三）劳动者按下限缴存的住房公积金；（四）法律、法规和国家规定的劳动者福利待遇等。 自 2021 年 8 月 1 日起执行。
杭州	《浙江省人民政府关于调整全省最低工资标准的通知》（浙政发〔2021〕22 号）	2280 元/月	22 元/小时	自 2021 年 8 月 1 日起执行。

续　表

合肥	《安徽省人民政府办公厅关于调整全省最低工资标准的通知》（皖政办〔2018〕45号）	1550元/月	18元/小时	《安徽省最低工资规定》（安徽省人民政府令第272号） 在确定用人单位支付劳动者的工资是否低于当地最低工资标准时，下列项目不计入用人单位支付给劳动者的工资：（一）延长工作时间工资；（二）中班、夜班、高温、低温、井下、有毒有害等特殊工作环境、条件下的津贴；（三）用人单位和劳动者个人依法缴纳的社会保险费和住房公积金；（四）用人单位支付给劳动者的伙食、交通、通讯、培训、住房补贴；（五）用人单位支付给劳动者的一次性奖励；（六）用人单位按照国家规定为劳动者提供的其他福利待遇。 自2018年11月1日起执行。
福州	《福建省人力资源和社会保障厅关于公布我省最低工资标准的通知》（闽人社发〔2019〕6号）	1800元/月	18.5元/月	最低工资组成不包含以下项目：一是延长工作时间工资；二是劳动者在中班、夜班、高温、低温、井下、有毒有害等特殊工作环境、条件下的津贴；三是法律、法规和国家规定的劳动者福利待遇等。 自2020年1月1日起执行。

续 表

南昌	《江西省人民政府办公厅关于调整最低工资标准的通知》（赣府厅字〔2021〕5号）	1. 东湖区、西湖区、青云谱区、青山湖区、红谷滩区、南昌经济技术开发区、南昌高新技术产业开发区，最低工资标准为1850元/月； 2. 新建区、南昌县，最低工资标准为1730元/月； 3. 进贤县、安义县，最低工资标准为1610元/月。	1. 东湖区、西湖区、青云谱区、青山湖区、红谷滩区、南昌经济技术开发区、南昌高新技术产业开发区，最低工资标准为18.5元/小时； 2. 新建区、南昌县，最低工资标准为17.3元/小时； 3. 进贤县、安义县，最低工资标准为16.1元/小时。	上述月最低工资标准包含劳动者个人应当缴纳的社会保险费。赣江新区各区域的最低工资标准类别按行政区属地执行。 自2021年4月1日起执行。
济南	《山东省人民政府关于公布全省最低工资标准的通知》（鲁政字〔2021〕169号）	1. 历下区、市中区、槐荫区、天桥区、历城区，最低工资标准为2100元/月； 2. 长清区、章丘区、平阴县、济阳县、商河县，最低工资标准为1900元/月。	1. 历下区、市中区、槐荫区、天桥区、历城区，最低工资标准为21元/小时； 2. 长清区、章丘区、平阴县、济阳县、商河县，最低工资标准为19元/小时。	自2021年10月1日起执行。

续 表

郑州	《河南省人民政府关于调整河南省最低工资标准的通知》（豫政〔2018〕26 号）	1900 元/月	19 元/小时	自 2018 年 10 月 1 日起执行。
武汉	《湖北省人民政府办公厅关于调整全省最低工资标准的通知》（鄂政发〔2021〕33 号）	1. 江岸区、江汉区、硚口区、汉阳区、武昌区、青山区（武汉化学工业区）、洪山区、武汉东湖新技术开发区、武汉经济技术开发区（汉南区）、武汉东湖生态旅游风景区、武汉临空港经济技术开发区（东西湖区），最低工资标准为 2010 元/月； 2. 蔡甸区、江夏区、黄陂区、新洲区，最低工资标准为 1800 元/月。	1. 江岸区、江汉区、硚口区、汉阳区、武昌区、青山区（武汉化学工业区）、洪山区、武汉东湖新技术开发区、武汉经济技术开发区（汉南区）、武汉东湖生态旅游风景区、武汉临空港经济技术开发区（东西湖区），最低工资标准为 19.5 元/小时； 2. 蔡甸区、江夏区、黄陂区、新洲区，最低工资标准为 18 元/小时。	月最低工资标准不包含以下项目：（一）延长法定工作时间工资；（二）中班、夜班、高温、低温、井下、有毒有害等特殊工作环境、条件下的津贴；（三）法律法规和国家规定的劳动者福利待遇等。 自 2021 年 9 月 1 日起执行。

续 表

长沙	《长沙市人力资源和社会保障局关于调整全市最低工资标准的通知》（长人社发〔2019〕65号）	1. 芙蓉区、天心区、岳麓区、开福区、雨花区、望城区，最低工资标准为1700元/月； 2. 长沙县、浏阳市、宁乡市，最低工资标准为1540元/月。	1. 芙蓉区、天心区、岳麓区、开福区、雨花区、望城区，最低工资标准为17元/小时； 2. 长沙县、浏阳市、宁乡市，最低工资标准为15元/小时。	最低工资标准包括劳动者个人应缴纳的各种社会保险费。 自2019年10月1日起执行。
南宁	《广西壮族自治区人民政府关于调整全区最低工资标准的通知》（桂政发〔2020〕1号）	1810元/月	17.5元/小时	自2020年3月1日起执行。
海口	《海南省最低工资规定》（海南省人民政府令第185号）	1670元/月	15.3元/小时	自2018年12月1日起执行。

续 表

重庆	《关于发布重庆市最低工资标准的通知》（渝人社发〔2018〕229号）	1. 万州区、黔江区、涪陵区、渝中区、大渡口区、江北区、沙坪坝区、九龙坡区、南岸区、北碚区、渝北区、巴南区、长寿区、江津区、合川区、永川区、南川区、綦江区、大足区、璧山区、铜梁区、潼南区、荣昌区、开州区、梁平区、武隆区等26个区及两江新区、万盛经开区，最低工资标准为1800元/月； 2. 城口县、丰都县、垫江县、忠县、云阳县、奉节县、巫山县、巫溪县、石柱县、秀山县、酉阳县、彭水县等12个县（自治县），最低工资标准为1700元/月。	1. 万州区、黔江区、涪陵区、渝中区、大渡口区、江北区、沙坪坝区、九龙坡区、南岸区、北碚区、渝北区、巴南区、长寿区、江津区、合川区、永川区、南川区、綦江区、大足区、璧山区、铜梁区、潼南区、荣昌区、开州区、梁平区、武隆区等26个区及两江新区、万盛经开区，最低工资标准为18元/小时； 2. 城口县、丰都县、垫江县、忠县、云阳县、奉节县、巫山县、巫溪县、石柱县、秀山县、酉阳县、彭水县等12个县（自治县），最低工资标准为17元/小时。	最低工资是指劳动者在法定工作时间内提供正常劳动所应该取得的劳动报酬的最低限额，不包括下列各项：（一）加班加点工资；（二）中班、夜班、高温、低温、井下、有毒有害等特殊工作条件或者特殊工作环境下的津贴；（三）用人单位支付给劳动者的非货币性补贴；（四）法律、法规、规章、政策规定的非工资性劳动保险福利待遇。
				自2019年1月1日起执行。

续 表

成都	《成都市人民政府关于调整全市最低工资标准的通知》（成府发〔2018〕9号）	1. 成都天府新区、成都高新区、锦江区、青羊区、金牛区、武侯区、成华区、龙泉驿区、青白江区、新都区、温江区、双流区、郫都区、新津县，最低工资标准为1780元/月； 2. 简阳市、都江堰市、彭州市、邛崃市、崇州市、金堂县、大邑县、蒲江县，最低工资标准为1650元/月。	1. 成都天府新区、成都高新区、锦江区、青羊区、金牛区、武侯区、成华区、龙泉驿区、青白江区、新都区、温江区、双流区、郫都区、新津县，最低工资标准为18.7元/小时； 2. 简阳市、都江堰市、彭州市、邛崃市、崇州市、金堂县、大邑县、蒲江县，最低工资标准为17.4元/小时。	最低工资标准包含职工个人应缴纳的社会保险费和住房公积金，但不包括下列各项：加班加点工资，中班、夜班、高温、低温、井下、有毒有害等特殊工作条件或者特殊工作环境下的津贴，法律、法规、规章、政策规定的非工资性劳动保险福利待遇，用人单位支付给劳动者的非货币性补贴。 即使用人单位为劳动者提供食宿，支付给劳动者的工资也不得低于当地最低工资标准。
				自2018年7月1日起执行。

续 表

贵阳	《省人力资源和社会保障厅关于调整贵州省最低工资标准的通知》（黔人社发〔2019〕16号）	1. 云岩区、南明区、乌当区、白云区、花溪区、观山湖区、清镇市，最低工资标准为1790元/月； 2. 开阳县，最低工资标准为1670元/月； 3. 息烽县、修文县，最低工资标准为1570元/月。	1. 云岩区、南明区、乌当区、白云区、花溪区、观山湖区、清镇市，最低工资标准为18.6元/小时； 2. 开阳县，最低工资标准为17.5元/小时； 3. 息烽县、修文县，最低工资标准为16.5元/小时。	月最低工资标准包含劳动者个人应缴纳的基本养老保险费、医疗保险费、失业保险费和住房公积金，不包含支付给劳动者的加班加点工资、中班、夜班、高温、低温、井下、有毒有害等特殊工作环境和条件下的津贴，以及法律、法规和归家规定的劳动者福利待遇等；非全日制用工的小时最低工资标准含用人单位缴纳的基本养老保险费和基本医疗保险费。 自2019年12月1日起执行。
昆明	《云南省人力资源和社会保障厅关于调整最低工资标准的通知》（云人社发〔2018〕16号）	1. 五华区、盘龙区、西山区、官渡区、呈贡区、安宁市、崇明县，最低工资标准为1670元/月； 2. 昆明市所辖其他各县、区，最低工资标准为1500元/月。	1. 五华区、盘龙区、西山区、官渡区、呈贡区、安宁市、崇明县，最低工资标准为15元/小时； 2. 昆明市所辖其他各县、区，最低工资标准为14元/小时	计入月最低工资标准的工资报酬，包括按规定应由劳动者个人缴纳的基本养老保险费、失业保险费、基本医疗保险费和住房公积金；不包括支付给劳动者的加班加点工资，中班、夜班、高温、井下、有毒有害等特殊工作环境、条件下的津贴，以及法律、法规和国家规定的劳动者福利待遇等。 自2018年5月1日起执行。

续 表

拉萨	《西藏自治区人民政府办公厅转发人力资源社会保障厅关于调整我区最低工资标准意见的通知》(藏政办发〔2021〕19号)	1850元/月	18元/小时	最低工资不包括下列各项：用人单位支付给劳动者的非货币性补贴；延长工作时间或者加班加点工资；中班、夜班、高温、低温、低压、井下、有毒有害等特殊工作环境、条件下领取的津贴；法律法规和国家统一规定的劳动者福利待遇等。 自2021年7月1日起执行。
西安	《陕西省人力资源和社会保障厅关于调整陕西省最低工资标准的通知》(陕人社发〔2021〕5号)	1. 新城区、碑林区、莲湖区、灞桥区、未央区、雁塔区、阎良区、临潼区、长安区、高陵区，最低工资标准为1950元/月； 2. 鄠邑区、蓝田县、周至县，最低工资标准为1850元/月。	1. 新城区、碑林区、莲湖区、灞桥区、未央区、雁塔区、阎良区、临潼区、长安区、高陵区，最低工资标准为19元/小时； 2. 鄠邑区、蓝田县、周至县，最低工资标准为18元/小时。	自2021年5月1日起执行。

续 表

兰州	《甘肃省人民政府关于调整全省最低工资标准的通知》（甘政发〔2021〕61 号）	1. 城关区、七里河区、安宁区、西固区、红古区，最低工资标准为 1820 元/月； 2. 永登县、榆中县、皋兰县，最低工资标准为 1770 元/月。	1. 城关区、七里河区、安宁区、西固区、红古区，最低工资标准为 19 元/小时； 2. 永登县、榆中县、皋兰县，最低工资标准为 18. 4 元/小时。	自 2021 年 9 月 1 日起执行。
西宁	《青海省人民政府关于调整全省最低工资标准的通知》（青政〔2019〕68 号）	1700 元/月	15. 2 元/月	自 2020 年 1 月 1 日起执行。
银川	《宁夏回族自治区人民政府关于调整全区最低工资标准的通知》（宁政规发〔2021〕1 号）	1. 兴庆区、金凤区、西夏区，最低工资标准为 1950 元/月； 2. 永宁县、贺兰县、灵武市，最低工资标准为 1840 元/月。	1. 兴庆区、金凤区、西夏区，最低工资标准为 18 元/小时； 2. 永宁县、贺兰县、灵武市，最低工资标准为 17 元/小时。	最低工资标准包括职工个人应依法缴纳的各项社会保险费。 下列各项不作为最低工资标准的组成部分：（一）延长工作时间的工资；（二）中班、夜班、高温、低温、井下、有毒有害等特殊工作环境、条件下的津贴；（三）法律、法规规定的劳动者福利待遇，如伙食补贴、上下班交通费补贴、住房补贴等。 自 2021 年 9 月 1 日起执行。

续 表

乌鲁木齐	《关于调整新疆维吾尔自治区最低工资标准的通知》（新政发〔2021〕21 号）	1900 元/月	19 元/小时	全日制就业劳动者月最低工资标准，含劳动者个人缴纳的养老、失业、医疗保险费和住房公积金等费用；最低小时工资标准，按每月 21.75 天、每天 8 小时进行折算。 最低工资标准不包含以下项目：（一）延长工作时间工资；（二）中班、夜班、高温、低温、井下、有毒有害等特殊工作环境、条件下的津贴；（三）法律、法规和国家规定的劳动者福利待遇等。
				自 2021 年 4 月 1 日起执行。

图书在版编目（CIP）数据

HR经典案例及法律法规政策汇编／王露，李芷君主编．—北京：中国法制出版社，2021.9

ISBN 978－7－5216－2174－7

Ⅰ．①H…　Ⅱ．①王…　②李…　Ⅲ．①人力资源管理－劳动法－基本知识－中国　Ⅳ．①D922.504

中国版本图书馆CIP数据核字（2021）第190256号

策划编辑　胡　艺
责任编辑　胡　艺　周熔希　　　　封面设计　杨泽江

HR经典案例及法律法规政策汇编

HR JINGDIAN ANLI JI FALÜ FAGUI ZHENGCE HUIBIAN

主编/王露　李芷君
经销/新华书店
印刷/三河市紫恒印装有限公司
开本/710毫米×1000毫米　16开　　　印张/20.5　字数/265千
版次/2021年9月第1版　　　2021年9月第1次印刷

中国法制出版社出版
书号 ISBN 978－7－5216－2174－7　　　定价：68.00元

北京市西城区西便门西里甲16号西便门办公区
邮政编码：100053　　　传真：010－63141852
网址：http：//www.zgfzs.com　　　**编辑部电话：010－63141839**
市场营销部电话：010－63141612　　　**印务部电话：010－63141606**

（如有印装质量问题，请与本社印务部联系。）